Heidemarie Brosche

HÄTTE ICH NETTER SCHIMPFEN SOLLEN?

Heidemarie Brosche

HÄTTE ICH NETTER SCHIMPFEN SOLLEN?

Wie eine wertschätzende Erziehung gelingen kann

mvgverlag

Bibliografische Information der Deutschen Nationalbibliothek
Die Deutsche Nationalbibliothek verzeichnet diese Publikation in der Deutschen Nationalbibliografie. Detaillierte bibliografische Daten sind im Internet über http://dnb.d-nb.de abrufbar.

Für Fragen und Anregungen
info@mvg-verlag.de

Originalausgabe
1. Auflage 2020

Nymphenburger Straße 86
D-80636 München
Tel.: 089 651285-0
Fax: 089 652096

Redaktion: Sybille Beck
Redaktionelle Mitarbeit: Sabine Thum
Umschlaggestaltung: Karina Braun
Umschlagabbildung: shutterstock.com/KayaMe
Layout und Satz: Röser MEDIA GmbH & Co. KG, Karlsruhe
Druck: Florjančič Tisk d.o.o., Slowenien
Printed in the EU

ISBN Print 978-3-7474-0164-4
ISBN E-Book (PDF) 978-3-96121-528-7
ISBN E-Book (EPUB, Mobi) 978-3-96121-529-4

Weitere Informationen zum Verlag finden Sie unter

www.mvg-verlag.de

Beachten Sie auch unsere weiteren Verlage unter www.m-vg.de

INHALT

»Heidemarie Brosche findet für das Worte, was viele Eltern fühlen. Sie schreibt nicht mit erhobenem Zeigefinger, sondern mit viel Wärme und guten Tipps.«

Katharina Nachtsheim & Lisa Harmann,
Autorinnen von *WOWMOM* und
Betreiberinnen des Blogs stadtlandmama.de

»Die Erfahrung, dass ihnen hinterher ihr Schimpfen leidtut, haben alle Eltern schon gemacht. Die entscheidende Frage bleibt: Beschädige ich mein Kind damit, oder frustriere ich es nur?

Heidemarie Brosche gibt auf diese Frage wertvolle Betrachtungsweisen, immer mit dem Blick auf eine stärkende Beziehung für Kind und Eltern.«

Mathias Voelchert, Gründer & Leiter familylab.de

Für Biene, Eylem und Giulia – die drei liebenswerten jungen Frauen, die dieses Buch von Anfang an begleitet und inspiriert haben

Persönliches Vorwort

Wertschätzung – ich kann mich nicht mehr erinnern, wann dieses Wort begonnen hat, seine magische Wirkung in mir zu entfalten. Irgendwann war sie einfach da – die Gewissheit, dass Wertschätzung etwas Zentrales in unserem Leben ist. Dass sie der Schlüssel zum gesunden Selbstwertgefühl des Individuums und zum guten Miteinander in jeglicher Gemeinschaft ist. Wenn Menschen von klein auf genug davon bekommen, können sie gedeihen und wachsen, davon bin ich seit Langem überzeugt.

Zu meiner großen Freude konnte ich beobachten, dass es nicht nur mir so ging. Immer öfter wurde in den letzten Jahren das Hohelied auf die Wertschätzung gesungen. Gerade auch, was den Umgang von Eltern mit ihren Kindern betraf. Das erfüllte mich mit Zuversicht.

Was ich aber auch beobachten konnte: Dass Eltern mit sich unzufrieden waren. Weil sie das mit der Wertschätzung zwar theoretisch gut, aber in der Umsetzung immer mal wieder schwer fanden. Weil sie in ihrer Rolle als wertschätzende Eltern an ihre Grenzen kamen. Vor allem dann, wenn die Kids Grenzen austesteten oder überschritten.

Ich stellte fest – auch in zahlreichen Gesprächen –, dass es Müttern und Vätern mächtig auf die Psyche gehen kann, wenn sie ihrem eigenen Anspruch nicht genügen, wenn sie hinter ihren eigenen Erwartungen zurückbleiben. Weil sie ihren Kindern gegenüber wertschätzend agieren wollen, aber in und an der Praxis scheitern.

Gleichzeitig beobachtete ich etwas anderes: Es schossen Bücher wie Pilze aus dem Boden in die Regale der Buchhandlungen und in die Bestsellerlisten, die Eltern das Gefühl vermittelten, wenn sie nur bereit dazu seien, ein gewisses Training, ein paar Übungen zu absolvieren und gewisse Strategien zu beherzigen, dann habe dies ein Erziehen ohne Strafen, Ausrasten, Anschreien und Schimpfen zur Folge. Was ja eine wunderbare Verheißung ist! Gleichzeitig schwang in jedem dieser Titel mehr oder weniger subtil die Botschaft mit, Kindern geschehe Leid, ihre Entwicklung nehme Schaden, wenn Müttern das Strafen, Ausrasten, Anschreien und Schimpfen dann doch immer wieder mal passiere.

Ich hörte von Frauen, die sich in ihren Grundfesten erschüttert fühlten, weil es ihnen trotz aller Bemühungen nicht gelang, das mit dem Wertschätzen in jeder Situation durchzuhalten. Die sich durch Blogs, Foren und Bücher lasen und immer wieder unglücklich über ihr Handeln waren.

Und natürlich bekam ich als Lehrerin auch mit, wie Kinder und Jugendliche so auffällig wurden, dass ihre Eltern professionelle Hilfe suchten. Eine Schulpsychologin erzählte mir:

Wenn ich an die Eltern denke, die mit ihren Kindern bei mir landen, muss ich sagen: *Die* Eltern gibt es nicht. Manche erziehen Laisser-faire, andere sind sehr streng und auch gewalttätig. Manche machen sich wegen ihres Erziehungsstiles Gedanken und andere nicht. Der Erziehungsstil ist oft von den eigenen Erziehungserfahrungen als Kind geprägt, meist wird dann umgesetzt, was man selber als Kind erlebt hat. In wenigen Fällen gibt es konträre Reaktionen, also beispielsweise sehr streng erzogene Erwachsene, die dann sehr locker mit eigenen Kindern sind. Außerdem bestimmt auch die Lebenssituation, wie man mit den eigenen Kindern umgeht: Gestresste, schichtarbeitende Eltern mit wenig finanziellen und sozialen Ressourcen reagieren auch in Erziehungssituationen eher gestresst.

Mehr und mehr wuchs in mir der Wunsch, ein Buch zu schreiben, das es fertigbringt, beides zu sein: ein leidenschaftliches Credo für die Wertschätzung und gleichzeitig ein leidenschaftlicher Zuversicht-Spender für Mütter und Väter, die vom Albtraum des Versagens und Verzagens gequält werden.

Da mir die zahllosen Gespräche mit meiner jungen, kompetenten Kollegin Sabine Thum, selbst liebevolle Mutter von zwei Söhnen, stets eine Bereicherung waren, habe ich sie aus ganzem Herzen eingeladen, mir auf die Finger zu gucken. Auf dass das, was Sie hier lesen, nicht nur auf dem Mist einer älteren Lehrerin und Mutter gewachsen ist, sondern auch auf dem einer Vertreterin der jungen Generation.

Ich hoffe, dieses Buch lässt Sie, liebe Leserin und lieber Leser, nicht mit schlechtem Gewissen und Angst vor erneutem Scheitern zurück, sondern es verleiht Ihnen neuen Schwung, die Herausforderung »Kinder wertschätzend erziehen« anzunehmen und aus dem gelegentlichen Scheitern das Bestmögliche zu machen.

Wenn es ganz allgemein auch noch dabei hilft, die kostbare Zeit, die Erwachsene gemeinsam mit ihren Kindern verbringen, bis diese flügge sind, zu einer schöneren zu machen – trotz aller Reibereien und Konflikte –, dann freut mich dies umso mehr.

Ihre Heidemarie Brosche

Kleine Bestandsaufnahme

Liebe Eltern,

zu Beginn dieses Buches eine kleine Bestandsaufnahme für Sie persönlich. Es erfordert Mut, diesen kleinen »Test« zu machen, obwohl es keine Auswertung und schon gar keine Bewertung gibt. Sie müssen einfach nur ehrlich auf das Zusammenleben mit Ihren Kindern blicken. Auf dass so manches (noch) besser werde.

(Und Sie können sicher sein: Sie sind nicht alleine! So wie Ihnen geht es vielen.)

Konflikte und Streit in der Familie

- ☐ Wie in jeder Familie gibt es bei uns zwischen Kindern und Eltern öfter mal Konflikte.
- ☐ Manchmal sind mir die ewigen Streitigkeiten mit meinen Kindern zu viel.
- ☐ Ich habe nie Probleme mit meinen Kindern, weil ich ihnen ihre Wünsche erfülle.
- ☐ Ich erfülle meinen Kindern alle Wünsche, soweit es mir möglich ist, aber sie sind trotzdem nie zufrieden.
- ☐ Manchmal gebe ich einfach nach, denn ich habe Angst, dass mein Kind mir sonst böse ist.

- ☐ Sonstiges: ______________________________
  ____

Unsicherheit in der Erziehung

- ☐ Manchmal bin ich mir nicht sicher, wie ich mich meinem Kind gegenüber verhalten soll.
- ☐ Sehr oft weiß ich gar nicht, was in der Erziehung richtig ist.
- ☐ Ich habe keinerlei Probleme. Ich weiß immer, was richtig ist.
- ☐ Ich bin nie unsicher. Ich mache einfach, was mein Kind sich wünscht.
- ☐ Ich kann nicht verstehen, wie man in der Erziehung unsicher sein kann. Wenn Kinder nicht tun, was man von ihnen will, dann muss man halt mal hart durchgreifen.
- ☐ Sonstiges: ______________________________
  ____

Zeit in der Erziehung

- ☐ Für die Kindererziehung kann ich mir nicht viel Zeit nehmen, weil ich sie einfach nicht habe. Ich muss ja arbeiten.
- ☐ Für meine Kinder würde ich mir gerne mehr Zeit als bisher nehmen.
- ☐ Man braucht nicht viel Zeit für Kinder. Die sollen selbst Verantwortung übernehmen.
- ☐ Für Jugendliche ab 14 braucht man nicht mehr viel Zeit. Die sind doch schon fast erwachsen.
- ☐ Jugendliche haben ihre Freunde zum Reden. Das hilft ihnen viel mehr, als wenn ich mit ihnen rede.
- ☐ Sonstiges: ______________________________
  ____

Mit den Wünschen der Kinder umgehen

- ☐ Die Kinder heutzutage wollen so viele Dinge. Ich versuche, die Wünsche meines Kindes zu erfüllen.
- ☐ Die Kinder heutzutage wollen so viele Dinge. Da muss man sehr oft »NEIN!« sagen.
- ☐ Ich finde nicht, dass die Kinder heutzutage viele Wünsche haben.
- ☐ Wegen der Wünsche meiner Kinder habe ich schon mal mehr Geld ausgegeben, als ich wollte.
- ☐ Es ist mir eigentlich egal, welche Wünsche mein Kind hat.
- ☐ Meine Kinder haben so viele Wünsche, dass das Geld gar nicht reicht, um sie zu erfüllen.
- ☐ Sonstiges: ____
  ____

Verbieten und erlauben

- ☐ Ich finde, man sollte möglichst wenig verbieten.
- ☐ Ich finde, man sollte möglichst wenig erlauben.
- ☐ Ich habe Angst vor dem Streit, wenn ich meinem Kind etwas verbiete.
- ☐ Ich habe Angst, dass mich mein Kind nicht mehr mag, wenn ich ihm etwas verbiete.
- ☐ Ich habe Angst vor der Reaktion meines Kindes, wenn ich ihm etwas nicht erlaube.
- ☐ Sonstiges: ____
  ____

Verhältnis zum Kind

- ☐ Mein Kind sollte mein/e Freund/in sein.
- ☐ Mein Kind ist für mich wie mein/e Freund/in. Das klappt wunderbar.

- [ ] Kinder sollen nicht die Freunde ihrer Eltern sein.
- [ ] Zu viele Kinder haben keinen Respekt mehr vor ihren Eltern.
- [ ] Zu viele Kinder haben zu wenig Respekt vor ihren Eltern.
- [ ] Sonstiges: ____

  ____

Nachdenken über das Elternverhalten

- [ ] Ich mache mir oft Gedanken, ob ich mein Kind richtig erziehe.
- [ ] Ich habe keine Zeit, mir Gedanken zu machen.
- [ ] Ich finde es nicht nötig, sich so viele Gedanken zu machen.
- [ ] Neben allen anderen Problemen kann ich mir nicht auch noch Gedanken über die Erziehung machen.

Gebrauchsanweisung für dieses Buch

- Wenn Sie gerade misstrauisch in dieses Buch äugen, weil Sie das mit der Bedeutung der wertschätzenden Erziehung nicht so recht glauben wollen, dann schnuppern Sie doch bitte mal in das erste Kapitel! Und vielleicht, ganz vielleicht, wollen Sie ja dann auch weiterlesen.
- Wenn Sie dieses Buch gekauft oder ausgeliehen haben, weil Sie sich gerne über die Möglichkeiten einer wertschätzenden Erziehung auch in »herausfordernden Situationen« informieren wollen, wunderbar! Dann lesen Sie es am besten von vorne nach hinten.
- Wenn Sie nach einer kleinen Aufmunterungsspritze lechzen, weil alles so schwer und so anstrengend ist, stürzen Sie sich auf Kapitel 2. Danach werden Sie wissen, warum Sie sich so fühlen. Den Rest können Sie dann anschließend in ruhigen Minuten lesen.
- Wenn Sie gerade ziemlich erschüttert sind, weil Sie wieder einmal Ihren eigenen Ansprüchen nicht genügt haben und das Gefühl des Scheiterns zentnerschwer mit sich herumschleppen, dann fangen Sie mit Kapitel 6 an! Die Lektüre wird Ihnen guttun. Und bestimmt haben Sie danach Lust auf den Rest des Buches.

Falls Sie sich nicht sicher sind, kann der folgende Fragebogen vielleicht helfen.

Bitte kreuzen Sie an, was auf Sie zutrifft.	
Wenn Untenstehendes auf Sie zutrifft …	… ist dies die Empfehlung der Autorin:
☐ Ich bin eigentlich ganz zufrieden mit meinem Erziehungsverhalten.	Um noch sicherer zu werden, beginnen Sie die Lektüre dieses Buches und lesen, solange Sie es interessant finden! Neue Denkanstöße haben noch nie geschadet.
☐ Manchmal fühle ich mich sehr unsicher, wie ich mich meinem Kind gegenüber verhalten soll.	Lesen Sie bitte das ganze Buch!
☐ Ich würde gerne wissen, wie sich das mit dem Erziehen im Laufe der Geschichte entwickelt hat und warum wir heute manchmal so unsicher sind.	Beginnen Sie bitte unbedingt mit Kapitel 1!
☐ Ich finde das Eltern-Sein ziemlich anstrengend.	Beginnen Sie bitte mit Kapitel 2 und lesen dann den Rest des Buches!
☐ Ich wäre froh, wenn ich manchmal netter zu meinem Kind sein könnte.	Beginnen Sie bitte mit Kapitel 2 und lesen dann den Rest des Buches!

☐ Ich würde gerne wissen, was bei mir ganz persönlich dazu führt, dass ich meinem Kind gegenüber nicht wertschätzend handle.	Beginnen Sie bitte mit Kapitel 3 und lesen dann den Rest des Buches!
☐ Es fällt mir immer wieder schwer, mich meinem Kind gegenüber wertschätzend zu verhalten. Warum nur?	Beginnen Sie bitte mit Kapitel 3 und lesen dann den Rest des Buches!
☐ Es fällt mir schwer, meinem Kind etwas zu verbieten.	Beginnen Sie bitte mit Kapitel 3 und lesen dann den Rest des Buches!
☐ Es fällt mir schwer, etwas von meinem Kind zu fordern.	Beginnen Sie bitte mit Kapitel 3 und lesen dann den Rest des Buches!
☐ Ich möchte gerne wissen, was ich tun kann, damit es möglichst selten zu herausfordernden Situationen mit meinem Kind kommt.	Beginnen Sie bitte mit Kapitel 4 und lesen dann den Rest des Buches!
☐ Ich möchte gerne wissen, was ich in herausfordernden Situationen konkret tun kann, um möglichst wertschätzend zu bleiben und dabei dennoch klar zu sein.	Beginnen Sie bitte mit Kapitel 5 und lesen dann den Rest des Buches!
☐ Ich bin manchmal nicht so nett zu meinem Kind, wie ich es gut finden würde, und leide darunter.	Beginnen Sie bitte mit Kapitel 6 und lesen dann den Rest des Buches!

☐ Ich bin manchmal richtig erschüttert über mein Verhalten als Mutter/Vater.	Beginnen Sie bitte mit Kapitel 6 und lesen dann den Rest des Buches!
☐ Ich halte mich manchmal für eine/n sehr schlechte/n Mutter/Vater.	Beginnen Sie bitte mit Kapitel 6 und lesen dann den Rest des Buches!
☐ Ich habe Angst, dass mein Kind unter meinem Verhalten als Mutter/Vater leidet.	Beginnen Sie bitte mit Kapitel 6 und lesen dann den Rest des Buches!
☐ Ich bin sicher, dass mein Kind manchmal unter meinem Verhalten als Mutter/Vater leidet.	Beginnen Sie bitte mit Kapitel 6 und lesen dann den Rest des Buches!
☐ Ich bin sicher, man könnte das mit dem Erziehen besser machen als ich.	Lesen Sie bitte das ganze Buch!
☐ Ich würde mir gerne dabei helfen lassen, dass das mit dem Erziehen in Zukunft besser klappt.	Lesen Sie bitte das ganze Buch!

Etwas Grundsätzliches zur Auswertung dieses Fragebogens und aller weiteren Fragebögen, die im Buch noch folgen:

Beurteilungen à la »Bei fünf Kreuzchen sind Sie eine gute Mutter!« suchen Sie hier vergebens. Es geht in diesem Buch nicht ums Bewerten, sondern um Denkanstöße, die zum Innehalten und Reflektieren anregen. Wenn Sie als Leserin und Leser dank dieser Anstöße dazu verlockt werden, über sich selbst und Ihren Umgang mit Ihren Kindern nachzudenken, ist dies wunderbar. Denn wir wissen ja: Unsere Gedanken beeinflussen unser Handeln!

Zu den Interviews und Erfahrungsberichten

Für dieses Buch haben wir Eltern und Vielleicht-mal-Eltern von 20 bis 72 befragt, die aus allen gesellschaftlichen Schichten kommen.

Um die Privatsphäre unserer Interviewpartner*innen schützen und so ehrliche Antworten erwarten zu können, wurden die Namen meist durch Pseudonyme ersetzt, alle weiteren Daten blieben unverändert.

Immer wieder bekamen wir die Rückmeldung, dass das Beantworten der Fragen den Interviewten gutgetan, sie zum Reflektieren verlockt habe. Vielleicht machen sie auch Ihnen, liebe Leserinnen und Leser, Lust, sich in Gedanken oder auf dem Papier mit ihnen auseinanderzusetzen.

Dies waren unsere Fragen an Eltern:

1. Wie wichtig ist Ihnen Wertschätzung in der Erziehung?
2. Glauben Sie, dass eine Erziehung ohne Schimpfen, Strafen (und Schlagen) möglich ist?
3. Hatten Sie sich, bevor Sie Kinder hatten, schon Gedanken gemacht, wie Sie in Konfliktsituationen reagieren wollen?
4. Gibt es spezielle Situationen, in denen es Ihnen besonders schwerfiel/-fällt, gelassen/wertschätzend zu bleiben?
5. Können Sie sich an Situationen erinnern, in denen Sie nicht mehr liebevoll/wertschätzend sein konnten?
6. Welche Situationen, die ganz anders gelaufen sind, als Sie es wollten, haben Sie später noch belastet?
7. Hatten Sie das Gefühl, Ihr Kind leide unter dem Verhalten, das Sie so nicht wollten? Falls ja, was denken Sie: Worunter (bezogen auf Ihr Verhalten) leidet Ihr Kind?
8. Entschuldigen Sie sich auch mal oder sogar oft bei Ihrem Kind? Falls ja, wie fühlen Sie sich dabei? Wie reagiert Ihr Kind?

Und die Fragen an junge Erwachsene, die vielleicht mal Eltern werden wollen:

1. Hast du jetzt schon ein Gefühl dafür, wie du deine Kinder erziehen möchtest, falls du mal Kinder kriegst?
2. Falls ja, wie wichtig ist dir Wertschätzung in der Erziehung?
3. Glaubst du, dass eine Erziehung ohne Schimpfen, Strafen, Ausrasten (und Schlagen) möglich ist?
4. Kannst du dir jetzt schon vorstellen, inwiefern es auch Konflikte mit deinem Kind geben könnte?

5. Kannst du dir vorstellen, wie du selbst dich in solchen Konfliktsituationen verhalten wirst?
6. Und kannst du dir vorstellen, dass es ganz besondere »wunde Punkte« gibt, bei denen dich dein Kind mal besonders leicht aus der Fassung bringen kann?

Alle Interviewpartner*innen gaben an, dass ihnen Wertschätzung sehr wichtig sei. Einig waren sie sich auch in der Ablehnung von Schlägen als Erziehungsmittel. Was darüber hinausging, werden Sie über das ganze Buch verteilt lesen können.

Auch den Kindern wollten wir gerne eine Stimme geben. Es antworteten uns junge Menschen im Alter zwischen 5 und 19 Jahren.

Falls Sie Lust haben, auch mit Ihren Kindern ins Gespräch zum Thema zu kommen, können Sie unsere Fragen als Anregung nehmen.

Hier sind sie:

1. In welchen Situationen schimpfen Mama oder Papa?
2. Wie ist das für dich? Wie fühlst du dich dabei?
3. Gibt es Situationen, in denen du es verstehen kannst, dass du geschimpft wirst?
4. Stell dir vor, du hast etwas angestellt/etwas getan, was du nicht solltest. Welche Reaktion von Mama oder Papa ist für dich besonders schlimm?

KAPITEL 1

Eigentlich eine klare Sache – wie wichtig Wertschätzung in der Erziehung ist

Buse, 28, verheiratet, noch kinderlos

Ich denke, Wertschätzung ist das A und O, um ein »gesundes« und selbstbewusstes Kind zu erziehen. Sie stärkt die Bindung zwischen Kind und Eltern und fördert das soziale Miteinander (auch später mit Gleichaltrigen).

Was Wertschätzung (nicht) ist

Wer das Wort »Wertschätzung« verwendet, wird nicht immer richtig verstanden.

Achtung, Missverständnis!

Ist Wertschätzung nicht dieses Loben um jeden Preis, das bewirkt, dass die Kinder süchtig nach Verstärkung werden? Führt sie nicht auch dazu, dass Kinder viel zu oft das Gefühl haben, großartig zu sein? Ist sie nicht gleichbedeutend mit diesem Lieb-Tun, das gar nicht immer echt sein kann? Heißt Wertschätzung nicht, dass man als Erwachsener immer nett sein muss, auch wenn einem gar nicht danach ist? Hat Wertschätzung nicht viel mit Sich-Anbiedern und Einschmeicheln zu tun? Führt sie nicht zu einer Art Kuschelpädagogik, bei der alle immer auf Harmonie bedacht sind? Werden die Kinder durch eine beständige Wertschätzung von klein auf nicht verweichlicht und dementsprechend schlecht auf das Leben vorbereitet? Wird Wertschätzung nicht sogar manipulativ eingesetzt, das heißt, dass Erwachsene mit vorgetäuschter Wertschätzung beim Kind ein bestimmtes Verhalten erzielen wollen?

Jeder Mensch verdient Wertschätzung!

Nein, um all das geht es eben nicht, wenn man Wertschätzung ernst nimmt! Der Schlüssel zur Bedeutung liegt so wunderbar im Wort selbst: den Wert eines Menschen schätzen. Und dabei muss nichts gemessen, nichts verglichen werden. Jeder Mensch hat einen Wert – einfach nur deshalb, weil er geboren wurde. Von der Sprachgeschichte her ist »Wert« mit »Würde« verwandt, und Letztere ist laut Artikel 1 unseres Grundgesetzes unantastbar. Auch in Artikel 1 der Menschenrechte steht geschrieben, dass alle Menschen von Geburt an gleich an Würde und Rechten sind. Jeder Mensch hat ein Recht darauf, dass sein höchstpersönlicher Wert nicht beschädigt wird, auch nicht von seinen Eltern.

Wertschätzung nennt man also eine positive Grundhaltung anderen Menschen gegenüber, die nicht seine Leistung oder sein Handeln betrifft, sondern sein Wesen.

Diese Grundhaltung der Wertschätzung hat viel mit Respekt, Achtung, Wohlwollen, Anerkennung, Zugewandtheit, Interesse und Aufmerksamkeit zu tun. Wer eine wertschätzende Haltung hat, richtet seinen Blick vor allem auf Stärken und Ressourcen und nicht auf Fehler und Unzulänglichkeiten.

Warum Wertschätzung grundsätzlich wichtig ist

Wertschätzung als eines der menschlichen Grundbedürfnisse

»Bin ich etwas wert?« – Diese Frage stellt sich unbewusst oder bewusst jeder Mensch, ganz unabhängig davon, wie er durch dieses Leben geht. Wenn die Antwort ein gefühltes Ja ist, weil er von klein auf keinen Grund hatte, an seinem eigenen Wert zu zweifeln, ist der Nährboden für eine gute Entwicklung geschaffen worden. Die Psychologie zählt die Wertschätzung zu den menschlichen Grundbedürfnissen.

Der Neurowissenschaftler Joachim Bauer spricht davon, dass Menschen aus neurologischer Sicht auf soziale Resonanz und Kooperation angelegt seien. Für Menschen sei es extrem wichtig, zwischenmenschliche Anerkennung, Wertschätzung, Zuwendung und Zuneigung zu finden und zu geben.

Umgekehrt wird leider auch ein Schuh draus: Bei fehlender Wertschätzung kann ein Mensch nicht gut gedeihen!

Bewertung, Abwertung, Entwertung

Warum auch immer: Menschen tun es so oft – sich selbst oder andere Menschen vergleichen und bewerten. Was in der Regel zur Folge hat, dass einer besser abschneidet und einer schlechter. Ganz schnell wird aus der Bewertung eine Abwertung. Klar, niemand ist perfekt, niemand ist fehlerfrei. Aber, und das ist ein entscheidendes Aber: Zentral ist hier, ob man ein bestimmtes Verhalten in einer bestimmten Situation be- beziehungsweise abwertet oder das Wesen des Menschen an sich. Es ist ein großer Unterschied, ob ich sage: »Du bist dumm!«, oder:»Da hast du einen Fehler gemacht. Aber aus dem kannst du lernen.«

Kritik äußern kann man also durchaus wertschätzend. Leider aber fühlt sich *Be*werten für den einzelnen Menschen oft wie *Ab*werten oder gar *Ent*werten seiner Person an. Und es bedarf dazu noch nicht mal großer Abfälligkeiten oder Gemeinheiten, sondern bereits kleine, dahingeworfene Bemerkungen können gewaltig am Wert eines Menschen kratzen.

An dieser Stelle habe ich schon oft zu hören bekommen, dass man das mit dem Ab- und Entwerten nicht so hoch hängen solle. Dass es nicht schlimm, sondern gelegentlich nötig sei. Weil Menschen ab und zu eins auf den Deckel brauchen, damit sie nicht übermütig werden. Und weil das noch niemandem geschadet habe.

Noch einmal – und davon bin ich überzeugt: Gelegentliche Kritik an Verhaltensweisen hat tatsächlich noch niemandem geschadet. Im Gegenteil, sie gibt Orientierung und damit die Möglichkeit, etwas zu ändern. Aber wenn sich ein Mensch in seinem So-Sein, an dem er nun mal nichts ändern kann, nicht wertgeschätzt fühlt, schadet dies sehr wohl!

Wer ernsthaft daran zweifelt, der braucht sich nur mal eine Situation in Erinnerung zu rufen, in der es ihm selbst »an den Wert« ging, in der ihm selbst das Gefühl vermittelt wurde, er sei wenig oder nichts wert. Vielleicht wird in der Erinnerung dann doch spürbar, wie Äußerungen à la »Du bist einfach furchtbar!«, »Kannst du wirklich gar nichts?« oder »Bist du eigentlich blöd?!« ihre schlimme Wirkung entfalten.

Ältere Menschen, die zu einem ehrlichen Blick zurück in ihre Kindheit und Jugend bereit sind, erinnern sich oft noch an Einzelheiten abwertender Situationen. Über all die Jahre wurden diese nicht vergessen, so tief waren sie getroffen.

Wie wichtig Wertschätzung speziell in der Erziehung ist

Und trotzdem herrscht immer wieder Unsicherheit unter Eltern: Können sie mit zu viel Wertschätzung Schaden anrichten? Gilt das mit der Wertschätzung auch, wenn Kinder oder Jugendliche Mist gebaut haben? Kann man Grenzen wertschätzend setzen und einfordern?

Exkurs: Blicke über den Tellerrand

Weil man alles auf dieser Welt besser einordnen und verstehen kann, wenn man über den eigenen Tellerrand hinausspäht, lade ich Sie an dieser Stelle zu einem kleinen Rund- und einem kleinen Rückblick ein. Der Rundblick liefert ein paar Informationen darüber, wie es unterschiedliche Länder und Kulturen dieser Erde mit der Wertschätzung halten. Der Rückblick lässt ein wenig spüren, wie sich das mit der Wertschätzung im Laufe der Geschichte entwickelt hat.

Kleiner Rundblick – Wertschätzung in anderen Ländern und Kulturen

Ein paar Eingangsfragen:

- Erziehen alle Eltern dieser Erde in etwa gleich?
- Kann man erkennen, wer auf dieser Erde richtig erzieht und wer nicht?
- Gibt es Beweise dafür, dass die bei uns derzeit übliche Art zu erziehen die einzig richtige ist?
- Wie wird die Rolle der Wertschätzung anderswo gesehen?

In ihrem Buch *Kindheiten. Wie kleine Menschen in anderen Ländern groß werden*[1] zeigt die Soziologin Michaela Schonhöft ein paar interessante Dinge auf, nämlich:

- wie unterschiedlich auf der ganzen Welt, aber selbst innerhalb Europas erzogen wird,
- wie unterschiedlich gerade auch die kritischen Themen sind, die zu Konflikten und Disziplinierungsversuchen seitens der Eltern führen und
- wie unterschiedlich die Eltern dieser Welt mit diesen kritischen Themen umgehen.

So erfahren die Leser,

- dass die Samen – im Norden Norwegens, Schwedens und Finnlands beheimatet – ihren Kindern viel körperliche Nähe und Wärme schenken, aber auch mal zum Mittel der Angst greifen, um sie zum Befolgen von Anweisungen zu bewegen,
- dass die Kinder in Spanien in der Regel lange aufbleiben dürfen, damit sie am Familienleben teilhaben können – interessant, wenn man bedenkt, welche Kämpfe sich hier in Deutschland manchmal rund ums Thema »Schlafengehen« abspielen,
- dass in Frankreich Respekt als sehr wichtig angesehen wird, die Erziehung streng ist und »Ich mag kein Gemüse«-Theater schlichtweg nicht zur Debatte steht, denn: »Es wird gegessen, was auf den Tisch kommt!«

Im Beitrag »Kindererziehung im Ausland«[2] kann man zum Beispiel nachlesen,

- dass russische Familien viel streiten und diskutieren, die Kinder bei Fehlverhalten auch mal einen Klaps auf den Po bekommen, aber dass die Liebe zu Kindern zentral ist,
- dass traditionell islamische Eltern ihren Kindern in den ersten drei Lebensjahren fast alles erlauben, die Mütter für ihre liebevolle Fürsorge höchste Achtung in der Gesellschaft genießen, ältere Kinder aber zunehmend zu Gehorsam, Dankbarkeit und Ehrfurcht erzogen werden,
- dass der Umgang mit den Kindern in den USA recht streng ist und Fehlverhalten gerne mit Zimmerarrest oder »time-outs« bestraft wird,
- dass Eltern in China sich für die Gefühle ihrer Kinder lange nicht so sehr interessieren wie deutsche Eltern, sondern dass Disziplin, Erfolg und Respekt wichtiger sind als Spiel und Freude,
- dass im afrikanischen Namibia kleine Kinder bis zu einem Jahr stark umsorgt werden, spätestens nach dem Sauber-Werden aber weder weinen noch die Erwachsenen sonst irgendwie stören sollen und bei Ungehorsam mit Schlägen zu rechnen haben.

Zu den zahlreichen Unterschieden, die bereits innerhalb Europas nicht zu übersehen sind, gesellen sich also jede Menge Abweichungen, wenn man den Blick über die gesamte Erde schweifen lässt.

Einen nicht unwesentlichen Punkt betont Schonhöft: Erziehung ist in vielen Ländern nicht hauptsächlich Sache der Eltern – wie dies bei uns üblich ist. Im Gegenteil, in so manchen Ländern gilt das alte afrikanische Sprichwort »Um ein Kind zu erziehen, braucht es ein ganzes Dorf«. Was nichts anderes heißt, als dass die Eltern viel mehr Unterstützung in der Erziehung genießen als hier bei uns, im Gegenzug aber auch mit mehr Einmischung leben müssen.

Schonhöft berichtet in ihrem Buch auch darüber, dass in vielen Ländern Kinder von ihren Eltern geschlagen werden – weil diese es für richtig und nötig halten, weil sie es nicht besser wissen oder weil sie unter Traumatisierungen leiden, die von Generation zu Generation weitergegeben wurden. Nirgendwo aber hat sie Vorteile des Schlagens und Geschlagen-Werdens ausmachen können. Allerdings gibt es Unterschiede: Manche Kinder, die große Strenge oder gar Gewalt von ihren Eltern erfahren, scheinen recht gut damit klarzukommen, manche scheinen daran zu zerbrechen, manche geben die Gewalt weiter. Vermutlich ist das so, weil manche Eltern, die ihre Kinder mit Gewalt erziehen, diesen dennoch emotional nahe sind, sie im Gegenzug zum Beispiel auch wieder herzen und küssen oder einfach nur ein sicheres Gefühl von Aufmerksamkeit und Liebe vermitteln. Die Kombination aus »harter Hand« und emotionaler Distanz allerdings ist eine ziemlich sichere Grundlage für unglückliche Menschen und gewaltbereite Gesellschaften.

Auch der Kinderarzt und Wissenschaftler Herbert Renz-Polster zeigt in seinem Buch *Kinder verstehen*[3], dass die Erziehungsziele und -methoden der Menschen auf dieser Erde weit auseinandergehen – zum Beispiel von dem bei uns gültigen »Mein Kind soll selbstständig und selbstbewusst werden« bis zu »Mein Kind soll so ruhig und unauffällig wie möglich sein«. bei den Danis in Indonesien.

Renz-Polster spricht davon, dass alle Eltern dieser Welt unbewusst eine gedankliche Erstausstattung im Kopf haben, die sich für sie selbstverständlich und natürlich anfühlt. Jede Elterngeneration wird sozusagen mit den gerade anerkannten Erziehungszielen und -methoden infiziert und ist so weitgehend der Meinung, es richtig zu machen. Der Witz dabei: Diese gedankliche Erstausstattung ist nicht überall gleich, sondern – im Gegenteil – vollkommen unterschiedlich.

Das heißt: **Auf der ganzen Welt erziehen Eltern ihren Nachwuchs in der Annahme, es richtig zu machen, aber sie tun dies auf ganz unterschiedliche Art.**

Natürlich stellt sich da die Frage: Woher können Eltern überhaupt wissen, ob die Art, wie sie ihr Kind guten Gewissens erziehen, wirklich eine gute ist?

Manche Eltern blicken zur Orientierung voller Ehrfurcht auf die Tradition von »Urkulturen«. Renz-Polster warnt davor, diese zu überschätzen. Nur weil Naturvölker etwas tun, muss es noch lange nicht gut sein – wofür die weibliche Genitalbeschneidung ein trauriges Beispiel bilde.

Außerdem sagt Renz-Polster klar, dass wir so manches, das wir bei anderen Kulturen sehen und gut finden, gerne übernehmen können, zum Beispiel die Babys zu tragen, anstatt sie im Kinderwagen zu schieben, dass aber nicht alles, was wir gut finden, auch zu uns passen muss. So kann das beständige Tragen von Säuglingen eine Überforderung für Menschen sein, die diesem körperlichen Kraftakt aufgrund ihrer Lebensweise nicht gewachsen sind.[4]

Aus diesem kleinen Rundblick lassen sich mehrere Schlüsse ziehen:

- Die Art, wie anderswo erzogen wird, hat etwas mit den dort geltenden Traditionen und mit Erfahrungen vorhergehender Generationen, aber auch mit gesellschaftlichen Erfordernissen und Absichten zu tun.
- Die Kombination aus einem Mangel an Nähe zu den Kindern und Gewalt gegenüber Kindern ist ein Garant für mangelndes Lebensglück und für Gewaltbereitschaft im Kleinen wie im Großen.
- Wenn auch aus Kindern, die so ganz anders groß werden als bei uns, normale, gesunde Erwachsene werden können, gibt es offen-

sichtlich nicht nur den *einen* richtigen Weg zu glücklichen Kindern – solange die Basis eine Beziehung ist, in der die Kinder sich der Wertschätzung sicher sein können.

Auch ein Blick in die Vergangenheit lässt manches klarer werden.

Kleiner Rückblick – Wertschätzung von früher bis heute

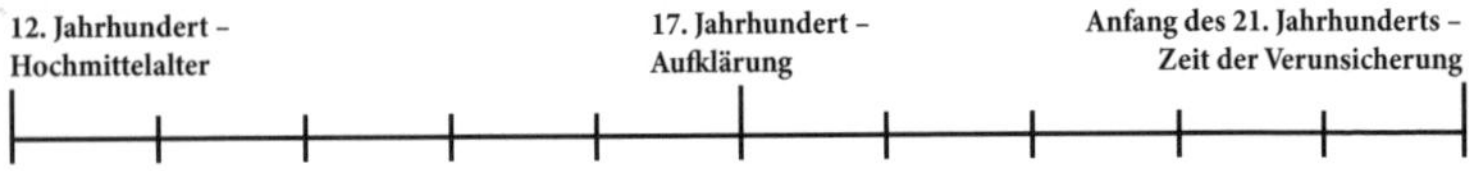

Ein paar Eingangsfragen:

- Wie haben die Generationen vor uns erzogen?
- Was waren ihre Ziele?
- Was könnte dazu geführt haben, dass Eltern sich heute oft so unsicher fühlen?
- Wie wurde die Rolle der Wertschätzung früher gesehen?

Alles, was jetzt ist, hat sich aus dem entwickelt, was einmal war. Und es war ja mit Menschen schon lange irgendwas. Genau genommen müssten wir also bei den allerersten Menschen beginnen und uns die Frage stellen: Wie haben die damals ihren Nachwuchs groß bekommen?

Da zuverlässige Quellen zum Erziehungsverhalten der ersten Menschen fehlen und ein Rundumschlag zur Geschichte der Erziehung den Rahmen dieses Buches sprengen würde, startet der Streifzug vor knapp tausend Jahren.

12. Jahrhundert – Hochmittelalter

Kinder sind als **Arbeitskräfte** wichtig.

15. Jahrhundert – Spätmittelalter

Kinder werden **streng** erzogen, damit sie ehrbare Menschen werden.

17. Jahrhundert – Aufklärung

Kinder werden bewusst geformt, Milde dient als Trick.

18. Jahrhundert – Frühe Neuzeit

So langsam wird die Kindheit als kostbarer Lebensabschnitt angesehen, der die Grundlage für ein glückliches Leben bildet. Mitte des 18. Jahrhunderts macht sich Jean-Jacques Rousseau (1712–1778) Gedanken über eine ideale Erziehung. Er schafft es, viele Eltern mit seinen Ideen zu erreichen. Was er nicht schafft: seine eigenen fünf Kinder zu erziehen; er gibt sie allesamt nach der Geburt in ein Findelhaus.

Der Schweizer Pädagoge Johann Heinrich Pestalozzi (1746–1827) lehnt sich stark an Rousseaus Gedanken an. Er gründet sogar eine Schule, die die Kinder nach Rousseaus Ideen erzieht. Bitter: Auch er ist nicht erfolgreich mit seinem eigenen Sohn!

19. Jahrhundert – Neuzeit

1844 schreibt der Frankfurter Arzt und Psychiater Heinrich Hoffmann für seinen dreijährigen Sohn den *Struwwelpeter*, ein Buch, in dem Kinder, die ihren Eltern nicht gehorchen, traurig enden. Die Tatsache, dass das Buch extrem erfolgreich wird, zeigt, dass viele Eltern gerne mithilfe dieser brutalen Art der Abschreckung erziehen.

In der wilhelminischen Zeit Ende des 19. Jahrhunderts werden Zucht, Ordnung und Gehorsam eingefordert. Das Motto »Wer sein Kind liebt, der züchtigt es!« wird mit dem Rohrstock in die Tat umgesetzt. Ziel der Erziehung sind Menschen, die Gott und die Obrigkeit fürchten.

Anfang des 20. Jahrhunderts – Imperialismus

Allmählich werden zunehmend Stimmen von Pädagogen laut, die sich gegen die strenge, autoritätsgläubige Erziehung wehren. So kommt es zur Strömung der Reformpädagogik, der zum Beispiel Maria Montessori und das Ehepaar Freinet angehören. Ziel dieser Erziehung ist es, jedes Kind als Individuum zu sehen und seine kreativen Kräfte zu wecken. Als besonders wichtig wird es angesehen, dass Kinder selbsttätig und durch Handeln lernen.

1933 bis 1945 – Nationalsozialismus

Kaum beginnt sich eine freiere und dem Kind zugewandte Einstellung auszubreiten, wirkt der Geist des Nationalsozialismus mit Brachialgewalt auf die Erziehung ein. Mehr denn je wird **bedingungsloser Gehorsam** gefordert, eigenständiges Denken und selbstverantwortliches Handeln sind verpönt. Ein **hartes Menschenbild** schlägt schon im Umgang mit Säuglingen durch: »Schreien stärkt die Lungen!«, wird propagiert. *Das* Erziehungsbuch der NS-Zeit, Dr. Johanna Haarers *Die deutsche Mutter und ihr erstes Kind* ist ein Riesenerfolg und macht sich für die frühe Trennung von Mutter und Kind stark.

Zweite Hälfte des 20. Jahrhunderts – antiautoritäre Erziehung

Während manche der Älteren noch am Gedankengut der autoritären Erziehung hängen, wird über die 1968 beginnende Studentenbewegung in Westdeutschland die Idee der antiautoritären Erziehung verbreitet. Nie mehr soll es Duckmäuser geben, kritisches Denken und Ungehorsam sind nun erwünscht, Grenzen und Regeln sind verpönt. Was zunächst gut und kindgemäß klingt, ist nicht generell von Erfolg gekrönt. Viele der so Erzogenen klagen später über zu wenig Interesse, Halt und Orientierung seitens der Erziehenden. In seinem Vorwort zu *Damit aus kleinen Ärschen keine großen werden* von Hans-Otto Thomashoff erklärt Joachim Bauer, dass bei dieser Art des Erziehens zwei zentrale Elemente, die jedes Kind von klein auf braucht, zu kurz kommen: Es fehle zum einen »die frühe liebevolle Fürsorge durch die konkrete Präsenz von verlässlichen Bezugspersonen«, zum anderen »die liebevolle Anleitung des Kindes zur Einhaltung von Regeln, das Setzen von Grenzen und die Entdeckung der Geheimnisse, wie ein soziales Miteinander funktionieren kann.«[5]

Interessant ist an dieser Stelle ein kleiner Exkurs nach England: Der Pädagoge Alexander Sutherland Neill hatte 1921 das berühmte Internat Summerhill gegründet. Summerhill gilt bis heute als eine der ältesten demokratischen Schulen der Welt. Neill betonte stets, dass sein Prinzip nicht »frei von Erziehung« lautete, wie er gerne missverstanden wurde, sondern »freie Erziehung«. Obwohl die Kinder viel Freiheit hatten, gab es sehr wohl Regeln. Die Erziehungsmethode »antiautoritär« schrieb man ihm zu, obwohl er selbst den Begriff nie verwendet hatte. Neill nannte seine pädagogische Praxis »selbstregulative Erziehung«. Ausdrückliches Ziel war es, dass Kinder ihr eigenes Leben leben und nicht die Erwartungen von Eltern und Lehrern erfüllen müssen. Bei aller Kritik, die sich Neill immer wieder gefallen lassen musste, gab es auch viel Positives zu hören, zum Beispiel dass die große Freiheit in Verbindung mit Verantwortlichkeiten innerhalb der Gemeinschaft das Selbst- und Verantwortungsbewusstsein der Jugendlichen extrem förderte.

Übergang ins 21. Jahrhundert – partnerschaftliche Erziehung

Schließlich scheint vielen die Idee einer partnerschaftlichen Erziehung logisch und angebracht: Warum sollen Kinder unterdrückt und klein gehalten werden? Kann man nicht auf Augenhöhe mit ihnen umgehen? Mehr und mehr aber stellt sich die Frage, ob man das Kind damit nicht auf eine Stufe stellt, die ihm und seiner Entwicklung nicht angemessen ist. Müssen Eltern wirklich alles erklären und ständig nachfragen, damit sie gute Eltern sind? Ist es nicht für ein Kind zu viel Verantwortung, ständig entscheiden zu müssen, vor allem auch Entscheidungen zu treffen, die seinem Entwicklungsstand nicht angemessen sind?

Trotz dieser kritischen Einwände halten nicht wenige Eltern an der partnerschaftlichen Erziehung fest. Und das Modell scheint auch nicht zu scheitern, denn die Kinder erhalten viel Zuwendung und Emotionalität, was ihnen guttut – auch wenn das Partnerschaftliche manchmal eine Überforderung für Kinder wie für Eltern darstellen mag.

Anfang des 21. Jahrhunderts – Zeit der Verunsicherung

Im Laufe der letzten Jahre beginnt eine Entwicklung, die bis heute anhält: Eltern geraten zunehmend in die Kritik, ja man kann geradezu von einem Eltern-Bashing sprechen. »Dürfen die denn alles? – Verunsicherte Eltern, orientierungslose Kinder: Erziehung scheint so kompliziert zu sein wie noch nie. Wo liegt das Problem?« heißt es im *STERN* vom 24. Oktober 2019[6].

Insgesamt herrscht eine große Bandbreite, wie von heutigen Eltern erzogen wird: Die einen – eher wenige – erziehen »altmodisch«, geben viele Regeln vor, verteilen Pflichten, werden auch schon mal ruppig und versuchen dennoch, die Bedürfnisse der Kinder zu stillen. Die anderen – eher mehr – setzen nie oder erst sehr spät Grenzen. Bei Letzteren kommt es irgendwann leicht zum Kipppunkt, denn den Kindern fehlt Orientierung, sie ecken im gesellschaftlichen Rahmen – zum Beispiel im Kindergarten, bei Familientreffen, im Sportverein et cetera – immer wieder an. Gerade dann eskaliert es plötzlich bei so manchen Eltern, die auf klare Führung bewusst oder unbewusst verzichtet haben, denn sie spüren, dass ihre Kinder sich rein gar nichts mehr von ihnen sagen lassen.

Respektlose, computersüchtige, wohlstandsverwahrloste, mobbende, selbstverliebte und psychisch gestörte Kinder und Jugendliche sind Stoff für Vorträge, Artikel, Bücher, Talkshows. Und weil mit den Sprösslingen so vieles falsch läuft, wird über die Eltern von heute gelästert und geschimpft, was das Zeug hält. Die einen – erfährt man – erziehen zu wenig oder zu lasch, sodass aus den Kindern kleine Nervensägen und Tyrannen werden. Die anderen verfallen in Überbetreuung und kreisen wie Helikopter über ihren Kindern, bis diese lebensuntauglich, unselbstständig und fordernd geraten.

Weil Polarisierungen noch nie geholfen haben, wenn es um Menschliches geht, empfehle ich also, genauer hinzuschauen. Wenn es auch *die* Eltern nicht gibt, so gibt es doch Elterntypen: Eltern, die übelsten Druck ausüben, Eltern, die ihre Kinder in Watte packen, Eltern, die nicht oder zu spät bemerken, dass ihre Kinder aus dem Ruder laufen, Eltern, die ihr eigenes Leben so anstrengend finden, dass ihnen keine Kraft mehr für die Kinder bleibt – und daneben natürlich jede Menge Eltern, die sich alle Mühe der Welt geben, es gut zu machen, und dennoch immer wieder an ihre Grenzen stoßen.

Dass Eltern derzeit so verunsichert sind, ist eigentlich kein Wunder, wenn man an die Extreme denkt, die die Generationen vor uns erzieherisch ausgelebt haben. **So lassen sich auch aus diesem kleinen Rückblick, der bis in die Gegenwart reicht, Schlüsse ziehen, die für uns Eltern heute wertvoll sind:**

- Die Generationen vor uns haben ihre Kinder auf höchst unterschiedliche Weise erzogen.
- Nachdem Kinder nicht mehr als kleine Erwachsene betrachtet wurden, gab es ein beständiges Hin und Her, wie man diese jungen Wesen zu erziehen habe.
- Die Art des Erziehens hing stets mit den gesellschaftlichen und politischen Gegebenheiten zusammen.
- Immer wieder gab es Tendenzen zur Wertschätzung in der Erziehung, aber gerade in Zeiten von Herrschaft und Gewalt war sie nicht erwünscht.

Auf der ganzen Welt scheinen Kinder gut gedeihen zu können, wenn sie ihren Eltern emotional nahe sind, besonders gut aber, wenn die Beziehungen gewaltfrei, stabil und wertschätzend sind. Im Laufe der letzten Jahrhunderte war Wertschätzung in der Erziehung immer genau dann nicht willkommen, wenn vonseiten der Obrigkeit Härte, Unterdrückung und Angst erwünscht waren. Dies sollte uns sehr zu denken geben.

Wertschätzung in der Erziehung hier und heute

Wie also sollen wir es hier und heute konkret halten mit der Erziehung? Sollen wir den eigenen Eltern nacheifern? Oder den besten Freunden? Den Nachbarn? Sollen wir einfach intuitiv agieren, wie es uns richtig erscheint? Wer von all den vielen Ratgebern in Buchform hat recht? Und wie können wir das mit der Wertschätzung am besten umsetzen?

Wertschätzung gegenüber der Zielgruppe »Kinder und Jugendliche«

Wie wir inzwischen also wissen: Kinder und Jugendliche sind keine kleinen Erwachsenen. Die Phase der Kindheit und Jugend ist wichtig, auch in Bezug aufs Erwachsenenleben. Was wir darüber hinaus wissen: Kindheit und Jugend sind Phasen, in denen Menschen noch kein dickes Fell haben. Pfeile der Abwertung treffen hier tief in die Seele, auch wenn dies nicht immer nach außen dringt.

Anna, 40, verheiratet, vier Kinder (17, 14, 8, 5)

Bei meiner großen Tochter habe ich einen Riesenfehler gemacht. Sie hatte fünf Jahre Cello gespielt, wirklich gut, der Lehrer war sehr zufrieden. Nur ihre Bogenhaltung verbesserte er immer wieder. So tat ich es auch, wenn ich sie üben sah. Immer wieder korrigierte ich sie, manchmal auch unwillig. Als sie in der 5. Klasse war, wollte sie zu Hause nicht mehr vorspielen und wir haben sie gezwungen. Sie spielte schön, aber ich habe nur auf ihre Bogenhaltung geachtet, nicht auf das, was sie spielte. Ich war wieder einmal in der negativen Sicht gefangen. Als sie fertig war, habe ich gesagt: »Nach vier Jahren hast du die richtige Haltung immer noch nicht gelernt?! Ich weiß wirklich nicht, was du noch brauchst, um das zu lernen.« Ab diesem Zeitpunkt ging es bergab. Sie hat nicht mehr mit Freude gespielt, sondern weil sie musste. Inzwischen hat sie das Cellospielen aufgegeben. Ich bin sicher, dass meine mangelnde Wertschätzung schuld daran war. Ich habe mein Verhalten sehr bereut, aber war etwa zwei Jahre lang zu stolz, um mich zu entschuldigen. Erst nach so langer Zeit konnte ich sagen, wie schrecklich das von mir war. Aber es hatte sie tief beleidigt, der Zeitpunkt für die Entschuldigung war zu spät.

Ein Erwachsener mag sagen: »Das kratzt mich doch nicht, wie der oder die über mich redet!« Er mag dies ehrlich meinen, denn er hat im Laufe der Jahre ein recht sicheres Bewusstsein seines eigenen Wertes entwickeln können. Wenn ein Kind oder Jugendlicher dies sagt, sieht die Sache anders aus, er hat dieses sichere Bewusstsein eben noch nicht! Und auch wenn er sich noch so cool gibt, heißt dies noch lange nicht, dass er nicht leidet, wenn der eigene Wert durch Bemängelungen, Abfälligkeiten und Geringschätzung angekratzt wird. Gerade in der Pubertät werden junge Menschen ja von zahlreichen Selbstzweifeln gequält, der Weg zu einem gesunden Selbstwertgefühl und Selbstvertrauen ist noch lang und hart. Und gerade in dieser Phase gibt es so viele Zusammenstöße mit Erwachsenen, die sich in ihrer Hilflosigkeit dann oft nicht mehr in der Lage fühlen, Wertschätzung zu zeigen.

Es ist also schon deshalb besonders wichtig, mit jungen Menschen wertschätzend umzugehen, weil sie mangelnde Wertschätzung und deren Folgen tief spüren und diese – wenn es dumm läuft – ein Leben lang mit sich herumtragen. Viele Erwachsene haben die Schmähungen aus ihrer Kindheit und Jugend noch im Wortlaut in Erinnerung, manche landen deswegen in Therapie.

Eltern können nur begrenzt darauf Einfluss nehmen, ob ihr Kind von Gleichaltrigen oder anderen Erwachsenen wertschätzend behandelt wird. An ihrem eigenen Verhalten aber können sie sehr wohl arbeiten.

Die jungen Gesprächspartner, die sich im Folgenden zum Thema äußern, genießen allesamt eine Erziehung, die um große Wertschätzung bemüht ist. Wie die Antworten von Kindern ausfallen würden, deren Eltern sich nicht bewusst für Wertschätzung entschieden haben, kann man sich leicht vorstellen.

Max, 8; Benni, 6

Beide: Unsere Eltern schimpfen uns, wenn wir Quatsch machen.

Max: Quatsch machen heißt, dass ich zu Hause oder in der Schule jemanden ärgere, blöde Grimassen schneide, mich hampelig benehme, den Kasper spiele.

Beide: Wenn sie schimpfen, fühlen wir uns nicht gut.

Max: Weil mir dann vielleicht irgendetwas verboten wird.

Beide: Manchmal verstehen wir schon, dass wir geschimpft werden.

Max: Wenn ich in der Schule Quatsch mache und wenn ich meinen Bruder haue. Schlimm finde ich, wenn mich die Mama oder der Papa unter den Armen packt und in mein Zimmer bringt.

Benni: Ich finde es auch schlimm, wenn ich in mein Zimmer muss.

Laura, 6

Mama und Papa schimpfen, wenn ich etwas falsch mache, zum Beispiel wenn ich nicht aufhöre, iPad zu schauen, obwohl schon längst Schluss wäre, oder wenn ich nicht mitkomme, zum Beispiel wenn wir irgendwohin gehen müssen oder vom Spielplatz heimgehen. Geschimpft werde ich auch, wenn ich nach dem Spielen nicht ordentlich aufräume und mein Spielzeug auf dem Boden liegt. Ich fühle mich nicht gut, wenn Mama und Papa schimpfen. Dann bin ich sehr traurig. Besonders schlimm ist es für mich, vom Papa beschimpft zu werden. Weil er lauter als Mama wird und manchmal Schimpfwörter benutzt.

Lukas, 8; Julian, 6

Beide: Unsere Eltern schimpfen manchmal mit uns, wenn wir zündeln, wenn wir uns beleidigen, wenn wir uns gegenseitig ärgern/hauen, wenn wir die Medienzeit zu lange ausdehnen, wenn wir uns nicht warm anziehen, wenn wir uns nicht an Regeln halten oder zum Beispiel falsche Sachen (Kohle) ohne Erlaubnis in den Ofen legen, wenn wir unsere Zähne nicht putzen, wenn wir nicht ins Bett gehen und wenn wir nicht helfen.

Wenn sie schimpfen, finden wir das blöd und sind traurig.

Lukas: Ich verstehe schon, dass wir geschimpft werden, wenn wir zündeln und wenn wir uns prügeln.

Julian: Und ich verstehe es, wenn wir uns ärgern und Ausdrücke sagen.

Beide: Schlimm finden wir, wenn wir dann angeschrien werden.

Lukas: Ich fände es schlimm, wenn ich am Kragen gepackt würde. Das ist aber bei uns noch nicht passiert.

Julian: Ich fände es schlimm, wenn ich eine Schelle oder Hausarrest bekommen würde. Ist aber bei uns auch noch nie passiert.

Sophia, 11

Ich werde von meinen Eltern selten geschimpft. Manchmal aber mache ich eine Hausaufgabe erst am Abend, das finden sie dann schlecht und schimpfen. Aber solange sie nur ein bisschen schimpfen, macht mir das nichts aus. Manchmal schimpfen sie aber mich, wenn ich mit meinem Bruder streite, und tun so, als sei ich schuld. Wenn das nicht stimmt, bin ich richtig enttäuscht und wütend. Schreien allerdings fände ich schlimm. Am schlimmsten wäre es, wenn ich Angst haben müsste, dass sie mich nicht mehr lieb haben.

Elisa, 8

Meine Eltern schimpfen, wenn ich was falsch mache, wenn ich schlechte Sachen mache. Wenn ich weiß, dass ich einen Fehler gemacht habe, verstehe ich sie auch. Am schlimmsten ist es für mich, wenn sie sagen: »Geh uns aus den Augen!«

Vesila, 17

Die Eltern finden immer irgendetwas, zu jeder Kleinigkeit haben sie etwas in Reserve und sind bereit zu schimpfen. Für mich fühlt sich das nicht gut an, aber wenn ich ehrlich sein soll: Inzwischen interessiert es mich nicht mehr so. Ich blockiere dann einfach. Im Nachhinein kann ich manchmal schon verstehen, dass sie geschimpft haben, aber ich habe nie bewusst gedacht: »Ich mache das, obwohl ich weiß, dass Mama und Papa schimpfen werden.« Am schlimmsten ist für mich übrigens, wenn ich das Gefühl habe, dass sie enttäuscht von mir sind und wenn sie die Kommunikation abbrechen, wenn sie mich ignorieren, nicht mehr mit mir reden.

Yunus, 19

Meine Eltern schimpfen, wenn wir in ihren Augen etwas falsch machen. Und das finde ich verständlich und gut, denn so sehe ich, dass ich meinen Eltern nicht egal bin. Sie schimpfen aber auch, wenn sie selbst schlechte Laune haben, dann auch wegen unnötiger Dinge, wo es eigentlich nichts zu schimpfen gibt. In diesem Fall ist es für mich uninteressant, ich nehme es hin, aber trage es nicht nach oder bin irgendwie traurig. Wenn sie so richtig schlechte Laune haben, trifft diese Aura mich auch und ich bekomme selbst schlechte Laune. Und sie schimpfen leider auch, wenn wir Kinder ihre Erwartungen nicht erfüllen. Wenn sie dann beleidigt sind, bin ich richtig enttäuscht, das ist echt ein starkes, negatives Gefühl.

Verstehen kann ich das Verhalten nur im ersten Fall, also wenn sie uns vermitteln wollen, dass wir irgendetwas falsch machen oder gemacht haben. Ein Beispiel: Wenn ich an ihnen vorbeigehe oder heimkomme oder weggehe, ohne zu grüßen, und sie dann schimpfen, sehe ich es ein. Dieser Wert des Grüßens soll nicht verloren gehen, sondern weiterleben.

Meine innere Reaktion auf das Schimpfen meiner Eltern ist unterschiedlich: Am wenigsten schlimm finde ich es, wenn sie ausrasten. Das ist zwar nicht schön, aber ich kann es verstehen, wenn ich den Grund kenne. Wenn sie sich enttäuscht über mich äußern, fühlt sich das schlimm an, noch schlimmer aber, wenn sie den Kontakt abbrechen. Bei beidem ist es ein Unterschied, ob es meine Mutter oder mein Vater tut. Meine Mutter ist sowieso schnell beleidigt, mein Vater aber bricht den Kontakt eigentlich so gut wie nie ab. Wenn er es täte, wäre es also schlimmer. Am allerschlimmsten aber, ein absolutes No-Go geradezu, wäre es, wenn ich körperlich angegriffen würde. Mich hat mein Vater, der uns Kinder körperlich eigentlich nie attackiert, mal am Ohr gezogen, als ich 16 war, weil ich die Arbeit, die er mir aufgetragen hat, einfach nicht erledigt habe. Es war nicht schlimm, tat nicht besonders weh, aber er hat meinen Körper mit Wut angefasst, ich habe die bösen, negativen Gefühle so deutlich gespürt, das war schlimm. Es ist auch nie wieder vorgekommen.

Diese Berichte aus der Sicht der Kinder zeigen mehrerlei:

- Geschimpft zu werden, fühlt sich für alle ganz schön mies an und kann auch traurig machen.
- Vieles, weswegen sie geschimpft werden, verstehen sie nicht so ganz.
- Manches verstehen sie ganz gut.
- Sie sind ihren Eltern nicht böse, aber sehen sie durchaus kritisch, auch schon in jungen Jahren.
- Besonders schlimm fühlt es sich an, wenn Eltern ihre Kinder wegschicken, den Kontakt abbrechen und wenn Kinder glauben, ihre Eltern enttäuscht zu haben.

Aufschlussreich auch, wie heutige Großeltern die Sache mit der Wertschätzung sehen.

Dorothea, 65, verheiratet, zwei Kinder (40, 36), fünf Enkelkinder (8, 6, 4, 3, 1)

Kinder muss man genauso ernst nehmen, wie man Erwachsene ernst nimmt, davon bin ich heute überzeugt. Ich muss sagen, dass ich mich meinen Enkeln gegenüber wertschätzender verhalte, als ich es meinen Kindern gegenüber getan habe. Ich bin weicher geworden, sehe vieles nicht mehr so verbissen. Ich sehe, dass man mit Liebe und Zuwendung mehr erreicht. Ich habe natürlich jetzt auch mehr Zeit für die Kinder und mehr Zeit, über sie nachzudenken, mehr Kraft, bessere Nerven. Fehler, die man eventuell bei den eigenen Kindern gemacht hat, will man bei den Enkelkindern wiedergutmachen. Ja, ich würde heute vieles anders machen, das ist meinem Alter und meiner Erfahrung geschuldet. Dabei habe ich mir damals auch viele Gedanken gemacht. Auf keinen Fall wollte ich mir später vorwerfen, dass ich etwas versäumt habe. Wichtig war mir immer, dass meine Kinder in erster Linie glückliche Menschen werden. Mir selbst hat als Kind so etwas wie Lockerheit und bedingungslose Liebe gefehlt, Wertschätzung war immer an Bedingungen gebunden, Lob gab es nur, wenn ich gute Leistungen gebracht habe. Dabei hätte ich mir sehr gewünscht, mich auch dann wertgeschätzt zu fühlen, wenn ich nicht alles im Sinne meiner Eltern gemacht habe.

Ani, 62, verheiratet, drei Kinder (34, 32, 30), drei Enkelkinder (7, 5, 3)

Als ich mal bei Onkel und Tante zu Besuch war, habe ich meiner Mutter widersprochen. Mein Onkel hat eingegriffen und mich geschlagen. Meine eigene Mutter hat mich geschlagen, wenn sie an ihre Grenzen gestoßen ist. Mit acht Jahren hat sie mich mit einem Kleiderbügel geprügelt, bis ich die Treppe runtergefallen und unten liegen geblieben bin. Ich hatte sie wohl bis zur Weißglut geärgert, indem ich ihr Widerrede gegeben hatte. Weil ich das so bitter erfahren habe, habe ich das selbst nie angewendet. Schläge sind einfach immer schlimm und ungerecht. Reflexion hat damals aber nicht so sehr stattgefunden. Dabei finde ich das total wichtig.

Ich würde fast uneingeschränkt sagen, dass ich meinen Enkeln gegenüber wertschätzender bin als meinen Kindern gegenüber, weil ich mehr Zeit habe, weil ich Erfahrung habe und weil ich so manches bei Eltern und Kindern beobachten kann. Dies fehlt beim eigenen Eltern-Dasein. Agieren und reagieren ist das, was man als Eltern macht. Als Oma nehme ich mir Zeit, lasse Alltagstätigkeiten erst mal sein, man kann sie ja immer noch im Beisammensein zum Ereignis machen. Großeltern haben einfach mehr Zeit zu reflektieren als Eltern. Bei uns selbst als Eltern wurde nicht viel reflektiert. Wenn ich die Kommunikation jetzt als Oma in einigen Familien beobachte, denke ich mir, ich hatte als Mutter gar nicht die Zeit, meinen Kindern so viele Entscheidungen zu überlassen, zum Beispiel nach der gewünschten Kleidung zu fragen: »Willst du das oder das anziehen?« Einige Kinder sind ja heutzutage total auf Kleidung fixiert, das braucht Zeit beim Anziehen/Umziehen. Die Eltern sind sicher oft schon nach dem Anziehen durchgeschwitzt. Solche Situationen konnte ich als Oma mit den Enkeln anders gestalten, die Kleidung vorgeben beziehungsweise gemeinsam am Kleiderschrank aussuchen. Plötzlich ging das mit dem Anziehen ganz schnell. Ich habe mich dann gefragt, ob die Kinder erleichtert waren, dass sie die Entscheidung bezüglich der Klamotten nicht auch noch selbst treffen mussten. Unsere Chance als Großeltern ist in meinen Augen die, eingespielte Muster zwischen Eltern und Kindern zu durchbrechen.

Werner, 72, verheiratet, drei Kinder (41, 39, 36), sechs Enkelkinder (8, 6, 3, 3, 1, 1)

Je länger ich über Situationen nachdenke, die anders gelaufen sind, als ich es wollte, umso mehr fallen mir ein. Am meisten belastet hat mich der Konflikt mit meinem Sohn, den ich mit 18 Jahren vor die Tür gesetzt habe. Ich habe meine Kinder alle befragt, ob sie unter meinem Verhalten leiden, sie haben mich alle beruhigt. Aber ich weiß, dass meine Handlungen oder, noch nachhaltiger, mein Nichthandeln und meine mangelnde Präsenz Spuren hinterlassen haben.

Wenn ich an meine eigene Kindheit denke, kann ich mich gut an Situationen erinnern, in denen ich angeschrien oder bestraft wurde. Ich weiß auch noch, dass ich mich dann klein und entwertet fühlte. Aber das waren halt Relikte aus der schwarzen Pädagogik und die Eltern waren gefangen in ihrer eigenen Welt.

Meinen Enkeln gegenüber habe ich meiner Wahrnehmung nach mehr Geduld. Vermutlich deshalb, weil ich mehr darüber weiß, wie alles zusammenhängt und was wirklich zählt.

Auch die Berichte aus Großelternsicht machen einiges deutlich:

- Sie haben selbst noch eine wenig wertschätzende Beziehung genossen.
- Sie sind mit ihren eigenen Kindern weniger wertschätzend umgegangen, als sie es jetzt mit ihren Enkelkindern tun.
- Sie würden aus heutiger Sicht ihre Kinder wertschätzender erziehen, als sie es getan haben.
- Sie geben als Gründe für diese Verhaltensänderung vor allem an, jetzt mehr Zeit – auch zum Nachdenken – und mehr Erfahrung zu haben.

Wertschätzung aus Sicht der aktuellen Forschung

Je mehr die Bedeutung der Kindheit – auch für das weitere Leben – ins Bewusstsein der Menschen drang, umso mehr begannen auch verschiedene Forschungszweige, sich damit zu beschäftigen.

Bindungsforschung

John Bowlby, britischer Kinderarzt, Kinderpsychiater, Psychoanalytiker und einer der Pioniere der Bindungsforschung, begann Anfang der 1950er-Jahre mit seinen Forschungen zum Thema »Bindung« und entwickelte die Bindungstheorie. In Abgrenzung zur Psychoanalyse beschrieb er die Entstehung von Bindung als wechselseitigen Prozess zwischen Säugling/Kleinkind und Umwelt. Laut Bowlby wachsen also ein Band vom Kind zur Bindungsperson und eines von der Bindungsperson zum Kind. Bowlbys Schülerin Mary Ainsworth führte die Forschung zum Bindungsverhalten fort.

Und dies sind die Ergebnisse der Bindungstheorie:

- Mit sechs Monaten beginnt die Bindung an eine primäre Bezugsperson, eine erste wechselseitig empfundene Beziehung entsteht.
- Wenn die erwachsene Person mit einem angemessenen Verhalten auf das Bindungsbedürfnis des Kindes reagiert, zum Beispiel die

Signale des Kindes wahrnimmt, sie richtig deutet und mit angemessener Mimik, passenden Lautäußerungen und einer feinfühligen Körpersprache darauf antwortet, kann dies zu einer sehr guten, tief gehenden Beziehung führen.

- Für das Kind ist neben der Bindung auch Autonomie wichtig. Es möchte eigenständig handeln und sich als Gestalter seines Lebens erfahren.
- Eine sichere Bindung fördert dieses kindliche Explorationsverhalten, das heißt, dass das Kind es immer wieder wagt, Neues zu erkunden. Eine unsichere Bindung bewirkt das Gegenteil.
- Neuere Studien zeigen, dass Mutter und Säugling zunächst nicht optimal aufeinander abgestimmt sind, was man Mismatch nennt. Dies gilt auch dann, wenn der soziale Hintergrund gut, die finanziellen Verhältnisse solide und das Kind ein Wunschkind ist. Es geht nicht darum, alle Signale des Säuglings auf Anhieb richtig einzuschätzen, sondern sich darum zu bemühen, dieses Mismatch auszugleichen, zum Beispiel so:
  Das Baby weint. → Hat es Hunger? Nein! → Hat es eine volle Windel? Nein! → Ist es müde? Nein!
  Wichtig ist, dass die Mutter an dieser Stelle nicht aufgibt und das Baby schreien lässt, sondern dass sie dranbleibt:
  Bauchweh? → Zahnweh? → Langeweile? → Drückt irgendwas? ...
  So spürt das Kind, dass die Bezugsperson da ist, auch wenn sie das Problem im Moment nicht lösen kann.

Indem Eltern sich auf die beschriebene enge Bindung mit ihrem Kind einlassen, schätzen sie auch dessen Wert, sie nehmen sich die Zeit und machen sich Gedanken – und so entsteht eine reine Wertschätzung, die auch nicht beschädigt wird, wenn die Eltern mal schimpfen.

Man könnte sagen, dass dies wie beim Mismatch abläuft: Solange das Kind das Bemühen der Eltern spürt, die Situation gut für das Kind zu lösen, solange nimmt es auch nicht übel, wenn die Eltern nicht alles auf Anhieb gleich richtig machen. Das Schöne ist, dass durch eine gute *Be*ziehung, die auf einer sicheren Bindung beruht, das, was man so gern *Er*ziehung nennt, nämlich Tadel und Sanktionen, keine große Rolle mehr spielen muss. Ein sicher gebundenes Kind wagt es, immer wieder zu »Erkundung« aufzubrechen, und es entwickelt wenig aggressives Verhalten. In einer solchen Beziehung zwischen Kind und Eltern spielt das elterliche Verhalten natürlich eine große Rolle, denn Kinder lernen am Modell der Eltern.

Katia, 39, alleinerziehend, ein Kind (3)

Mir ist Wertschätzung sehr wichtig. Ich möchte mit meiner Tochter auf Augenhöhe kommunizieren und ihr die Werte vorleben, die mir selbst wichtig sind. Wertschätzung und Respekt sind schließlich keine Einbahnstraßen.

Was die Bindungsforschung zur Wertschätzung sagt:

- **Dank guter Bindung entsteht eine tiefe Wertschätzung zwischen Eltern und Kind.**
- **Dank dieser Wertschätzung wird das Verhältnis auch nicht beschädigt, wenn Eltern nicht alles auf Anhieb richtig machen.**
- **Das Vorbild der Eltern ist zentral.**

Neurobiologie

Nicht nur die Bindungsforschung hat also die Bedeutung der Wertschätzung untermauert, sondern auch die Erkenntnisse der Neurobiologie tun dies. Wie Joachim Bauer in seinem Buch *Prinzip Menschlichkeit. Warum wir von Natur aus kooperieren* deutlich macht, hat die Neurobiologie herausgefunden, dass die zentrale Motivation des Menschen auf Zuwendung und gelingende mitmenschliche Beziehungen gerichtet ist. Wenn das menschliche

Motivations- beziehungsweise Belohnungssystem aktiv ist, schüttet das System den Botenstoff Dopamin aus, wodurch ein Gefühl des körperlichen Wohlbefindens erzeugt wird. Der Körper wird seelisch und körperlich in einen Zustand von Konzentration und Handlungsbereitschaft versetzt. Das Dopamin, das für jedes motivierte Tun wesentlich ist, verschafft dem Menschen den Antrieb und die Energie, sich auf ein Ziel hinzubewegen.[7]

Und schon kommt wieder die Wertschätzung ins Spiel: Ziele, die sich aus Sicht des Gehirns lohnen, sind zwischenmenschliche Anerkennung, Wertschätzung, Zuwendung oder Zuneigung. Übrigens gilt dies für das Empfangen und für das Geben! Wenn aber keine Chance auf Zuwendung besteht, schalten sich die Motivationssysteme ab.

Um in der Lage zu festen Bindungen zu sein, ist außer dem Botenstoff Dopamin ein weiterer Botenstoff nötig: das Oxytocin, das auch »Bindungshormon« genannt wird. Dieses Hormon bildet sich hauptsächlich, wenn es zu einer Begegnung mit Vertrauen und Bindung kommt. Und natürlich richten wir Menschen unser Verhalten – oft unbewusst – darauf aus, dass die so wichtigen Botenstoffe ausgeschüttet werden. Was nichts anderes heißt, als dass unser Gehirn Zuwendung und Kooperation sucht. Laut dem Neurobiologen Gerald Hüther schadet mangelnde Wertschätzung und die Verletzung der eigenen Würde Kindern und Jugendlichen nicht nur in der Seele, sondern sie geht auch auf Kosten ihrer Potenziale.

> Unsere Kinder können nur dann gut gedeihen und ihre Potenziale ausschöpfen, wenn ihre Würde nicht verletzt und ihr Wert geschätzt wird.

Was die Neurobiologie zur Wertschätzung sagt:

- **Aus Sicht des Gehirns sind zwischenmenschliche Anerkennung, Wertschätzung, Zuwendung oder Zuneigung wichtig.**

- **Besteht keine Chance auf Zuwendung, geht Motivation verloren und die Potenziale der Kinder und Jugendlichen können nicht ausgeschöpft werden.**

Resilienzforschung

Neben der Bindungsforschung und der Neurobiologie bestätigen auch die Erkenntnisse der Resilienzforschung die zentrale Bedeutung der Wertschätzung.

Zunächst einmal: Mit dem Wort »Resilienz« bezeichnet man die psychische Widerstandskraft eines Menschen, die ihn in die Lage versetzt, schwierige Lebenssituationen zu bestehen, ohne Schaden zu nehmen.

Besondere Aufmerksamkeit erzielte eine Pionierstudie, die die Entwicklungspsychologin Emmy Werner 1971 vorstellte: Sie testete und beobachtete knapp 700 Kinder aus schwierigen Verhältnissen von ihrer Geburt an über 40 Jahre hinweg. Ein bewegendes Ergebnis: Trotz extrem schwieriger Bedingungen entwickelte sich ein Drittel dieser Kinder gut, sie wurden lebenstüchtige Erwachsene.[8] Auch für Kinder, die nicht aus schwierigen Verhältnissen stammen, ist Resilienz wichtig, denn das Leben stellt jeden Menschen immer wieder vor Herausforderungen, an denen er scheitern kann. Umso wichtiger, dass die weitere Forschung herausgefunden hat, wie sehr gewisse Arten des Erziehens die Entwicklung von Resilienz regelrecht verhindern.

Was Resilienz verhindert:

- ein strenger, demütigender, strafender Erziehungsstil,
- Widersprüchlichkeit und Inkonsequenz,
- große Unterschiede im Erziehungs- und Bestrafungsverhalten von Vater und Mutter,
- die elterliche Angst, vom Kind nach einer Grenzsetzung nicht mehr geliebt zu werden,

- wenn Kinder für unrealistische Erwartungen der Eltern bestraft werden, das kann zum Beispiel sein: »Du bleibst so lange am Tisch sitzen, bis du aufgegessen hast!«

Was Resilienz fördert:

- Kinder als Menschen in ihrem eigenen Wert zu schätzen,
- sich als Eltern klar zu äußern und aktiv zuzuhören,
- Erfolgserlebnisse in Form von »Kompetenzinseln« zu ermöglichen, sodass Kinder ihre Stärken entdecken und eher bereit sind, sich auch mit Bereichen auseinanderzusetzen, die bisher problematisch für sie waren,
- Kindern auch dann das Gefühl zu vermitteln, geliebt zu werden, wenn sie Grenzen überschreiten,
- Kindern zu vermitteln, dass man aus Fehlern klug wird, dass man um eine Erfahrung reicher ist.

In Bezug auf Regeln und Grenzsetzungen hat die Resilienzforschung ergeben, dass Grenzsetzungen und Zielvorstellungen im Idealfall ohne Ärger und Spannung ausgesprochen werden sollten, damit sich das Kind sicher und beschützt fühlen kann. Andererseits gilt aber auch – und das kann uns Eltern ein Trost sein, wenn wir es nicht immer ohne Ärger und Spannung hinkriegen –, dass Kinder, die sich prinzipiell sicher und beschützt fühlen, seltene »Ausrutscher« der Eltern nicht übel nehmen und dass sie ihnen nicht schaden. Tatsächlich aber gilt: Je nachdem, wie Eltern ihre Kinder disziplinieren, werden Selbstwertgefühl und Resilienz geschwächt oder gefördert!

Was die Resilienzforschung zur Wertschätzung sagt:
Es kommt der Resilienz zugute, wenn …

- **ein Kind spürt, dass sein Wert geschätzt wird,**
- **der Erwachsene interessiert und zugewandt ist,**
- **der Erwachsene klar in seinen Äußerungen ist,**
- **der Erwachsene auf die Stärken des Kindes blickt,**

- der Erwachsene dem Kind das sichere Gefühl vermittelt, auch bei nicht erwünschtem Verhalten geliebt zu werden,
- der Erwachsene zeigt, dass man aus Fehlern lernen kann,
- der Erwachsene in Grenzsetzungen klar ist, aber sich auch dabei um Wertschätzung bemüht.

Kleine Zusammenschau der Ergebnisse aller drei Forschungszweige

Wichtig sind:
- **Beziehung und Wertschätzung,**
- **das gute Vorbild der Eltern,**
- **Klarheit der Eltern, auch in Grenzsituationen.**

Autoritative Erziehung

All diese Erkenntnisse legen den Schluss nahe, dass unsere Kinder Wertschätzung und klare, liebevolle Führung brauchen, wenn es ihnen als Kinder gut gehen soll und wenn sie im Erwachsenenalter gut zurechtkommen sollen.

So sprechen sich heute viele Pädagogen für die sogenannte autoritative Erziehung aus, bei der Eltern liebevoll auf ihre Kinder eingehen, aber auch Autorität ausüben, Grenzen setzen und klare Regeln einfordern.

Noch einmal ein Bezug zu Joachim Bauers Vorwort zu *Damit aus kleinen Ärschen keine großen werden*: Er betont hier, dass »Erziehung – verstanden als fürsorgliche Anleitung und Anteil nehmende Begleitung« ein Teil der biologischen Bestimmung des Menschen sei, und zitiert dabei die weltberühmte Schimpansenforscherin Jane Goodall. Sie habe vehement betont, dass auch Schimpansen sehr wohl ihren Nachwuchs erziehen. Bauer ergänzt, dass alle Säugetiere ihren Nachwuchs schützen, liebevoll anleiten, begleiten und bei Bedarf auch zurechtweisen.[9]

Sebastian Fitzek, eher nicht bekannt für Erziehungsbücher, sondern erfolgreicher Thriller-Autor, schreibt – an seine Kinder gerichtet – in seinem Buch *Fische, die auf Bäume klettern. Ein Kompass für das große Abenteuer namens Leben*, dass es eine Phase im Leben gebe, in der ihnen eher wenig Spielraum für Eigenständigkeit gewährt werde: die Kindheit. Dass Kindern diese Phase manchmal als Diktatur mit Stalin-Eltern vorkomme, sei nicht zu verhindern. Durch diese Phase müsse man durch, denn wir Menschen seien von Natur aus nun mal ziemlich unfertig bei unserem Eintritt ins Leben.[10]

Wertschätzung funktioniert nur in Kombination mit klarer Führung. Liebe allein reicht nicht!

Wie wichtig Wertschätzung in Kombination mit klarer Führung in der Erziehung ist

Laut Mathias Voelchert, Gründer und Leiter von familylab.de, kann man von einer gleichwürdigen Beziehung zwischen Kindern und Eltern sprechen, wenn Grenzen, Gefühle, Interessen, Äußerungen, Meinungen der Kinder gehört und ernst genommen werden. Dies, so betont er, bedeute nicht, dass das getan wird, was das Kind will. Es sei die Aufgabe der Erwachsenen, Entscheidungen zu treffen.[11]

Tja, damit wäre die Sache eigentlich fest umrissen: Wertschätzung und Gleichwürdigkeit sind wichtig, Führung und Klarheit ebenfalls! Wo also liegt das Problem?

Das Problem mit der klaren Führung

So einfach ist es eben doch nicht. Viele Eltern bekommen genau das mit der klaren Führung nicht so gut hin. Wertschätzendes Verhalten – kein Ding! Sie sind nett zum Kind, sie fragen es sehr oft nach seiner

Meinung, sie nehmen es ernst. Aber das mit dem Klar-Sein und dem Treffen der Entscheidungen will nicht wirklich gelingen.

Weil es schön ist, wenn man spürt, wie sehr wir alle in einem Boot sitzen, darf hier ein Promi zu Wort kommen. Wotan Wilke Möhring, der selbst drei Kinder hat, sagte in einem Interview, ein Kind müsse selbstbestimmt sein, sein Wille müsse akzeptiert werden, aber natürlich brauche es zunächst liebevolle Führung. Es sei paradox: Man bringe Kindern das Wort »nein« bei und müsse sich dann damit herumschlagen, dass sie Nein sagen.[12]

Auch ein Blick nach England lohnt sich in diesem Zusammenhang, genau an *die* Schule, die einst als Musterbeispiel für freie Erziehung galt.

Zoë Readhead, die Tochter des weiter vorne erwähnten Alexander Sutherland Neill, die Summerhill inzwischen leitet, stellt fest, dass viele Eltern heute verunsichert sind, weil sie ihre Kinder in Freiheit groß werden lassen wollen, aber nicht wissen, wie sie mit einem freien Kind umgehen sollen. Readhead bemängelt, dass Eltern glauben, alles gut finden zu müssen, was das Kind tut, sodass dieses sich an keine Regeln mehr hält. Ausdrücklich sagt sie, dass Kinder heute zu viel Macht haben. Ihr Vater habe immer gesagt, in einem guten Zuhause sei es so, dass Eltern und Kinder gleiche Rechte haben, in einem schlechten Zuhause so, dass die Eltern oder die Kinder zu viel Macht haben.[13]

Wenn Kinder tatsächlich zu viel Macht haben, kommt es zu Situationen wie den folgenden, die derzeit beobachtet und beklagt werden: Ein Kind fordert, den Besuch bei Oma unverzüglich zu beenden, denn die Mama habe ja gesagt, es dauere nur ein paar Minuten. Ein anderes Kind sitzt auf dem Kaffeetisch mitten unter dem guten Geschirr der Gastgeber und wird vom Vater halbherzig ermahnt, das sei keine gute Idee. Ein weiteres verhält sich komplett respektlos gegenüber einer anderen Person und bekommt von den Eltern Unterstützung und Applaus, weil es so durchsetzungsstark ist: »Dem hast du es aber gegeben!«, oder: »Genau, lass dir nichts gefallen!«

Ähnlich beschreibt es Peter Rusch, der seit 30 Jahren in der Erziehungsberatung tätig ist:

> **Ich erlebe es bei mir in der Erziehungsberatung oft, dass Eltern dem Kind die Orientierung überlassen – in einer Welt, die für das Kind noch viel zu komplex ist. Eltern fragen dann viel zu früh, machen die Kinder zu früh zu gleichberechtigten Partnern, die mit ihnen auf einer Ebene kommunizieren. Und die Kinder übernehmen so die Macht und entwickeln sich zu kleinen Tyrannen, die aggressiv werden, um ihren Willen durchzusetzen. Die Eltern geben immer wieder nach. Irgendwann verhalten sich diese Kinder wie kleine Prinzen, die fordern und fordern, bis die Eltern die Fassung verlieren. Das Schlimme ist, dass dies beiden Seiten schadet: Das Kind ist unglücklich, weil es Angst hat, die Liebe der Eltern zu verlieren, und die Eltern sind unglücklich, weil sie sich als schlechte Eltern fühlen. Deshalb sollten Eltern sich von Anfang an trauen, Entscheidungen zu treffen, und sich nicht auf jede Diskussion mit dem Kind einlassen. Hier ändert sich natürlich etwas mit zunehmendem Alter des Kindes.**[14]

In der sogenannten Transaktionsanalyse von Eric Berne gibt es die negativ bedingten Strokes. Man könnte sie »kritische, aber wertschätzende Rückmeldungen zu einer Sache beziehungsweise zu einem Verhalten«[15] nennen. Genau sie sind wichtig für die Entwicklung des Kindes. Sie geben dem Kind Rückmeldung und Orientierung, was richtig und was falsch ist, sodass es sein Verhalten entsprechend anpassen kann. Sie wirken quasi wie eine Leitplanke. Der Grundgedanke ist ja immer – auch wenn das in bestimmten Entwicklungsphasen, vor allem in der Trotzphase und in der Pubertät nach hinten rückt –, dass die Kinder ihren Bezugspersonen, also meist Mama und Papa, gefallen wollen, sich mit ihnen verbinden wollen und es ihnen recht machen wollen. Werden diese negativ bedingten Strokes nicht gegeben, so entsteht bei den Kindern eine maßlose Selbstüberschätzung, da für sie der Eindruck entsteht, dass sie stets alles richtig machen, dass alles erlaubt und damit in Ordnung ist. Oft ecken diese Kinder spätestens, wenn sie die Kleinfamilie verlassen und sich in einen größeren gesellschaftlichen Rahmen begeben, zum Beispiel bei Familien- oder Freundestreffen, in der Krippe, im Kindergarten oder in der Schule, massiv an und bekommen Probleme, denn nun gibt es auf einmal Rückmeldungen aus dem Umfeld, die das Verhalten kritisch bewerten. Es ist also wichtig, dass die Eltern ihren Kindern diese Orientierung geben. Sie tun ihnen keinen Gefallen, wenn sie diese wertschätzenden, kritischen Rückmeldungen nicht senden, da die Kinder später schmerzhaft »nachlernen« müssen. Noch einmal: Wichtig bei dieser Art von Rückmeldung ist es, dass sie sich auf ein Verhalten oder eine Situation bezieht, niemals auf die Person des Kindes, denn dies hätte tatsächlich eine abwertende Wirkung, die die Entwicklung eines gesunden Selbstwertgefühls behindern würde.

Und auch die Religionspädagogin Lee Fischer, die einen Master in Konfliktforschung und Mediation hat, und in England, Schweden und Papua-Neuguinea gelebt hat, bis sie in Deutschland mit ihrem Mann und drei Kindern sesshaft wurde, beschreibt Ähnliches.

> **Die beiden grundlegenden Prinzipien in der Erziehung sind für mich zum einen die Zuneigung, die Fürsorge, der Schutz, zum anderen die klaren Grenzen, die auch mal Verbote sein können. Eines ohne das andere geht nicht gut. Ich versuche das immer anhand eines Tonklumpens zu veranschaulichen: Wenn das Kind nur Liebe in Form von Verwöhnung erfährt, wird aus dem Klumpen kein Gefäß,**

**es ist nichts da, was die Liebe aufnehmen kann.
Wenn das Kind keine Liebe, sondern nur Strenge erfährt, wird zwar eine Schale geformt, aber es ist nichts da, um diese Schale mit Liebe zu füllen.
Eltern dürfen sich nicht zum Entertainer machen, der nur Wünsche erfüllt.
Gerade in letzter Zeit hat es sich so entwickelt, dass bei vielen Eltern das Übergeben von Verantwortung zu kurz kommt. Sie überbehüten das Kind, werden das, was man Helikoptereltern nennt, und nehmen dem Kind viel zu viel ab. So lernt es nicht, sich zu organisieren, es lernt nicht, was es als erwachsener Mensch braucht, um im Leben zurechtzukommen.
In jeder Situation aber – auch im Konflikt – ist wichtig, dass das Kind spürt: Meine Eltern lieben mich, ich bin meinen Eltern wichtig, meine Eltern nehmen sich Zeit für mich.**[16]

Marion Hirsekorn[17], Erzieherin mit zahlreichen Zusatzqualifikationen, steht seit Jahren jungen Familien in schwierigen Phasen und Krisenzeiten beratend zur Seite, sie begleitet sie und vermittelt ihnen wichtige Informationen rund um Erziehung.

Ihre Wahrnehmung der aktuellen Elternsituation beschreibt sie so:

**Viele Eltern entschuldigen sich unaufhörlich bei ihren Kindern, was ja gut, weil vorbildhaft ist.
Viele haben aber auch Angst, zum Beispiel mal kraftvoll auf den Tisch zu hauen. Sie haben Sorge, dass das wie Macht rüberkommt. Dabei heißt das eben nur:
In mir ist Kraft.
Hier noch ein paar Gedanken, die ich Eltern empfehle:**
***Ich bin beharrlich!
Ich nehme mich und das, was ich sage, wichtig!
Meine Kraft/Stärke ist gut für mein Kind!***[18]

Was schuld daran sein kann, dass Eltern das Klar-Sein schwerfällt

Tja, das Kraftvolle mit dem Wertschätzenden zu verbinden, ist offensichtlich nicht so einfach. Was macht es eigentlich so schwer?

Zärtliche Liebe zum Kind

Gerade wenn die Kinder noch klein und »süß« sind, werden wir Erwachsenen leicht Wachs in ihren Händen. Was ja auch gut ist. Kleine Wesen sind auf uns angewiesen! Da müssen wir von der Natur mit allen Mitteln davon abgehalten werden, unsere Überlegenheit negativ auszuspielen. Zum Beispiel auch durch ein süßes kleines Gesichtchen, ein hohes Stimmchen und entzückende Bewegungen. Manchmal spüren wir dann aber doch, dass wir einknicken, wo man auch mal lieb, aber klar Nein sagen könnte. Verursacht wird diese »Schwäche« durch eine erhöhte Ausschüttung des Bindungshormons Oxytocin, die bereits in der Schwangerschaft beginnt und den Grund hat, die Mutter auf die bevorstehende Aufgabe vorzubereiten. Sie soll ja eine enge, schützende, behütende und pflegende Bindung zu ihrem Kind aufbauen. Auch bei anderen Personen, die intensiv für Babys und kleine Kinder sorgen, zum Beispiel Vätern und Großeltern, kann man diese erhöhte Hormonausschüttung feststellen, die mild, geduldig und sanft werden lässt.[19]

Fabian, 32, verheiratet, ein Kind (1 Jahr 8 Monate)

Bevor ich ein Kind hatte, habe ich es mir leichter vorgestellt, Konfliktsituationen zu lösen, als jetzt, wenn sie auftreten. Man wird in dieser Situation dann weicher, als man es sich zuvor vorgestellt hat, und lässt mehr durchgehen.

Hilfe, mein Kind weint!

Alle Eltern, die ihr Kind lieben, möchten es glücklich sehen. Wenn das eigene Kind bittere Tränen vergießt, ist dies ein eindeutiges Indiz dafür, dass es nicht glücklich ist. Und schon sind viele Eltern bereit, alles dafür zu tun, dass die Tränen wieder versiegen. Was oft bedeutet, dass sie nachgeben, dass sie etwas erlauben oder kaufen, was sie eigentlich nicht zulassen wollten.

Angst vor dem Verlust der Liebe des Kindes

Bei manchen Eltern ist der Grund für einen Mangel an Klarheit und Entscheidungsfreudigkeit auch die quälende Angst, die Liebe des Kindes zu verlieren, wenn sie dessen Wunsch nicht erfüllen, wenn sie auf dessen Bitte oder Forderung mit »Nein!« antworten. Solche Eltern fragen sich – bewusst oder unbewusst – immer wieder: Mag mich mein Kind noch, wenn ich mich so oder so verhalte?

Marion Hirsekorn stellt fest, dass Eltern, die dieses Problem mit sich herumschleppen, »um jede Grenze eine rosarote Schleife packen«. Hirsekorns Wahrnehmung nach »können sie wenig aushalten und haben das Gefühl, ständig gucken und ständig liebevoll sein zu müssen. Sie geben viel und denken, das Kind müsste irgendwann satt sein, aber das Gegenteil ist der Fall. Die Kinder sind hungrig! Hungrig nach Liebe, Bindung, Klarheit, Sicherheit, Regeln. Denn die Kinder spüren nun mal nicht, dass Eltern sie lieben, wenn sie diese wie Fähnchen im Wind erleben und wenn sie Wachs in ihren Händen sind. So kann keine Sicherheit aufgebaut werden.«[20]

Schlechtes Gewissen

Auch die Dauerbelastung der Eltern kann leicht dazu führen, dass sie Auseinandersetzungen scheuen. Das bisschen Zeit, das Eltern und

Kind gemeinsam noch verbringen, soll auf keinen Fall durch Konflikte und Diskussionen belastet werden.

Wunsch nach Ruhe

Oft genug ist es Eltern auch einfach zu anstrengend, dem Willen des Kindes standzuhalten. Gerade wenn sie sich selbst gestresst oder geschwächt fühlen, wird leicht mal halbherzig nachgegeben. Motto: »Dann mach doch, was du willst!«

Uneinigkeit mit dem Partner

Wie weiter vorne schon aufgezeigt, kommen Mütter und Väter miteinander nicht immer auf einen grünen Zweig: Er will erzieherisch dies, sie will erzieherisch das. Was kein Wunder ist, denn die Partner bringen aus ihren Herkunftsfamilien und durch die Art ihrer Sozialisation ja unterschiedliche Erfahrungen und Einstellungen mit. Wenn es den Partnern nicht gelingt, dies konstruktiv anzugehen, können große Schwierigkeiten daraus entstehen, die nicht nur die Beziehung der Eltern belasten, sondern die eben ein klares Verhalten dem eigenen Kind gegenüber verhindern.

Achtung, es ist nicht schlimm, wenn Eltern nicht immer einer Meinung sind! Das können sie ihren Kindern sogar verklickern: »Papa findet in diesem Fall das richtig, Mama sieht es anders.« Aber natürlich müssen sich die Eltern wie erwachsene Menschen, die beide in der Erziehungsverantwortung stehen, einigen. Dann erleben die Kinder sogar am Vorbild, dass zwei gleichberechtigte und gleichwürdige Erwachsene manchmal mühsam um Lösungen ringen müssen. Und natürlich dürfen sich die Eltern nicht gegeneinander ausspielen lassen. Was Kinder nun mal gerne tun.

Welche der genannten Punkte könnten bei Ihnen verursachen, dass Sie nicht klar führen können? Kreuzen Sie bitte an! Und wenn etwas fehlt, ergänzen Sie bitte!

- ☐ Manchmal finde ich mein kleines Kind so entzückend, dass ich ihm sozusagen aus der Hand fresse.
- ☐ Manchmal weiß ich nicht, wie ich meinem Kind gegenüber klar UND wertschätzend sein soll.
- ☐ Manchmal finde ich es besonders schwer, meinem Kind gegenüber klar UND wertschätzend zu sein, weil mein Partner und ich uns nicht auf gemeinsame Lösungen einigen können.
- ☐ Ich habe Angst, die Liebe meines Kindes zu verlieren, und bin deshalb manchmal zu weich.
- ☐ Ich halte es nicht aus, wenn mein Kind wütend auf mich ist.
- ☐ Ich bin mir oft unsicher, ob ich das Richtige fordere.

Auch wenn Sie hier etwas angekreuzt haben, ist das nur zu verständlich. Heutige Eltern möchten eben in einem stets harmonischen Verhältnis zu ihren Kindern leben. Das ist ja auch gut so. Nur ist es dann eben ganz schön schwer, auch mal klare Kante zu zeigen. Vielleicht hilft ihnen das Bild des guten Leitwolfes, das Jesper Juul so schön geschaffen hat, des Leitwolfes, der liebevoll die Führungsrolle in der Familie übernimmt, der klare Entscheidungen trifft und der auch mal etwas durchsetzt, was die anderen nicht so toll finden.

Wie klare Führung aussehen kann

Dass Eltern sich schwer damit tun, ihren Kindern gegenüber klar zu sein, kann also viele Ursachen haben.

Daneben gibt es eine weitere Hürde – die Frage nämlich: Wie sieht das konkret aus – klar führen?
Hierzu ein paar Thesen:

1. Wenn Eltern ein gutes Vorbild sind, erledigt sich einiges von alleine.
2. In den Situationen, in denen Eltern und Kinder einer Meinung sind, erledigt sich das mit der Führung.
3. Wenn Eltern und Kinder nicht einer Meinung sind, sollte kein Machtkampf daraus werden. Das Kind muss gehört und ernst genommen werden, aber es muss klar sein, dass die Eltern entscheiden.
4. Wenn Eltern ihre Meinung ändern und dem Kind zustimmen, nachdem sie es und seine Argumente gehört haben beziehungsweise nachdem sie noch mal gründlich nachgedacht haben, ist dies kein Zeichen von Schwäche, sondern zeigt den Kindern, dass sie ernst genommen werden.
5. Wenn Eltern sich aber in einer Sache sicher sind, dann müssen sie diese Sicherheit auch klar vermitteln und zur Not den Protest des Kindes aushalten. Und schon ist er da – der Konflikt.

Der Konflikt

Wenn Eltern also überzeugt davon sind, dass es nicht gut ist, einen Wunsch ihres Kindes zu erfüllen, bleibt ihnen nichts anderes übrig, als ein klares »Nein!« auszusprechen und damit die unsympathische Rolle der Spaßbremse zu spielen. Jede Unklarheit, jede Halbherzigkeit ist kontraproduktiv. Das Kind spürt Schwäche, schöpft Hoffnung und beginnt zu betteln. Viele Eltern neigen genau jetzt dazu, doch noch nachzugeben, damit das Kind nicht weint, damit wieder Frieden herrscht oder damit sie ihre Ruhe haben. Genau dies verursacht aber neuen Ärger, die Methode »betteln« wird immer wieder angewendet.

Vielleicht hilft Eltern dieser Gedanke: *Wenn dem Wunsch des Kindes irgendwann doch nachgegeben wird, hätten wir auch gleich zustimmen und uns eine unschöne Szene ersparen können.*

Wobei auch Eltern nicht jede Entscheidung aus dem Ärmel schütteln müssen. Es ist also durchaus möglich, eine Antwort zu geben, die ungefähr so klingt: »Tut mir leid, da bin ich mir im Moment selbst nicht sicher. Ich muss überlegen. Ich sage dir, wenn ich eine Entscheidung getroffen habe.«

Irgendwann aber kommt sie dann eben meist doch – die Stunde der Wahrheit, die Stunde des Neins, die Stunde des Konflikts. Die meisten Kinder schmollen dann oder schreien oder weinen. Egal, welche dieser Reaktionen erfolgt, für die Eltern fühlt es sich nicht gut an.

Hier ein paar hilfreiche Gedanken, die es Eltern leichter machen, einen Konflikt mit ihrem Kind auszuhalten:

1. Das Kind ist nicht böse, sondern es setzt sich für sich selbst und seine Interessen ein.
2. Es ist nicht zielführend, wenn Eltern hier in eine aggressive Kampfhaltung verfallen. Klarheit reicht.
3. Das Kind ist vermutlich sauer oder traurig und muss die erlittene Enttäuschung verarbeiten. Dabei möchte es vielleicht alleine sein und schon gar nicht abgewertet oder lächerlich gemacht werden.
4. Das Kind lernt, dass es eigene Bedürfnisse hat, aber auch, dass nicht all diese Bedürfnisse erfüllt werden können.
5. Das Kind lernt etwas so Wichtiges wie Frustrationstoleranz und Konfliktfähigkeit. Beides brauchen wir Menschen ein Leben lang.
6. Oft zeigt sich, dass ein Kind, nachdem es seine Enttäuschung überwunden hat, überraschend »friedlich« ist. Es scheint dann, als habe ihm die klare Haltung der Eltern gutgetan.

Das Nicht-Einhalten der gesetzten Grenze

Manchmal aber probt das Kind auch den Aufstand: Es ist nicht bereit, die gesetzte Grenze einzuhalten. Laut Jesper Juul zeigen Eltern ihre Qualität ganz besonders in der Art, wie sie auf das Brechen von Regeln reagieren.[21] Insofern lohnt es sich, diesem Aspekt des Elternseins Aufmerksamkeit zu schenken, siehe Kapitel 4.

Gedanken, die Eltern helfen können, wertschätzend UND klar führend zu erziehen

Der Gedanke: Es ist gut für mein Kind!

Das Kind bekommt sowohl Wertschätzung als auch Orientierung durch mich, ohne dass sein Selbstwertgefühl durch Abwertungen und Kränkungen angeknackst wird.

Der Gedanke: Es ist gut für unser Zusammenleben und damit auch für mich selbst als Mutter oder Vater!

Wenn es Eltern gelingt, durch liebevolle, klare Führung Machtkämpfe weitestmöglich zu verhindern, tut dies der Stimmung in der Familie enorm gut. Oft eskalieren Situationen ja gerade dann, wenn Eltern zu lange unklar bleiben und Kinder immer mehr aufdrehen, bis bei den Eltern der sprichwörtliche Geduldsfaden reißt und sie in ihrer Not und Hilflosigkeit zu nicht wertschätzenden Reaktionen und Mitteln greifen. Bei jedem dieser kleinen Erfolge bleibt es Eltern erspart, sich in Diskrepanz zu ihren Vorsätzen zu erleben und sich mit Schuldgefühlen herumschlagen zu müssen.

Viele Eltern geben ja zu, sich selbst und ihr Verhalten im Vorfeld anders eingeschätzt zu haben. Sie hatten mehr Gelassenheit, mehr Wertschätzung und mehr Klarheit auch in kritischen Situationen erwartet, wie die folgenden Beispiele zeigen.

Franziska, 36, verheiratet, zwei Kinder (3, 1)

Auch bevor ich selbst Kinder hatte, hatte ich mir schon Gedanken gemacht. Aber in der Realität ist es dann meistens doch anders, als man denkt. Man denkt auch immer, dass einem selbst gewisse Sachen nicht passieren werden, weil man es alles ganz anders macht. Und dann ist man wie vor den Kopf gestoßen, wenn der Sohn plötzlich ein anderes Kind beißt. Woher kommt das? Ich hab mich doch immer so gut gekümmert, bin extra zu Hause geblieben. Wir haben uns viel mit ihm beschäftigt, haben extra nicht ferngesehen oder am Tablet gearbeitet et cetera. Da ist man erst mal geschockt, wenn das passiert. Und reagiert völlig impulsiv.

Mein Verhalten geht mir lange nach. Das passiert mir, wenn der Große dem Kleinen wehtut. Dann hab ich ihn durchaus auch mal zurückgeschubst oder gestoßen. Furchtbar! Ist ja genau das Gegenteil von dem, was man vorleben will. Ich hab dann versucht, es hinterher mit ihm zu besprechen oder mich entschuldigt. Ich weiß zwar nicht sicher, ob er's verstanden hat, aber ich denke, er spürt auf jeden Fall, dass es mir leidtat. Ich befürchte, das Vertrauen in die Mama wird dadurch gestört. Mama hat mich geschubst, also mir wehgetan. Das Kernstück – die sichere Bindung – wird angesägt. Das macht mich sehr traurig. Und Nörgeln oder Schimpfen bewirkt auch genau das Gegenteil von dem, was ich eigentlich will: ein selbstbewusstes Kind. Warum purzelt das dann aus mir raus? Ein Ventil in dem Moment, es kommt aber wie ein Bumerang zurück!

Tanja, 39, zwei eigene Kinder (3, 1), drei Stiefkinder (19, 16, 12)

Bevor ich Kinder hatte, hatte ich mir schon Gedanken gemacht, wie ich in Konfliktsituationen reagieren will, und ich hatte es mir deutlich einfacher vorgestellt. Ich wollte immer gelassen und ruhig bleiben.

Mithilfe von Erklärungen und indem ich die Kinder »mitnehme«, dachte ich, kann ich die Dinge in die richtige Richtung bewegen. Beruflich habe ich viel mit den unterschiedlichsten Menschen zu tun, sodass ich mir einbildete, gut vorbereitet zu sein. Leider gibt es spezielle Situationen, in denen es mir besonders schwerfällt, gelassen zu bleiben, häufiger, als ich mir das im Vorfeld vorgestellt habe.

Eine Situation, in der ich nicht mehr wertschätzend sein konnte und die mir nicht aus dem Kopf geht, ist folgende: Es war Zeit für den Mittagsschlaf und beide Kinder waren sehr müde. Ich war mit ihnen alleine. Wir wohnen in einem Haus und die Schlafräume befinden sich in der oberen Etage. Die Kinder schlafen zusammen in einem Raum. Meine Tochter wollte nicht schlafen und turnte herum. Sie versucht, sich in solchen Situationen durch Bewegung und Mistmachen wach zu halten. Mein Sohn versuchte einzuschlafen, aber jedes Mal, wenn er kurz davor war, weckte sie ihn durch irgendeine Aktion wieder. Ich bat sie zunächst mit Geduld und Erklärungen, ruhig zu sein, sodass wenigsten er einschlafen könne. Ich sang, las vor, machte ihr den Vorschlag, sich selbst ein Buch anzuschauen et cetera. Nichts half. Mein Sohn wurde immer quengeliger, weinte schließlich und konnte nicht zur Ruhe kommen. Sie drehte immer mehr auf. Ich habe irgendwann die Ruhe und die Geduld verloren und sie laut schimpfend vor die Zimmertür gesetzt. Sie alleine nach unten ins Wohnzimmer zu schicken, war aus meiner Sicht in dem Alter noch keine Option. Sie fand das ungerecht, kam rein, weinte, war wütend, und die Situation war noch schlimmer als vorher. Irgendwann war ich selbst so wütend, dass ich sie wieder vor die Zimmertür setzte und sagte, sie solle dort warten, bis ich ihren Bruder endlich zum Einschlafen gebracht hätte. Sie kam erneut rein und fragte weinend nach ihrem Kuscheltuch und ihrem Schnuller. Ich war mittlerweile so wütend, dass ich ihr Tuch und Schnuller hinwarf. Das war absolut nicht in Ordnung von mir und alles andere als wertschätzend.

Diese Situation macht mich noch immer traurig, weil es, nüchtern und rückwärtig betrachtet, wahrscheinlich viele Möglichkeiten gegeben hätte, die Situation anders zu lösen und nicht eskalieren zu lassen.

Ich glaube, dass auch mein Kind solche Situationen traurig und hilflos machen. In diesem Moment möchte sie etwas und kann nicht verstehen, warum das nicht geht. Dadurch, dass ich laut wurde und sie aus der Situation genommen habe – kann ich mir vorstellen –, fühlt sie sich ausgegrenzt, alleine gelassen und vielleicht auch zurückgesetzt, ohne dass sie das in Worte fassen kann, fühlt sie sich vielleicht auch »kleingemacht«, da sie nicht selber entscheiden darf. Ich hoffe, dass ich es aber mit viel Gefühl, Liebe und Einsicht schaffe, keine zu tiefen Wunden in der Seele meines Kindes zu hinterlassen.

In dieser Situation habe ich mich sehr geschämt und mich bei ihr anschließend entschuldigt. Mir selbst hilft es, auf sie zuzugehen und mich zu versöhnen, und ich habe das Gefühl, dass es auch für sie wichtig ist. Sie schaut mich dann mit ihren großen Augen an, hört zu und nach einem knappen »Ja!« oder »Okay!« geht sie zu einem anderen Thema über. Aber ich würde sagen, dass sie danach gelöster und ruhiger ist. Ob sie meine Worte immer versteht, kann ich nicht sagen, aber ich meine zu beobachten, dass sie dann meine ruhigeren Emotionen aufnimmt und sie spiegelt.

Natürlich hätte nicht jede dieser belastenden Situationen durch liebevolle Führung verhindert werden können, aber je älter das Kind wird, umso häufiger können Eltern die Früchte, die sie durch Wertschätzung und Klarheit gesät haben, in Form eines angenehmen Familienklimas ernten.

Welche der genannten Gegebenheiten treffen auf Sie zu? Kreuzen Sie bitte an! Und wenn etwas fehlt, ergänzen Sie bitte!

- ☐ Ich habe nicht immer das Gefühl, klar zu führen.
- ☐ Es fällt mir schwer, klar zu führen.
- ☐ Es fällt mir leicht, klar zu führen. Aber es fällt mir schwer, dabei auch wertschätzend zu sein.
- ☐ Über das Thema »Grenzen« habe ich noch nie nachgedacht, ich erziehe meine Kinder eher »aus dem Bauch raus«.
- ☐ Ich weiß überhaupt nicht, ob ich meinem Kind etwas verbieten soll.
- ☐ Ich weiß manchmal nicht, was ich meinem Kind erlauben oder verbieten soll.
- ☐ Ehrlich gesagt, bin ich da nicht konsequent: Manchmal verbiete ich etwas, manchmal erlaube ich es.
- ☐ Ich als Mutter/Vater habe/wir als Eltern haben immer wieder Theater mit unserem Kind wegen der Einhaltung von Grenzen.
- ☐ Ich weiß manchmal nicht, was ich tun soll, um die Einhaltung von Grenzen durchzusetzen.
- ☐ Es fällt mir schwer, ein »Nein!« auszusprechen.
- ☐ Wenn mein Kind sich nicht an Grenzen und Regeln hält, könnte ich austicken.
- ☐ Wenn mein Kind sich nicht an Grenzen und Regeln hält, ticke ich nicht aus, aber ich bin enttäuscht.

- [ ] Ich habe manchmal Schuldgefühle gegenüber meinem Kind, weil ich nicht wertschätzend genug war.
- [ ] Ich habe manchmal Schuldgefühle gegenüber meinem Kind, weil ich nicht klar genug sein konnte.

Glückwunsch, wenn Sie bis hierher gelesen und jetzt auch noch ehrlich geantwortet haben! Die beste Voraussetzung dafür, dass alles noch besser werden kann! Sie wissen jetzt immerhin, wo Ihre Unsicherheiten liegen.

Je besser Eltern es schaffen, ihren Kindern gegenüber die nötige Klarheit zu zeigen und dabei wertschätzend zu bleiben, umso besser fühlt sich dies für sie selbst, für das Kind und für das Gesamtgefüge »Familie« an.

Wie klare Führung ohne Machtmissbrauch und mit Wertschätzung in der Realität aussehen kann, klärt sich Zug um Zug in diesem Buch. Weiterlesen lohnt sich also. ;-)

KAPITEL 2

Kein Wunder, dass sich alles so schwer anfühlt – was heutige Eltern stemmen müssen

Schlagzeile eines Artikels in der Berliner Zeitung vom 25. Januar 2017:

»Elternsein früher und heute – Mama, war das bei dir auch so? Nee, ganz anders«

Ehe es nun darum geht, wie das mit der Wertschätzung UND der klaren Führung möglichst gut klappen kann, hier noch ein Kapitel, das Ihnen, liebe Eltern, anerkennend auf die Schultern klopft. Was Sie derzeit stemmen müssen, ist nicht wenig. Denn außer zur richtigen Art der Erziehung zu finden, müssen Sie Herausforderungen bestehen, die es in dieser Form zum Teil noch nicht gab und die das mit dem Gute-Eltern-Sein ganz schön schwer machen.

Wie anstrengend das Leben einer modernen Mutter sein kann, klingt im folgenden Bericht durch.

Constanze, 41, verheiratet, ein Kind (6)

Wertschätzung ist für mich ein wichtiger Teil der Erziehung. Erziehung ohne Schimpfen aber stelle ich mir – ehrlich gesagt – sehr schwierig vor. Natürlich sollte man versuchen, alles sachlich zu erklären, dem Kind in Ruhe die Sachlage darzustellen, die Gründe für Verbote zu vermitteln und so weiter. Und in vielen Dingen klappt es sicherlich auch ohne Schimpfen, wenn man kurz nachdenkt und ruhig bleibt. Aber vor allem, wenn klare Grenzen überschritten werden, das Verbotene zum 100. Mal ausprobiert wird, die Zeit knapp ist und die Nerven irgendwann blank liegen, dann wüsste ich nicht, wie ich es ohne Schimpfen schaffen könnte. Wenn das unerwünschte Verhalten gefährliche Situationen verursacht, muss dies zu Konsequenzen führen. Dann geht es oft nicht ohne Schimpfen oder Strafen in Form von Verboten. Schlagen ist für mich aber tabu.

Da ich leider kein geduldiger Mensch bin, stoße ich sehr schnell an meine Grenzen. Gerade in Stresssituationen fällt es mir sehr schwer, gelassen zu bleiben. Insbesondere morgens vor der Arbeit, wenn wir eigentlich längst losmüssten und meine Tochter sich nicht anziehen will, vor sich hinträumt, sich das Frühstück über den Pulli schüttet ... Oder abends nach einem langen Tag in der Arbeit, dann nach Hause hetzen, um sie gerade noch pünktlich aus dem Kindergarten zu holen, der Haushalt ist ein Chaos, der Hund muss raus ... und dann nörgelt sie nur rum oder will abends nicht ins Bett. In solchen Situationen werde ich oft viel zu schnell ungeduldig und laut. Ich merke dann aber einfach, wie mir die Kraft ausgeht, ruhig und gelassen zu bleiben. Natürlich macht es so einen Moment nicht wirklich besser.

Es sind nicht nur »große« Situationen, bei denen ich selbst die Kontrolle verloren habe beziehungsweise nicht mehr liebevoll war. Es sind auch die alltäglichen kleinen Dinge, bei denen ich je nach Situation zu schnell zu schimpfen beginne. Im Nachhinein bereue ich es auch, oft ist meine Reaktion einfach überflüssig beziehungsweise fehl am Platz. Aber wenn sich kleine Dinge anhäufen, man wieder mal an mehreren Fronten »kämpfen« müsste und der Tag einfach wieder mal zu wenig Stunden hat, dann ist es nicht weit zur Eskalation. Ich glaube, der Alltagsstress und der Druck von außen, immer alles – Kind, Erziehung, Arbeit, Haushalt – perfekt machen zu müssen, haben damit viel zu tun.

Damit Situationen nicht aus dem Ruder laufen, versuche ich, tief durchzuatmen, gehe erst mal aus dem Zimmer und versuche, mich selbst zu beruhigen. Dann gehe ich das Ganze erneut an, aber vielleicht diesmal ruhiger und gelassener. In Konfliktsituationen hilft dann oft ein Gegenvorschlag, der manchmal gut funktioniert. Aber leider klappt dies nicht immer und die Situation eskaliert trotzdem.

Veränderte Lebenswelt der Eltern

Flexibilität

In der Gesellschaft, in der Berufswelt und von den gesamten Lebensbedingungen her ändert sich ständig etwas, unaufhörlich muss man sich auf Neues einstellen. Arbeitsplätze und -orte müssen gewechselt und Dienstreisen um die Welt absolviert werden. Homeoffice wird immer üblicher, was gut klingt, aber – inzwischen auch durch Studien belegt – den Stress erhöhen kann. Die technische Entwicklung schreitet so schnell voran, dass man am Ball bleiben muss, wenn man sich nicht abgehängt fühlen will. Dazu kommt für immer mehr Menschen das Bemühen, umweltgerecht zu leben, was zu beständigem Hin-und-Her-Überlegen, zu schlechtem Gewissen und Scham führen kann. Waren günstige Flugreisen bis vor Kurzem etwas Beglückendes für die ganze Familie, werden sie inzwischen wegen der CO_2-Bilanz kritisch betrachtet – ebenso wie viele andere lieb gewordene Errungenschaften, deren Schattenseiten erst allmählich ins Bewusstsein rücken. Im Gegensatz zu früheren Generationen wird also heute ein extrem hohes Maß an Flexibilität von den Eltern gefordert.

Berufstätigkeit beider Elternteile

Erfreulicherweise ist es zur Selbstverständlichkeit geworden, dass Männer *und* Frauen eine Berufstätigkeit ausüben. Oft genug findet dies aber nicht nur statt, um Selbstverwirklichung für die Frauen und Gleichberechtigung zu ermöglichen, sondern auch, weil es finanziell nötig ist. In manchen Familien werden mehrere Jobs gleichzeitig ausgeübt, damit das Geld reicht. Frauen wollen sich auch mit Kindern ihren Platz in der Arbeitswelt erhalten und nicht mehr jahrelang »vom Markt fernbleiben«. Familien mit Kindern beschert die Berufstätigkeit beider Elternteile einen erhöhten Organisationsaufwand, die Logistik der Kinderbetreuung muss genauestens geplant und eingehalten werden. Selbst wenn der ersehnte Krippenplatz gefunden ist, heißt es: »Wer bringt hin? Wer holt ab? Was ist, wenn ein Kind krank wird?« Auch die Alternative »Mann bleibt zu Hause« oder »Mann reduziert Arbeitszeit« funktioniert nur dann, wenn es finanziell möglich ist.

Immer wieder bestätigen Untersuchungen, dass die Hauptlast an der Doppelbelastung in vielen Familien noch immer auf den Schultern der Mütter liegt. Wie Mareice Kaiser in »Das Unwohlsein der modernen Mutter« schreibt, haben Mütter das Gefühl, sie müssten gleich in drei Bereichen brillieren: als das Kind hingebungsvoll versorgende Mutter, als gut funktionierende Erwerbstätige und als sexuell attraktive Frau.[22]

Veränderte Familienstrukturen – viele Alleinerziehende

Auch die Tatsache, dass es immer mehr Familien gibt, die nicht mehr dem traditionellen Bild »Vater-Mutter-Kind« entsprechen, macht es nicht leichter für die Eltern. Patchworkfamilien müssen sich oft erst mühsam »zusammenraufen«, was viel Energie kosten kann. Und Alleinerziehende spüren die ganze Last der Erziehung und des Familienalltags auf ihren Schultern: Man muss an alles alleine denken und alles alleine machen.

Katia, 39, alleinerziehend, ein Kind (3)

Bevor meine Tochter auf der Welt war, habe ich mir allgemein viele Gedanken über Erziehung gemacht, viel gelesen und lange überlegt, was für eine Mutter ich sein und welche Haltung ich einnehmen möchte. Allerdings waren die Autonomiephase und Konflikte mit meinem Kind – damals in der Schwangerschaft und auch noch in der Babyzeit – so unfassbar weit weg, dass sich meine Gedanken dazu sehr theoretisch und abstrakt anfühlten. Heute gibt es immer wieder mal Situationen, in denen es mir besonders schwerfällt, gelassen zu bleiben. Das betrifft vor allem Momente, in denen die Bedürfnisse meiner Tochter mit meinen eigenen kollidieren und ich etwa Zeitdruck habe oder erschöpft bin. Weil ich alleinerziehend bin und keine Unterstützung habe, gibt es dann keine Alternativen und wir beide müssen zusammen da durch. Wenn ich einfach nur »mal eben schnell« etwas Dringendes erledigen möchte und von meiner Tochter erwarte, dass sie »funktioniert«, geht das gerne mal schief. In folgende Situationen geraten wir dann typischerweise: Nach einem langen, harten Tag – in der Kita für sie und am Schreibtisch für mich – ist meine Tochter manchmal »außer Rand und Band«, haut, tritt oder spuckt scheinbar willkürlich gegen andere Kinder und lässt sich nicht stoppen, jammert und schreit (nicht weint) gefühlt stundenlang ohne für mich erkennbaren Grund oder mischt im Supermarkt alles auf. Ich ertappe mich dann dabei, dass ich ungerecht und ungehalten werde, nicht mehr liebevoll und wertschätzend agieren kann, obwohl ich weiß, dass ihr in dem Moment einfach alles zu viel ist – mir aber auch. Da komme ich an meine persönlichen Grenzen und habe nur noch das Bedürfnis nach einer Stopp-Taste für sie. Es fehlt einfach jemand, der wenigstens für fünf Minuten mal übernimmt, mir Stille verschafft und mich zu Atem kommen lässt. Wenn ich dann schroff und genervt mit meiner Tochter umgehe, löst das die Situation natürlich nicht, schaukelt sie eher noch hoch und bei mir hinterlässt das ungute Gefühle.

Gesellschaftlicher Erfolgsdruck

Viele Familien fühlen sich heute unter Druck: Ein gewisser Lebensstandard sollte erreicht werden. Die Kinder sollten erfolgreich sein. Falls nicht, wird gesellschaftliche Ächtung oder mangelndes Lebensglück der Kinder befürchtet. Viele Kinder tragen angesagte Klamotten und erzählen vom Urlaub, den neuesten Konsolenspielen, weiteren Medien, Freizeitparkbesuchen – da stellt sich für Eltern nicht selten die bange Frage: Kann mein Kind auch mithalten? Oder wird es durch uns zum Außenseiter? Eine gehörige Portion Schamgefühl kann sich da einmischen.

Gleichzeitig sehen Eltern sich unter Druck in Bezug auf ihre Rolle als Erziehende. Weil viele sich heute sehr bewusst für Kinder entscheiden und diese dabei auch sehr bewusst beim Großwerden begleiten wollen, nehmen Kinder manchmal sehr, sehr viel Raum ein, was prinzipiell wunderbar ist, aber auch ins andere Extrem umschlagen kann: Eltern stellen die Gefühle ihrer Kinder so sehr ins Zentrum, dass es schlicht zu viel ist.

»Kein ganzes Dorf« als Mit-Erzieher

Im kleinen Rundblick wurde es schon angesprochen: In vielen Kulturen ist es üblich, dass nicht nur die Eltern ihre Kinder erziehen, sondern dass es viele Mit-Erzieher gibt. Dies ist hier und heute meist anders: Eltern fühlen sich alleine für ihr Kind zuständig, Einmischung von außen ist eher nicht willkommen und wird als übergriffig empfunden, die Großfamilie im traditionellen Sinne gibt es kaum mehr. Gerade auch, wenn junge Familien vom Heimatort weggezogen sind, ist kein soziales Netz da, das sie bei Problemen auffängt. Dabei wäre dieses soziale Netz ein wirksamer Resilienzfaktor.

Einfluss der Unterhaltungsmedien und des Internets

Ja, der Einfluss der Unterhaltungsmedien hat sich seit den Anfängen von Hörfunk und Fernsehen dramatisch gesteigert. Ein Leben ohne PC, Tablet, Smartphone, ohne Serien, Games und Social Media ist für viele Eltern nicht mehr vorstellbar, die Medien fressen Zeit. Auch in die Zeit, die Eltern mit ihren Kindern verbringen, schleicht sich das Handy mit großer Heftigkeit. Irgendwie ist es so gut wie immer dabei – auch dann, wenn Babys im Kinderwagen ausgefahren werden, auch dann, wenn Eltern ihre Kleinen in der Krippe oder im Kindergarten abgeben, auch dann, wenn die ganze Familie zusammen im Urlaub ist.

Im *SZ-Magazin* vom 31. Oktober 2019 wurden Kinder im Alter von 6 bis 13 Jahren um ihre Meinung zum Thema »Handy und Eltern« gebeten. Unter der Überschrift »Ich habe Papa schon oft gesagt, dass ich sein Handy nicht mag« bekommen die erwachsenen Leser interessante Einblicke in die klare Sicht der Kinder. Ja, es stört sie, wenn das Handy zum ständigen Begleiter ihrer Eltern wird. Ja, sie bemerken es sehr wohl, wenn Eltern nur so tun, als seien sie ihnen zugewandt, als hörten sie ihnen zu. Und ja, sie leiden darunter, wenn sie ständig mit dem Handy konkurrieren müssen.

Vergleichbarkeit durch Social Media

Verschärfend kommt hinzu, dass durch Internetblogs und -foren beständig gelesen und verglichen werden kann, auch zu Erziehungsthemen – woraus nicht selten ein Gefühl der Unzulänglichkeit resultiert: *Meine Güte, so sollte ich das machen! Oje, die können es alle besser als ich!*

Aufeinanderprallen unterschiedlicher Vorstellungen und Haltungen von Mutter und Vater

Mit Sicherheit hat es das immer schon gegeben, dass Vater und Mutter in Bezug auf Erziehung nicht einer Meinung waren. Aber das Tagesgeschäft lag halt noch vor wenigen Generationen hauptsächlich in den Händen der Mütter, die Väter waren eher abwesend, forderten Ruhe und Disziplin ein und traten immer wieder als Angstfiguren und Strafen-Vollstrecker in Erscheinung. Nicht selten wurden sie von den Müttern bewusst dazu gemacht: »Warte nur, bis der Vater kommt!«

In Zeiten der Ebenbürtigkeit und Gleichberechtigung beider Elternteile stellt sich das Problem der unterschiedlichen Muster, Einstellungen und Haltungen natürlich dramatischer. Wenn beide Partner sich einig sind – umso besser. Wenn nicht, kann dies zum Problem werden, im schlimmsten Fall eröffnet sich ein Kampfschauplatz für Mutter und Vater, der bei beiden an den Nerven zerrt und dem Kind schadet. Natürlich muss es nicht so weit kommen. Dass zwei eigenständige Persönlichkeiten, die aus unterschiedlichen »Ställen« kommen, nicht auf Anhieb in allen Punkten einig sind, ist kein Wunder. Sie müssen halt einfach damit umgehen wie zwei verantwortungsbewusste Erwachsene und nicht wie zwei Kampfhähne. Aber auch dies ist nicht einfach.

In dem von Karl Heinz Brisch herausgegebenen Buch *Bindungen – Paare, Sexualität und Kinder* sagt Hans Jellouschek sogar, dass Kinder es als schädliche Doppelbödigkeit erleben, wenn Eltern nur so tun, als seien sie einer Meinung. Für die Autonomie-Entwicklung der Kinder könne es wertvoll sein, wenn sie an ihren Eltern erleben: Man kann die Dinge so, aber auch anders sehen und handhaben. Wichtig sei eine Übereinstimmung in erzieherischen Grundsatz-, nicht aber in Einzelfragen. Wenn die Eltern ihren Kindern ständig als geschlossene Einheit gegenüberstehen, könne dies auch zu Ohnmachtsgefühlen bei den Kindern führen.[23]

Interkulturell bedingtes Aufeinanderprallen von unterschiedlichen Werten und Erziehungsmustern

Gleichzeitig mit all den genannten Veränderungen hat Migration eine weitere Komponente ins Spiel gebracht: Unterschiedliche Werte, Erziehungsziele und -methoden treffen aufeinander. Und das kann sich sowohl für Eltern, die aus anderen Ländern zu uns kommen, als auch für die, die hier ihre Wurzeln haben, irritierend auswirken.

Eylem, 40, verheiratet, vier Kinder (19, 17, 8, 5)

Eylem ist Türkin mit arabischer Abstammung, verheiratet mit einem Deutschtürken und im Alter von 20 Jahren vor 20 Jahren nach Deutschland gezogen. Ihre Berichte sind aus mehreren Gründen lesenswert. Erstens hat sie am eigenen Leib das Aufeinandertreffen unterschiedlicher Kulturen erlebt. Zweitens hat sie ihre vier Kinder nicht alle gleich erzogen, den Grund erläutert sie sehr eindrucksvoll. Und drittens ist sie außergewöhnlich ehrlich, viele Mütter werden sich in der einen oder anderen Aussage wiedererkennen.

Heute ist Wertschätzung für mich wie das Fundament eines Hauses, auf das man bauen kann. Die eigenen Fähigkeiten und Fertigkeiten kann man nur auf dieser Grundlage entwickeln. Ohne Wertschätzung gibt es keine gesunde Erziehung, sie ist für mich eine wesentliche Nahrung für Resilienz. Ohne Wertschätzung gibt es keine Bindung.

So habe ich das nicht immer gesehen. Bevor ich selbst Kinder hatte, dachte ich jedes Mal, wenn ein Kind in meinen Augen respektlos, unruhig oder stur war: »Wenn mein Kind so wäre, würde ich ihm sofort einen Klaps auf den Mund oder auf den Popo geben.« Inzwischen bewerte ich dieses Verhalten ganz anders, man kann ja auch sagen, dass es lebhafte und durchsetzungsstarke Kinder sind. Ich war damals aber so auf diese strenge Art fixiert, weil ich selbst so erzogen worden war. Ich wurde im Jugendalter so oft gelobt, wertgeschätzt, weil ich brav war und alles so gemacht habe, wie meine Eltern und meine Umgebung das wollten. Ich war also überzeugt davon, dass es nur so richtig ist: Die Kinder müssen respektvoll und gehorsam sein, die Eltern müssen das mit Strenge durchsetzen. Um dies bei mir zu erreichen, haben die sehr strengen Blicke meines Vaters schon gereicht. Das ist auch der Grund, warum wir, die wir aus dem Orient kommen, nicht so lange und direkt in die Augen schauen können. Wir verbinden es mit Angst. Nonverbal haben unsere Eltern uns so vermittelt, wie wir uns (nicht) zu verhalten haben.

Als ich dann Mutter wurde, habe ich es bei meinem heute 19-jährigen Sohn und meiner heute 17-jährigen Tochter auch so gemacht. Ich habe sie nie geschlagen, aber durch meine innere Haltung, durch meine Blicke, meine Stimme habe ich Strenge ausgestrahlt. Ich war natürlich auch lieb zu ihnen, ganz besonders aber, wenn alles so lief, wie es sein sollte. Sie konnten sich darauf verlassen, dass meine Strenge immer galt, ich war da konsequent. Obwohl ich wirklich immer das Beste für meine Kinder wollte und sie auch über alles geliebt habe, gab es Momente, ja Phasen, in denen ich keine oder zu wenig Wertschätzung zeigen konnte. Und genau das belastet mich immer noch, besonders bei meiner Tochter, denn ich sehe die Spuren, ich weiß, warum sie sich manchmal so verhält, wie sie sich verhält. Dabei war ich nicht in jeder Hinsicht meiner Tochter gegenüber zu wenig wertschätzend, nur wenn es um schulische Leistungen ging. Alles war wunderschön, so wie ich es haben wollte, aber auf dem Gymnasium hat sie begonnen, vor allem in Mathematik schlechte Leistungen zu bringen. Und da habe ich so reagiert, wie ich von meinen Eltern erzogen worden bin. Ich habe sie ziemlich oft beleidigt, ihr gesagt, dass sie nichts kann, war streng, habe ziemlich viel verboten. Ich habe nicht gemerkt, dass ich sie durch dieses Nicht-Wertschätzen, dieses Abwerten schlechter mache, ihr Selbstkonzept beschädige. Das verursacht mir bis heute Schuldgefühle.

Dann kam eine Art Zeitenwende – ausgelöst durch die zahlreichen Fortbildungen, die ich im Rahmen unseres Stadtteilmütterprojekts absolviert habe. So habe ich gelernt, Gefühle zu äußern und den Kindern beizubringen, welche Gefühle es gibt, und sie zu kategorisieren. Ahhh, so fühlt man sich, wenn man eifersüchtig ist! Ahhh, so fühlt man sich, wenn man traurig ist! Ab dieser Zeit habe ich Gefühle immer ausgesprochen. Ahhh, du bist jetzt traurig! Ich verstehe dich. Und so wurde meine Art zu erziehen eine ganz andere. Es tut mir bis heute leid, dass ich das alles bei den beiden älteren Kindern noch nicht wusste und konnte. Durch meine Ausbildung zur Erzieherin hat sich mein Verhalten dann weiter stabilisiert. Ich bin nicht mehr dieselbe Eylem wie vor 15 Jahren.

Ich wurde also ganz anders zu meinen Kindern, Wertschätzung wurde für mich – wie schon gesagt – zentral, und davon profitieren vor allem die Kleinen. Meine große Tochter aber erwartet von mir jetzt, dass ich den Kleinen, wenn sie frech werden, auf den Popo haue, dass ich sie bestrafe. Mein Sohn sagt, ich müsse strenger und konsequenter sein, er befürchtet, dass sie frech werden und es in Zukunft schwer haben werden, weil er als Kleinkind eben so erzogen wurde. Ich versuche dann zu erklären, dass ich meine Fehler in der Erziehung eingesehen habe, dass ich wenig Ahnung und Wissen hatte und dass ich erst jetzt weiß, wie falsch das damals war. Aber es ist schwer, ihnen das zu vermitteln, weil sie es halt so ganz anders erlebt haben.

Das Wunderbare aber ist, dass mein Sohn und ich – dank der Wende – jetzt wie Freunde sind. Wenn ich daran denke, wie traurig es wäre und was ich alles verpassen würde, wenn es diese Wende nicht gegeben hätte!

Früher habe ich mich eher nicht entschuldigt, es lief höchstens so: »Das ist mir aus Versehen passiert. Entschuldigung!« Aber da, wo es ernst war, wo es Spuren in der Seele hinterlassen hat, habe ich mich kaum entschuldigt. Da hätte ich eine Entschuldigung wie eine Niederlage gespürt. Jetzt mache ich es anders und ich habe den Eindruck, dass die Kinder sich freuen, sich verstanden fühlen, wenn man zugibt, dass man ihnen Unrecht getan hat. Ich weiß, dass ich mit diesem Verhalten ein Vorbild sein kann. Dass die Kinder sehen: Die Mama gibt zu, dass sie auch mal Fehler macht, es ist in Ordnung, wenn man sich bei Fehlern entschuldigt. Jetzt weiß ich auch, dass die Kinder so selbst lernen, sich zu entschuldigen. Bei meinen Kleinen sehe ich es ganz deutlich: Sie lernen schnell am Modell. Sie ahmen die Eltern nach. Weil ich mich jetzt viel leichter entschuldige, tun es die Kleinen auch ziemlich oft, wenn sie denken, dass ihr Verhalten nicht in Ordnung war. Die beiden Großen entschuldigen sich nicht so oft. Sie tun es nur bei ganz Wichtigem oder wenn sie sozusagen gezwungen sind. Sie haben es von mir leider nicht so erlebt.

Auch die folgenden Berichte zeigen eindrucksvoll die unterschiedlichen Auswirkungen der Interkulturalität.

Buse, 28, verheiratet, noch kinderlos

Buse ist als eines von zwei Kindern türkischer Einwanderer in Deutschland in dritter Generation geboren und hier mit einem Deutschtürken verheiratet.

Einige Dinge möchte ich ganz anders machen als meine Eltern. Zum Beispiel meinem Kind erklären, wieso ich zu einer Entscheidung komme. In unserem Kulturkreis wird den Kindern einfach ein »Nein!« vorgesetzt, ohne zu erklären, weshalb. So entsteht immer mehr ein Unverständnis, und genau das möchte ich vermeiden. Auch möchte ich nicht, dass der Vater als das alleinige Familienoberhaupt wahrgenommen wird, sondern Vater und Mutter als gleichberechtigte Personen in allen Bereichen des Lebens erfahren werden.

Eine sehr Zuversicht spendende Sicht auf Interkulturalität und Integration liefert der folgende Beitrag einer jungen Mutter.

Ranya, 25, verheiratet, ein Kind (wird 3)

Ranya ist als Kind von Assyrern/Aramäern in dritter Generation in Deutschland geboren und hier mit einem Aramäer verheiratet. Sie hat einen älteren Bruder und zwei jüngere Geschwister.

Schon früh, ganz besonders aber als junge Erwachsene, spürte ich eine gewisse Grundsicherheit, eine Grundzufriedenheit mit mir selbst. Viele andere in meinem Alter aber wirkten unzufrieden, unsicher und undankbar. Ich bin heute sicher, dass diese Grundsicherheit und Dankbarkeit davon rühren, dass wir Kinder immer die Unterstützung unserer Eltern bekommen haben und dass von beiden immer Wertschätzung uns gegenüber kam. Da war kein einziger Tag des Zweifelns an ihrer Liebe. Kein Grund, entmutigt oder desillusioniert zu sein. Wir hatten realistische Träume und unsere Eltern, die uns ein Vorbild waren und uns unterstützten, wo sie konnten. Sie standen einfach hinter uns, sie gestatteten uns die Freiheit, das zu tun, was wir wollten, solange wir die Schule nicht vernachlässigten. Und sie gaben uns die Freiheit, uns unsere eigene Meinung zu bilden. So wurde ein sehr positiver Grundstein gelegt. Und meine Geschwister und ich haben ein gesundes Maß an Selbstbewusstsein und -vertrauen entwickelt und können uns gut an unsere Lebenssituationen anpassen. Je älter wir werden, desto deutlicher spüren wir, wenn Menschen nicht so aufgewachsen sind.

Meinen Eltern war auch Integration stets wichtig. Es ist ein Leben zwischen, aber eigentlich ***mit*** zwei Kulturen, der deutschen und der assyrischen. Ich habe das Gefühl, so werden wir – meine Geschwister und ich – immer »deutscher«, da unsere Eltern vieles schon überdacht haben, was ihre Eltern früher gemacht haben. Gewissermaßen waren sie selbst schon rebellisch, sie haben keine altmodische Sicht weitergegeben. Sie haben großen Wert auf unsere Bildung und Selbstständigkeit gelegt. Aber die Traditionen sind ihnen dennoch wichtig. So ist in unserer Kultur das Miteinander und Füreinander zentral. Wenn jemand Hilfe braucht, bekommt er sie. Wenn ich irgendwo zu Besuch bin, helfe ich in der Küche mit, auch wenn ich zum ersten Mal dort bin. Das ist ganz selbstverständlich. Und für die Weitergabe dieser Tradition bin ich sehr, sehr dankbar. Meine Eltern haben sich einfach bemüht, aus beiden Kulturen das Beste herauszupicken und dies an uns zu übergeben. Und so möchte ich das für meinen Sohn auch. Vor ungefähr 16 Jahren sind meine Eltern von der Tradition abgewichen, dass die Mutter zu Hause beim Kind bleibt, meine Mutter ist arbeiten gegangen und mein Vater ist zu Hause bei uns Kindern geblieben. Mein Mann und ich wiederum haben unseren Sohn mit gut eineinhalb Jahren in die Krippe gegeben, weil ich mein Studium beenden möchte und mein Mann im Moment das Geld verdienen muss. Und trotzdem versuchen wir jeden Tag, die beiden Kulturen mit unserem Sohn auszuleben, wir möchten ihn annehmen und ihn auffangen, ihn begleiten und loslassen. Auch dabei unterstützen uns meine Eltern, Schwiegereltern und die ganze Familie.

Was in allen drei Beispielen nicht anklang, aber relativ häufig vorkommt: dass sich interkulturelle Unterschiede auch in Partnerschaften negativ bemerkbar machen, zum Beispiel dann, wenn ein Partner sich von traditionellen Gedanken-, Handlungs- und Erziehungsmustern löst und der andere daran festhält.

Welche der genannten Gegebenheiten treffen auf Sie zu? Kreuzen Sie bitte an! Und wenn etwas fehlt, ergänzen Sie bitte!

- ☐ Ich habe das Gefühl, mich sehr oft auf Neues einstellen zu müssen.
- ☐ Mein/e Partner/in und ich sind beide berufstätig.
- ☐ Ich lebe in einer Patchworkfamilie.
- ☐ Ich bin alleinerziehend.
- ☐ Ich fühle mich unter Druck, was meinen und den Erfolg meines Kindes betrifft.
- ☐ Ich habe keine Menschen um mich, die mich beim Erziehen unterstützen.
- ☐ Ich spüre den Einfluss der Unterhaltungsmedien und des Internets – auch zeitlich.
- ☐ Ich bin öfters in Blogs oder Foren zu Erziehungsthemen unterwegs und fühle mich manchmal sehr klein und untüchtig.
- ☐ Mit meiner/meinem Partner/in gerate ich oft in unerfreuliche Auseinandersetzungen um Erziehungsthemen.
- ☐ Ich habe selbst Migrationshintergrund und finde es oft schwierig, mit den Werten und Erziehungsmustern der Menschen aus anderen Ländern und Kulturen klarzukommen.
- ☐ Ich habe selbst Migrationshintergrund und finde es oft schwierig, mit den Werten und Erziehungsmustern der traditionellen Menschen aus meiner eigenen Kultur klarzukommen.

- [ ] Ich stehe mit Menschen mit Migrationshintergrund in Kontakt und finde es oft schwierig, mit ihren Werten und Erziehungsmustern klarzukommen.

Vielleicht stellen Sie fest, dass gar nicht so wenige der genannten oder sogar noch weitere Herausforderungen auf Sie zutreffen. Zollen Sie sich selbst Respekt dafür! Was Sie leisten müssen, ist nicht wenig.

Veränderte Lebenswelt der Kinder

Natürlich hat sich nicht nur die Lebenswelt der Elterngeneration verändert, sondern auch die der Kinder.

Angstfreie Erziehung ohne Gewöhnung an Gehorsam

Die meisten Eltern verzichten inzwischen bewusst auf eine Erziehung mit Angst und Härte. Das ist wunderbar! Gehorsam und Untertanengeist sind keine Erziehungsziele mehr, was ebenfalls höchst erfreulich ist. Die Zeiten blinder Befehlsempfänger sind hoffentlich vorbei! Aber natürlich sind Kinder nun nicht mehr daran gewöhnt, zu gehorchen, nur weil es verlangt wird. Sie wollen gerne wissen, warum sie dies tun und jenes lassen sollen. Und sie wagen es, sich zu widersetzen. Was vor allem ihre Eltern immer wieder in Rechtfertigungs-, Erklärungs- und Erziehungsnot bringt. Auch wenn sie sich daran erfreuen, dass sie mutige Kinder mit eigener Meinung großziehen, so sehr können Situationen, in denen Kinder den Aufstand proben, Eltern fordern.

Tendenz zur Respektlosigkeit in der Gesellschaft

Auch hier gilt: Dass sich der Untertanengeist aus unserer Gesellschaft verabschiedet hat, ist wunderbar. Dass sich zurzeit ein Mangel an natürlichem Respekt vor anderen Menschen verbreitet hat, eher weniger. Er äußert sich in hämischen, gehässigen Bemerkungen in den Medien bis zu zerstörerischen Shitstorms im Netz und geht auch an unseren Kindern nicht spurlos vorüber. Was die Erwachsenen tun, ist immer irgendwie auch richtungsweisend für die Kinder.

Relativ wenig Zeit mit den Eltern

Bedingt durch die Berufstätigkeit beider Eltern, verbringen Kinder heute relativ viel Zeit nicht zu Hause, sondern in Kinderkrippe, Kindergarten, Hort, Ganztagsschule ... Was nichts Negatives sein muss, aber den Einfluss der Eltern möglicherweise schmälert. Lutz-Ulrich Besser spricht in *Bindung, Angst und Aggression* davon, dass in vielen Familien die Kommunikationszeit zwischen Eltern und Kindern auf nur wenige Minuten pro Tag geschrumpft sei.[24] Selbst Remo Largo, der stets für Gelassenheit plädiert, beklagte in einem Interview, wie wenig Zeit Familien aktuell füreinander haben.[25]

Einfluss von Kommerz

Klar, seit Waren hergestellt wurden, waren die Hersteller daran interessiert, sie an den Mann oder die Frau zu bringen. Was sich in den letzten Jahren aber an Verlockungen der Wirtschaft entwickelt hat, auch in Bezug auf die Generation der Heranwachsenden, ist einzigartig. Wer dazugehören will, muss bestimmte Dinge besitzen, die cool und angesagt sind. Für Eltern, die dagegenhalten wollen, fühlt sich dies oft nach Kampfschauplatz an.

Einfluss von Social Media

Und natürlich sind nicht nur Eltern, sondern auch Kinder und Jugendliche den Einflüssen von Unterhaltungsmedien und Social Media ausgesetzt. Sie verbringen so viel Zeit damit, dass Eltern beständig die Verpflichtung spüren, ihre Kinder vor der Macht und dem Sog der Medien, zum Beispiel auch der Onlinespiele, zu schützen. Wie viel Medienzeit ist für mein Kind passend? Fördere ich mein Kind zu wenig, wenn ich es Medien nutzen lasse? Verliert es den Anschluss, wenn ich es Medien nur wenig nutzen lasse? Wie hoch ist der Suchtfaktor? Der Reiz der Medien ist für Kinder ja wirklich enorm! Schon nach dem Aufstehen gibt es in vielen Familien die Frage: »Wann darf ich fernsehen? Darf ich heute Computer spielen? Darf ich Handy spielen?« Viele Eltern sind dadurch genervt, besorgt, verunsichert.

Natürlich werden Eltern auch von der Angst verfolgt, dass Kinder mit »schlechten« Inhalten in Berührung kommen, zum Beispiel mit Gewaltspielen und -darstellungen oder pornografischen Inhalten, die dem Alter der Kinder ganz und gar nicht angemessen sind. Die Möglichkeiten der Kontrolle sind beschränkt, Eltern geraten in eine Mischung aus Hilflosigkeit und Angst und befinden sich immer wieder – ohne es zu wollen – in Konflikten mit ihren Kindern.

Erschwerend kommt hinzu, dass es gerade für viel beschäftigte Eltern auch verlockend sein kann, wenn – dank Medien – endlich mal Ruhe einkehrt, schlechtes Gewissen inklusive.

Hierarchie des Wissens auf den Kopf gestellt

Was die digitalen Technologien auch verursacht haben: Die Hierarchie des Wissens ist – wie es Haim Omer, Professor für Psychologie an der Universität Tel Aviv, formuliert – auf den Kopf gestellt worden. Einfacher ausgedrückt: Kinder finden sich in wichtigen Bereichen des Lebens besser zurecht als Erwachsene. Sie wissen mehr. Sie können diesen buchstäblich etwas vormachen. Was deren Autorität natürlich nicht unbedingt anhebt.

Möglichkeiten, sich der elterlichen Kontrolle zu entziehen

Was Haim Omer auch sagt: Es sei noch nie so leicht für Heranwachsende gewesen, sich der elterlichen Kontrolle zu entziehen, da vielen Eltern die Privatsphäre ihrer Kinder »heilig« sei. Alleine die Möglichkeiten, die das Internet hier bietet, sind enorm: Die Kids bewegen sich auf Internetseiten, die den Eltern verborgen bleiben, sie begeben sich in Kontakt mit Leuten, von denen die Eltern keine Ahnung haben, sie geben im Netz Informationen über sich preis, angesichts derer es ihre Eltern schaudern würde. Der Satz »Das ist mein Leben!« sei Eltern noch nie so vehement entgegengeschleudert worden wie heute.[26]

Interkulturelle Zerrissenheit

Kinder mit Migrationshintergrund fühlen sich oft innerlich zerrissen: Das Land, in dem sie groß werden, hat ganz andere Werte und Erziehungsziele als das, aus dem sie kommen. Ihre Eltern und Großeltern hängen oft am Traditionellen oder fühlen sich selbst hin- und hergerissen. All dies kann zu enormen Auseinandersetzungen zwischen der jungen Generation und den Eltern führen.

Alina, 34, verheiratet, kinderlos

Sie kam mit acht Jahren gemeinsam mit ihrer Familie von Polen nach Deutschland.

Ich bin in einer polnischen Familie aufgewachsen. Beide Eltern wurden in Polen sozialisiert, haben dort ihre Wertvorstellungen erworben und ihr Verständnis von guter Erziehung geformt. In dem Milieu, aus dem ich komme, war es völlig normal, mit Strafen und Beschämung zu arbeiten. Dass es in Deutschland zu dem Zeitpunkt bereits verboten war, Kinder zu schlagen, war für mich ein (willkommener) Schock. Meine Eltern mussten sich erst einmal darum kümmern, aus dem Nichts eine Existenz für eine Familie mit drei Kindern aufzubauen. Darüber hinaus stellt ein Kulturwechsel wohl für jeden eine Überforderung dar. Ich habe in meiner Familie nur wenig Wertschätzung erfahren, was ich zu großen Teilen auf diese Überforderung zurückführe. Von uns Kindern wurde ganz selbstverständlich erwartet, dass wir im Haushalt mithelfen, uns um die Geschwister kümmern und auch Aufgaben übernehmen, die sonst nicht Aufgabe der Kinder sind: Hilfe bei Bewerbungen und amtlichen Schreiben zum Beispiel. Uns wurde auch sehr viel Selbstständigkeit abverlangt und oft wurden wir in Situationen allein gelassen, die für ein Kind überfordernd oder beängstigend sind. Darüber hinaus gab es die Erwartung, sich an die deutsche Gesellschaft anzupassen, gleichzeitig aber den Wertvorstellungen der Familie verbunden zu bleiben. Eine unmögliche Aufgabe! Für Verhalten, das in der Schule belohnt wurde, etwa »eigene Meinung sagen«, wurde ich zu Hause bestraft – und umgekehrt.

Rückblickend hätte ich wohl eine glücklichere Kindheit gehabt, wenn meine Eltern meine schwierige Situation anerkannt hätten und wenn sie mir mehr Wertschätzung gezeigt hätten für den kulturellen Spagat, statt alles selbstverständlich zu nehmen und zusätzlich einen Hyperfokus darauf zu haben, was nicht stimmt, was nicht passt. Andererseits sehe ich heute, wie sehr ihnen selbst die Wertschätzung durch andere gefehlt hat, vor allem in dieser schwierigen Zeit. Niemand hat sie für ihre Anstrengungen gelobt, niemand hat ihre riesigen Opfer gewürdigt. Und da sie nie positive Rückmeldung darüber bekommen haben, wie viel sie eigentlich leisten, hatten sie auch keine Gelegenheit, Selbstmitgefühl zu entwickeln. Daraus resultierten letztlich sehr hohe Ansprüche sich selbst und den Kindern gegenüber, die unmöglich erfüllt werden konnten und auch langfristig zu Selbstwertproblemen geführt haben.

Welche der genannten Gegebenheiten treffen auf Ihr/e Kind/er zu? Kreuzen Sie bitte an! Und wenn etwas fehlt, ergänzen Sie bitte!

- ☐ Mein/e Kind/er wird/werden bewusst nicht zu blindem Gehorsam erzogen.
- ☐ Mein/e Kind/er wird/werden bewusst angstfrei erzogen.
- ☐ Mein/e Kind/er verbringt/verbringen relativ wenig Zeit mit mir/mit uns Eltern.
- ☐ Mein/e Kind/er findet/finden es ziemlich wichtig, neue und angesagte Dinge zu besitzen.
- ☐ Mein/e Kind/er findet/finden Social Media wie Instagram, YouTube, Facebook ... sehr wichtig.
- ☐ Mein/e Kind/er verbringt/verbringen sehr viel Zeit mit (Online-)Games.
- ☐ Mein/e Kind/er hat/haben Migrationshintergrund und fühlen sich meiner Wahrnehmung nach zerrissen zwischen den Werten und Erziehungsmustern der Kulturen.
- ☐ Mein/e Kind/er hat/haben Freunde mit Migrationshintergrund, erleben deren Zerrissenheit mit und empfinden die Unterschiede in den Werten und Erziehungsmustern als schwierig.

Vermutlich stellen Sie hier fest, dass ein paar Punkte auf Sie zutreffen, die sich gut anfühlen, und ein paar, die eher belastend wirken. Zollen Sie sich wieder Respekt für Ihre Ehrlichkeit und all die Herausforderungen, die Sie stemmen müssen, und schenken Sie sich selbst Wertschätzung!

Was dieses Kapitel mit Wertschätzung zu tun hat? Sehr viel sogar! Denn es zeigt, dass dem Erziehen mit Wertschätzung UND klarer Führung jede Menge Hindernisse im Wege stehen. Natürlich sollen Eltern in ihrem Bemühen nicht nachlassen, aber sie können sich selbst nun besser verstehen, wenn es ihnen schwerfällt.

KAPITEL 3

So viele Hürden – was einer wertschätzenden Erziehung konkret im Wege steht

Constanze, 41, verheiratet, ein Kind (6)

Bevor ich ein Kind hatte, habe ich mir oft gedacht, dass gewisse Dinge, die man bei anderen sieht, niemals mit meinem Kind passieren werden. Die Erziehung hatte ich mir – ehrlich gesagt – schon einfacher vorgestellt. Tobsuchtsanfälle oder andere Probleme, zum Beispiel im Trotzalter, habe ich in meiner Naivität eher als Fehler in der Erziehung bei den Eltern gesehen. Das hat sich also deutlich gewandelt. Jetzt merke ich oft, wie hilflos ich in manchen Situationen bin.

Inwiefern eine veränderte Lebenswelt dazu beiträgt, dass es Eltern schwerfällt, wertschätzend UND klar zu erziehen, wurde im vorigen Kapitel beleuchtet. Es lohnt sich aber auch der Blick auf die konkreten Situationen, in denen Wertschätzung trotz bester Vorsätze schwerfällt.

Tja, wenn wir ehrlich sind, gelingt es uns Menschen am besten, wertschätzend mit unserer Umgebung umzugehen, wenn wir uns selbst so richtig wohlfühlen. Dann können wir mit einem Lächeln über die immer gleiche Schwäche des Partners hinwegsehen und selbst der ungeliebten Kollegin einen freundlichen Blick zuwerfen. Wenn es uns selbst nicht so gut geht, sieht die Sache anders aus.

In unserer Rolle als Eltern trifft uns dies immer wieder hart: Wir fühlen uns selbst nicht wohl und sollten genau jetzt dem Kind gegenüber zugewandt und wertschätzend agieren. Was uns leider nicht immer gelingt. Worauf wir beschämt über uns selbst sind.

Ehrlich währt auch bei uns Eltern am längsten. Und deshalb empfiehlt sich ein gnadenlos ehrlicher Blick auf all das, was bewirkt, dass wir in der Praxis nicht so wertschätzend agieren, wie wir es rein theoretisch gut fänden.

Konkrete Auslöser

Auslöser für wenig wertschätzendes elterliches Verhalten gibt es viele und vielerlei. Manche haben mit dem ganz normalen Alltagswahnsinn zu tun, manche auch mit den Kindern selbst.

Auslöser, die nichts, aber rein gar nichts mit den Kindern zu tun haben müssen

Ja, manche dieser Auslöser haben rein gar nichts mit unseren Kindern zu tun, sondern einzig und alleine mit uns selbst und unserer Befindlichkeit.

Ungestillte Grundbedürfnisse der Eltern

Wer Hunger, Durst oder Schlafmangel hat, neigt zur Unleidlichkeit. Das mit dem Essen und Trinken kann man als Erwachsener ja weitgehend selbst steuern, aber eine Sache haben Eltern eben nicht immer so im Griff: dass sie genau die Portion Schlaf abkriegen, die sie brauchen, um sich gut zu fühlen und ausgeglichen zu sein. Das kann an den Kindern selbst liegen, die sie – Nahrung fordernd, zahnend, albträumend … – um ihren Schlaf bringen. Das kann aber auch rein gar nichts mit den lieben Kleinen zu tun haben, nämlich dann, wenn wir wieder mal zu spät zu Bett gegangen sind, zu viel Alkohol getrunken haben, von Schlafstörungen geplagt waren. Das Ergebnis ist immer dasselbe: Wir fühlen uns übermüdet und schlecht und haben keine Kapazitäten frei für Dinge, die uns fordern.

Auch wenn wir gesundheitlich angeknackst oder richtig krank sind, vielleicht sogar unter Schmerzen leiden, raubt uns das natürlich Kraft, die wir in herausfordernden Situationen mit unseren Kindern eigentlich bräuchten.

Franziska, 36, verheiratet, zwei Kinder (3, 1)

Ich kann mich durchaus an Situationen erinnern, in denen ich nicht mehr wertschätzend sein konnte. Rückblickend war oder ist es immer in Zeiten, wo besonders viel los war/ist – Mann auf Dienstreise, Kinder kränkeln, wenig Schlaf … Oder wenn man es nicht schafft, die eigenen Ansprüche zurückzuschrauben, oder Druck vom Partner (tatsächlich oder auch eingebildet) spürt. Dann wurde ich zum Dauernörgler, war gestresst von jedem herumliegenden Spielzeug, Essensgemansche et cetera, weil ich ja wusste, dass ich's dann wieder wegmachen muss und so weiter, obwohl ich doch eigentlich auch nur schlafen wollte. Teilweise hab ich's auch liegen gelassen, aber dann holt es einen am nächsten Morgen wieder ein. Hier denke ich mir oft: Fahr runter und genieß es! Die Zeit geht viel zu schnell vorbei und eigentlich ist doch was ganz anderes wichtig. Später ärgerst du dich, dass du die schöne Zeit mit Nörgeln und Schimpfen kaputtgemacht hast.

Allgemeine Unzufriedenheit

Immer wieder packt manche von uns Eltern auch eine gewisse Unzufriedenheit. Wir sind mit der Gesamtsituation oder mit einzelnen Bereichen unseres Lebens nicht zufrieden. Und Unzufriedenheit verursacht nun mal eine gewisse Gereiztheit – auch den Kindern gegenüber, die nichts damit zu tun haben.

Probleme rund um die Partnerschaft

Auch wenn es Kinder ja meist nur gibt, weil sich zwei Menschen in Liebe verbunden fühlten, so bleibt das mit der Zweisamkeit nicht immer stabil, ab und zu ist gewaltig der Wurm drin und manchmal fehlt auch einfach nur Zeit für den Partner. Auf jeden Fall sind die Nerven gespannt und manchmal kriegen das die Kinder ab.

Spagat zwischen Berufstätigkeit und Elternsein

Auch die Anforderungen, die der Beruf mit sich bringt, können sich belastend auf die Elternrolle auswirken – sei es, weil es zeitliche Kollisionen gibt, sei es, weil berufliche Probleme ins Privatleben schwappen. Oft ist man noch zu »verkopft«, weil man nicht alle Vorgänge in der Arbeit vor Ort abschließen konnte. Die Eindrücke des Tages müssen erst mal verarbeitet werden. Unzufriedenheit herrscht, weil etwas aufgrund der zeitlichen Familienlogistik nicht zu Ende geführt werden konnte.

Zeitdruck, Stressgefühl

Egal, wie viel wir gerade tatsächlich an der Backe haben – immer wieder gibt es Phasen oder Momente, in denen es sich subjektiv nach großem Stress anfühlt. Wir sind in Anspannung und wollen eigentlich in Ruhe gelassen werden, weil wir all unsere Kraft brauchen, um uns der Anspannung zu stellen und sie möglichst bald abzubauen.

Eylem, 41, vier Kinder (19, 17, 8, 5)

Wertschätzung kommt mir manchmal auch abhanden, wenn mir alles zu viel wird, wenn ich mich überfordert fühle. Wenn also die Sachen nicht so laufen, wie sie laufen sollen, und zusätzlich noch andere, ganz normale, banale Dinge von mir verlangt werden, da gerate ich unter Druck, werde leider aggressiv und schreie, obwohl ich eigentlich normal reden möchte.

Ärger und Kummer

So weise, gelassen und vernünftig können wir Menschen wohl kaum sein, dass wir jeglichen Ärger an uns abprallen lassen. Und wer gerade großen Ärger im Bauch hat, braucht schier übermenschliche Kräfte, um diesen Ärger nicht in irgendeiner Weise an seiner Umgebung auszulassen – und wenn es nur in Form von mangelnder Aufmerksamkeit ist.

Ähnlich verhält es sich beim Kummer. Auch er schlägt sich im Gesicht und in der restlichen Körpersprache nieder, auch er kann sich auf das Verhalten auswirken, das wir unseren Kindern gegenüber zeigen.

Aktueller Mangel an Wertschätzung

Tja, an dieser Stelle könnte man sagen: Ein reifer Erwachsener lechzt doch nicht mehr nach der Wertschätzung anderer. Dabei lechzen wir doch alle, immer – vermutlich bis an unser seliges Ende. Wer sich also gerade so gar nicht wertgeschätzt gefühlt hat – im Berufsleben, vom Partner, von den eigenen Eltern, von der besten Freundin –, der hat auch als Erwachsener in der Regel daran zu knabbern. Außerdem weiß man ja, dass man das, was man selbst an Gutem bekommen hat, gerne weitergibt. Und wenn man es eben nicht bekommen hat – leider manchmal Pech für unsere Kinder!

Andere Dinge im Kopf

Dieser Punkt trifft die elterliche Seele nicht so heftig wie die soeben genannten, aber wenn uns etwas geistig oder seelisch gerade sehr in Beschlag nimmt, möchten wir gerne dranbleiben. Störungen sind da nicht so willkommen.

Nick, 33, verheiratet, noch kinderlos

Es regt mich zum Beispiel ziemlich auf, wenn ich irgendetwas konzentriert mache und meine Partnerin anfängt, mit mir zu reden. Ich sage dann: »Ich kann gerade nicht.« Und sie redet trotzdem weiter. Das nervt mich unglaublich. Ich kann mir gut vorstellen, dass ich mit einem Kind auch mal in solche Situationen komme.

Welche der genannten Gründe waren bei Ihnen selbst schon schuld daran, dass Sie zu Ihrem Kind nicht so wertschätzend waren, wie Sie sich das gewünscht hätten? Kreuzen Sie bitte an! Und wenn etwas fehlt, ergänzen Sie bitte!

- ☐ Ich hatte Hunger, Durst, Schlafmangel oder mir war nicht wohl beziehungsweise ich fühlte mich krank.
- ☐ Ich war unzufrieden.
- ☐ Ich hatte Probleme mit meinem Partner oder zu wenig Zeit für ihn.
- ☐ Meine Berufstätigkeit hat sich belastend ausgewirkt.
- ☐ Ich fühlte mich gestresst.

- ☐ Ich hatte mich über etwas geärgert.
- ☐ Ich hatte Kummer.
- ☐ Ich hatte mich kurz vorher selbst nicht wertgeschätzt gefühlt.
- ☐ Ich hatte andere Dinge im Kopf, die mir wichtig waren.

Wenn Sie hier wenig angekreuzt haben, ist das schlichtweg schön. Sie haben sich Ihr Leben schon gut eingerichtet. Sind es viele Kreuze, dann ein weiterer Glückwunsch zur Ehrlichkeit: die beste Voraussetzung dafür, dass alles noch besser werden kann!

Zusätzlich ein kleiner Appell: Vielleicht lassen sich einige wenige Punkte entschärfen, sodass sich die Gesamtsituation besser anfühlt.

Auslöser, die im kindlichen Verhalten liegen, was noch lange nicht heißt, dass die Kinder »schuld« sind

Um jeglichen Missverständnissen vorzubeugen: Im Folgenden geht es nicht darum, Kindern die Schuld an Konflikten in die Schuhe zu schieben. Um Schuld geht es überhaupt nicht. Aber das vorhergehende Kapitel sollte die Augen öffnen für all die in uns selbst liegenden Faktoren, die uns Eltern anfällig für nicht wertschätzendes Verhalten gegenüber unseren Kindern machen. Dieses Kapitel wiederum sammelt all die Verhaltensweisen von Kindern, die bei Eltern zum Auslöser für wenig nettes Verhalten werden können.

Nerviges Verhalten

Tatsächlich liegt es in der Natur von Kindern, dass sie manchmal ausgesprochen nervig sein können – aus der Sicht der Erwachsenen. Kinder fragen immer wieder dasselbe, stören durch Geräusche beziehungsweise Lärm oder sind körperlich sehr aktiv. All dies wird von Erwachsenen schon mal als belästigend empfunden.

Was die meisten Kinder auch perfekt im Repertoire haben: Wenn sie etwas wirklich wollen, legen sie eine Hartnäckigkeit und Beharrlichkeit an den Tag, die – aus einer anderen Perspektive als der der Eltern – bewundernswert ist. Sie wollen etwas haben, sie wollen etwas unternehmen, sie wollen auf jeden Fall etwas erreichen und scheuen keinen Aufwand.

Trödeln

Viele Kinder tun die Dinge gerne »in aller Seelenruhe«. Wenn man sich diesen Ausdruck auf der Zunge zergehen lässt, ist das etwas Wunderbares. Wenn man als Mutter oder Vater pünktlich im Kindergarten oder zu einem beruflichen Termin antreten muss, verliert das Trödeln seinen Charme.

Ungeschicktes und sachbeschädigendes Verhalten

Im Wesen des Kindes liegt es auch, dass es manches noch nicht so gut kann oder nicht so sorgfältig erledigt, wie Erwachsene sich das wünschen würden. Diese meckern Kinder schon mal an, weil sie das Glas im Restaurant umgestoßen, die neue Hose verschmutzt oder sich selbst schon wieder das Knie aufgeschlagen haben. Kinder leben sich auch gerne mal kräftemäßig oder kreativ so aus, wie es den Eltern nicht gefällt: Die Wasserkaraffe geht bei der Kissenschlacht zu Bruch, der Schrank wird gestempelt, die weiße Wand motiviert zur künstlerischen Gestaltung.

Respektloses Verhalten

Tja, sogenannte freche Kinder hat es wohl schon immer gegeben. Bei den weitgehend angstfrei erzogenen Kindern von heute kann es schon passieren, dass sie unerschrocken Dinge raushauen, die Eltern als respektlos empfinden und von denen sie sich provoziert fühlen.

Störrisches Verhalten

Wenn Kinder nicht so wollen wie Erwachsene und auf ihrer Meinung beziehungsweise ihrer Handlung beharren, wird dies gerne »störrisch« genannt. Man könnte auch sagen, dass solche Kinder einen starken Willen haben. Egal, wie man es nennt – für Eltern kann ein solches Verhalten herausfordernd wirken.

Emotional extremes Verhalten

Kinder können auch emotional sehr aufdrehen. Erwachsene neigen dazu, dies störend bis bedrohlich zu empfinden. Vermutlich macht es ihnen Angst. Emotionen sind ja immer etwas sehr Aufwühlendes, Emotionen der eigenen geliebten Kinder in extremem Maße. Ja, Eltern kann es regelrecht ungehalten machen oder stark verunsichern, wenn ihr Kind in eine große Emotion geht, vor allem wenn es sich wütend, aufgeregt, aufbrausend verhält.

Besonders herausforderndes Verhalten

Nicht jedes Kind ist wie das andere – das erleben alle Eltern, die mehr als ein Kind haben. Es kann durchaus sein, dass Eltern zunächst keine Probleme hatten, wertschätzend zu erziehen, und durch ein »neues« Kind extrem an ihre Grenzen geraten. Weil es so besonders durchsetzungswillig ist. Oder weil es so ganz anders ist als der Rest der Familie.

Gerti, 62, verheiratet, drei Kinder (30, 28, 23)

Eines meiner Kinder hat mich so viel mehr herausgefordert als die anderen zwei, dass ich es oft nicht fassen konnte. Heute denke ich, dass es einfach ein besonders starkes Autonomiebedürfnis hatte, damals dachte ich, dass es mich mit seinem Eigensinn an den Rand des Wahnsinns bringt.

Florian, 45, verheiratet, zwei Kinder (11, 8)

Wenn wir nur unser erstes Kind gehabt hätten, wäre ich heute der Meinung, das mit dem Erziehen sei mir super gelungen. Das zweite Kind aber fordert mich von morgens bis abends heraus. Das ging so weit, dass wir mit ihm eine Psychologin aufgesucht haben. Der wichtigste Satz, den sie mir ans Herz gelegt hat und an den ich bis heute immer wieder denke, gerade auch in herausfordernden Situationen: »*Du* bist der Erwachsene. *Du* musst deine Affekte kontrollieren!«

Heute sehe ich sehr wohl eine positive Entwicklung bei unserem zweiten Kind. Ich denke schon, dass dies einerseits durch unsere konsequente Haltung und andererseits durch unsere Zuneigung und Unterstützung möglich wurde.

Verstoß gegen Regeln und dauernde Wiederholungen desselben Fehlverhaltens

Eine der Hauptursachen für ein zeitweises Verschwinden von elterlicher Wertschätzung: wenn Kinder gegen Regeln verstoßen, die Eltern ihnen klar gesetzt und verständlich gemacht haben, wenn sie also die von den Eltern gesetzten Grenzen nicht einhalten. Hier kommt bei den Eltern leicht eine starke Emotion hoch, die durchaus in Richtung Wut gehen kann.

Nicht selten ziehen Kinder dies auch noch wiederholt durch, was die Sache für die Eltern nicht leichter macht.

Franziska, 36, verheiratet, zwei Kinder (3, 1)

Richtig ärgere ich mich, wenn er Dinge immer wieder macht. Wir haben es besprochen, wieder erklärt und wieder in unterschiedlichen Versionen. Und er macht's immer wieder. Da werde ich dann ungehalten und genervt und reagiere auch nicht mehr so, wie ich es will. Beispielsweise hat mein Sohn immer wieder Blumen im Garten ausgerissen. Wir haben oft alle zusammen im Garten gearbeitet. Er hat viel mitgeholfen und trotzdem riss er im nächsten Moment die Blumen aus. Ich hab's ihm gesagt, mein Mann, die Oma ... Ich habe sogar mal geweint vor ihm, weil ich dachte, so erreiche ich ihn, aber er machte es trotzdem immer wieder. »Ich mag das da nicht«, war seine Erklärung. Wir haben dieses Thema bis heute noch.

Gefährdung von sich oder anderen

Besonders hart kommt es für Eltern in Angstsituationen. Wer Angst hat, kann nicht mehr klar denken. Und wenn Kinder sich selbst oder andere in Gefahr bringen, ist die Gelassenheit oft wie ausgeknipst.

Constanze, 41, verheiratet, ein Kind (6)

Ganz besonders schlimm war es, als meine Tochter einmal mit ihrem Roller trotz mehrfacher Ermahnung einfach losgefahren ist und dann bergabwärts komplett die Kontrolle verloren hat. Genau in dem Moment kam ein Reiter mit Pferd den Berg hochgeritten und sie wäre fast frontal mit dem Pferd zusammengestoßen. In letzter Sekunde hat sie den Roller rumgerissen und ist in den nächsten Gartenzaun gekracht. Ich war erst sprachlos und dann habe ich sie nur noch angeschrien, nachdem ich gesehen habe, dass sie unverletzt war. Der Schock war einfach zu groß!

Tanja, 39, zwei eigene Kinder (3, 1), drei Stiefkinder (19, 16, 12)

Besonders schwer fallen mir Situationen mit meinen eigenen kleinen Kindern, in denen sie sich selbst oder das andere Kind in Gefahr bringen – zum Beispiel bei der Straßenüberquerung oder wenn meine Tochter meinen Sohn rückwärts auf die Fliesen schubst oder mein Sohn meiner Tochter mit einem Holzspielzeug auf den Kopf haut. Bei meinen Stiefkindern fällt es mir schwer, wenn ich (und ihr Vater natürlich) sie laufen lassen muss und gleichzeitig weiß, dass es eine völlig falsche Richtung ist, zum Beispiel der Abbruch der Schule. Und auch hier versuche ich mit Erklärungen, Argumenten und Erfahrung zu unterstützen. Aber wenn dies gar nicht fruchtet, dann verliere ich schon mal die Geduld. Weil es aus meiner Sicht so offensichtlich falsch ist.

Schwierige Phasen

War in den vorhergehenden Punkten von einzelnen Situationen die Rede, geht es nun um ganze Phasen, die für die Eltern eine echte Herausforderung sind und die sie immer wieder an die eigenen Grenzen, auch die ihrer Wertschätzung, bringen.

Die erste dieser Bewährungsproben ist die sogenannte Trotzphase. Kinder, die bis dato lieb und schnucklig waren, mutieren plötzlich zu tobenden Ungeheuern. In der Wahrnehmung ihrer Eltern. Aus ihrer eigenen Sicht entwickeln sie gerade ihren eigenen Willen, stellen fest, dass sich auf dieser Welt einiges durch das eigene Verhalten steuern lässt – und vollziehen damit einen wichtigen Entwicklungsschritt. Beginnen kann die Trotzphase bereits mit eineinhalb Jahren, meist liegt die Hochphase bei zwei bis drei Jahren. Selbst für Eltern, die über die entwicklungspsychologischen Ursachen Bescheid wissen, kann so ein Schreianfall eine echte Bewährungsprobe darstellen. Gerade auch deshalb, weil er nicht unbedingt dann kommt, wenn die Eltern gerade besonders ausgeglichen sind.

Die nächste große Herausforderung ist – viele Jahre später – die Pubertät. Wieder verwandeln sich die Wesen, die man so lieb hat, auf fast schon unheimliche Weise. Und auch hier stoßen Eltern wiederholt an ihre Grenzen.

Darüber hinaus gibt es Krisen im Leben von Kindern, die von außen ausgelöst sind – Tod eines Haustieres, Wegzug der besten Freundin, Liebeskummer – und für Eltern nicht immer leicht zu handhaben sind. Selbst Trost wird in solchen Fällen nicht unbedingt dankbar angenommen, die Eltern bekommen kübelweise schlechte Laune oder Kummer ab, was sie ratlos und manchmal auch unfreundlich werden lässt.

Extrem kann es allerdings werden, wenn das eigene Kind eine psychische Auffälligkeit oder Krankheit entwickelt. Schuldgefühle und Hilflosigkeit, um nur zwei große Gefühle zu nennen, können Eltern schwer belasten und bewirken, dass ihnen – trotz der großen kindlichen Not – das wertschätzende Verhalten zeitweise abhandenkommt.

Schulschwierigkeiten

Leider kann auch die Schule den wohlmeinendsten Eltern Knüppel zwischen die Beine werfen, nämlich dann, wenn das Kind dort nicht gut zurechtkommt. Ob es nur unter Widerstand die Hausaufgaben erledigt, ob es extrem ungerne in die Schule geht oder einfach »nur« schlechte Noten hat, spielt nicht die entscheidende Rolle. Wenn es mit der Schule nicht so gut klappt, wenn Rechtschreibschwierigkeiten, Aufmerksamkeits- und Konzentrationsprobleme, Bewegungsdrang, hohes Mitteilungsbedürfnis oder andere »Besonderheiten«

auftreten, entwickeln viele Eltern Angst und Wut. Angst, was aus dem Kind werden soll, Angst vor der Rolle, die das Kind in der Klasse einnehmen wird, Angst davor, dass es von den Lehrern »abgeschrieben« oder »in eine Schublade gesteckt« wird. Wut, weil das Kind doch einfach nur mehr arbeiten, mehr Ehrgeiz entwickeln, sich zusammenreißen ... sollte.

In der *SZ* vom 28./29. September 2019 gab es den Aufschrei »Schluss mit dem Zirkus!« von Barbara Vorsamer zu lesen, in dessen Untertitel die Journalistin die Frage stellte, wie das denn funktionieren solle – eine Erziehung ohne Schimpfen. Sehr anschaulich schildert sie in diesem Zusammenhang eine Hausaufgabensituation, die vielen bekannt sein dürfte: Nach Einschätzung der Mutter könnte die Hausaufgabe in wenigen Minuten erledigt werden, das Kind aber braucht aufgrund von deutlich zur Schau getragener Unlust ein Vielfaches an Zeit. Was die Stimmung zwischen Mutter und Kind dramatisch in den Keller schießen lässt. Der Vollständigkeit halber sei bemerkt, dass Vorsamer am Ende des Artikels die Wiederholung der Situation, einige Tage später, beschreibt. Einziger Unterschied: Sie hält den Mund und verzichtet aufs Schimpfen. Ihr Resümee: Die Hausaufgaben wurden weder besser noch schneller erledigt, aber die Stimmung zwischen Mutter und Kind war am Ende eindeutig besser. Was wir aus diesem »Experiment« ableiten können, ist doch eine beruhigende Erkenntnis: Auch wenn es nicht so läuft, wie wir Eltern uns das vorstellen, haben wir es jedes Mal aufs Neue in der Hand, über uns hinauszuwachsen und der Beziehung zu unseren Kindern etwas Gutes zu tun.

Geschwisterstreit

Kürzlich verfolgte ich eine Diskussion in einem pädagogischen Forum, bei der es um die Frage ging, wie sehr Eltern von nur einem Kind bei Erziehungsproblemen mitreden können. Die Empörung bei den Nur-ein-Kind-Eltern war groß. Verständlich! Dennoch bleibt eine Tatsache unbestritten: Wer nur ein Kind hat, kennt es nicht, wer zwei oder mehrere hat, weiß, wie sehr es an den Nerven zehren kann – das Gezanke unter Geschwistern. Ausgerechnet die Menschen, die wir am meisten lieben, beschimpfen sich gegenseitig, schimpfen übereinander, tun sich vielleicht sogar weh, nehmen keine Rücksicht. Und Eltern sollen dabei gelassen bleiben.

Kathrin, 34, zwei Kinder (3, 1)

Ich erinnere mich an Situationen, in denen es mir schwerfiel und es mir teilweise auch nicht mehr möglich war, liebevoll und wertschätzend zu handeln. Paula war ein sehr anstrengendes Baby und hat sehr, sehr wenig geschlafen. Wenn sie wach war, hat sie sehr viel geweint. Situationen, in denen ich mich nicht so verhalten habe, wie ich es wollte, hatten wohl meistens was mit Paulas Schlaf beziehungsweise Nichtschlaf und Linas – durch ihr Alter bedingte – Unfähigkeit, leise zu sein, zu tun. Gepaart mit meiner generellen Übermüdung brachte mich das manchmal schon an oder über meine Grenzen. Es gab zwei Situationen, in denen ich Lina angeschrien habe. Das tat mir danach sehr leid, vor allem, weil ich wusste, dass sie noch so klein war und es eigentlich einfach nicht anders konnte.

Je nach eigener Biografie beziehungsweise Geschwisterrolle können hier auch Erinnerungen an die eigene Kindheit hochkommen, sodass besonders emotional reagiert wird, um ein Kind zu beschützen oder für die Gerechtigkeit zu sorgen, die man selbst früher nicht erfahren hat.

Auftritte vor Publikum

Egal, welche der genannten Verhaltensweisen Kinder an den Tag legen, vor Publikum wiegt alles noch viel schwerer für die Eltern. Ein Kind, das seinen Willensstärke im Supermarkt durch Schreien und Toben demonstriert, eines, das vor dem versammelten Kindergartenpersonal trödelt, obwohl die Mutter schon viermal auf den wichtigen Termin bei XY hingewiesen hat, eines, das im Bus »Doofe Mama!« schreit, Geschwister, die sich bei den Freunden hauen – sie alle zwingen Eltern dazu, sich vor anderen Menschen irgendwie »erzieherisch verhalten« zu müssen. Was nicht leicht ist, sich manchmal ganz schön nach Scham anfühlt und den inneren Stresspegel ansteigen lässt.

Jana, 41, verheiratet, zwei Kinder (8, 6)

Mit meinen beiden Söhnen war ich in der Stadtbücherei. Nathan, mein jüngerer Sohn, war damals vier Jahre alt, er wollte unbedingt Lego Ninjago als DVD ausleihen. Mir war die Sendung viel zu gewalttätig, ich hatte auch schon darüber recherchiert und herausgefunden, dass sie pädagogisch erst ab sieben Jahren empfohlen wird. Obwohl im Vorfeld alles besprochen und geklärt war, kam Nathan mit einer Lego-Ninjago-DVD in der Hand zu mir. Ich wiederholte meinen Text und meine Argumente. Nathan steigerte sein Betteln zu einem Schreien, bei dem er mich – durch die ganze Bücherei brüllend – als »die schlimmste Verbieterin der ganzen Welt« bezeichnete.

Es soll auch schon ältere Kinder gegeben haben, die ihre Mütter vor Publikum wissen ließen, es sei ihr Schicksal, von allen Müttern dieser Erde die blödeste erwischt zu haben.

Tja, und jeder dieser Auslöser kann Eltern so sehr an ihre Grenzen bringen, dass von Wertschätzung zeitweise nichts mehr zu spüren ist.

Vielleicht kann hier helfen, was Hans Habegger, Diplomingenieur, Transaktionsanalytiker und Coach, sagt: Es sei ein Zeichen persönlicher Reife, auch in schwierigen Situationen anderen gegenüber Wertschätzung zeigen zu können.[27]

Das Elternschicksal will es, dass wir genau diese persönliche Reife immer wieder aufs Neue unter Beweis stellen können. Und jedes Mal, wenn es uns gelungen ist, dürfen wir uns selbst ein bisschen auf die Schulter klopfen.

Welche der genannten Gründe waren bei Ihnen selbst schon schuld daran, dass Sie zu Ihrem Kind nicht so wertschätzend waren, wie Sie sich das gewünscht hätten? Kreuzen Sie bitte an! Und wenn etwas fehlt, ergänzen Sie bitte!

- ☐ Mein Kind hat mich durch sein Verhalten genervt.
- ☐ Mein Kind hat vehement etwas gefordert und nicht mehr aufgehört.
- ☐ Mein Kind war respektlos zu mir.
- ☐ Mein Kind hat sich störrisch verhalten.
- ☐ Mein Kind hat getrödelt, obwohl ich es eilig hatte.
- ☐ Mein Kind zeigte emotional extremes Verhalten, zum Beispiel Wut- oder Heulanfall.
- ☐ Mein Kind ist besonders herausfordernd.
- ☐ Mein Kind hat etwas getan, was ich für gefährlich hielt oder von dem ich Sorge hatte, dass es für andere gefährlich werden könnte.
- ☐ Mein Kind hat einem anderen Kind wehgetan.
- ☐ Mein Kind hat etwas absichtlich beschädigt.
- ☐ Mein Kind hat einem Tier wehgetan.

- ☐ Mein Kind hat gegen vereinbarte Regeln verstoßen.
- ☐ Mein Kind war im »Trotzalter«.
- ☐ Mein Kind war in der Pubertät.
- ☐ Mein Kind war in einer seelischen Krise.
- ☐ Mein Kind war psychisch krank.
- ☐ Mein Kind war schlecht in der Schule.
- ☐ Mein Kind wollte nicht in die Schule gehen.
- ☐ Meine Kinder haben sich gestritten.
- ☐ Ich habe mich durch mein Kind vor Publikum blamiert gefühlt.
- ☐ Mein Kind war für mich nicht mehr erreichbar, es war »durch« (übermüdet, überreizt).

Vielleicht hat sich nach dem Bearbeiten der beiden Tabellen in diesem Kapitel schon herauskristallisiert, was bei Ihnen, liebe Leserin, lieber Leser, die Hauptkrisenherde sind. Sollten Sie sehr viel angekreuzt haben, waren Sie einfach besonders ehrlich. Gut so! Sich und anderen etwas vorzumachen, ist nun wirklich nicht zielführend.

Wenn wir uns selbst auf die Schliche kommen und spüren, was uns immer wieder von der gewünschten Spur abbringt, ist dies ein erster Schritt zur Änderung. Jedes Mal, wenn es uns

gelingt, ist dies ein Erfolg und damit ein Grund zur Freude. Ein kleiner Denkanstoß schon mal vorab in Bezug auf diese zweite Tabelle: Versuchen Sie doch immer mal wieder, kindliche Verhaltensweisen anders zu bewerten. Zum Beispiel kann störrisches Verhalten dann eben auch als starker Wille interpretiert werden, Trödeln als die Fähigkeit, etwas in großer Ruhe zu tun. Und schon wenden sich vermeintlich negative Verhaltensweisen zu begrüßenswerten. Was die Stimmung der Eltern und damit die Gesamtsituation verbessert.

Typische elterliche Verhaltensweisen

Franziska, 36, verheiratet, zwei Kinder (3, 1)

Ein wertschätzender und liebevoller Umgang führt zu einer sicheren Bindung und einem selbstbewussten Kind. Das wünscht sich, denke ich, jede Mama für ihr Kind. Gleichzeitig, denke ich, dass auch die Grenzen, das Leiten des Kindes, ein ganz wichtiger Baustein sind. Sie geben Orientierung und helfen dem Kind, sich in der Gesellschaft zurechtzufinden. Optimalerweise findet diese Grenzsetzung natürlich in wertschätzender Art und Weise statt.

Wenn Eltern das mit der wertschätzenden Art und Weise nicht beherzigen, kann dies zwei Hauptgründe haben:

1. Eltern schalten bewusst kurzzeitig auf nicht wertschätzend um – in der Meinung und Hoffnung, ihre Kinder so stärker beeindrucken und deshalb wirksamer zum erwünschten Verhalten bewegen zu können.
2. Eltern möchten sich eigentlich anders verhalten, aber sie bekommen es nicht besser hin.

Ja, manche Eltern sind überzeugt davon, dass gelegentliches Abweichen vom wertschätzenden Weg ihrem Kind nicht schadet, andere befürchten, dass nicht wertschätzendes Verhalten dem sich entwickelnden kindlichen Selbstwertgefühl einen Knacks gibt.

In den folgenden Statements junger Erwachsener klingt beides an.

Nick, 33, verheiratet, noch kinderlos

Ob man ums Schimpfen herumkommt, weiß ich nicht. Ich vermute, es wird nicht immer reichen, die Dinge nur zu erklären. Manchmal muss eine Ansage wohl auch Eindruck machen.

Lena, 29, in einer festen Beziehung, noch kinderlos

Egal, in welchen Bereichen im Leben – man sollte immer wertschätzend mit anderen umgehen.

Ich glaube aber nicht, dass es immer nur friedlich geht. Wir sind emotional auf die Welt gekommen. So wie kleine Kinder vor Angst weinen oder vor Freude lachen, so ist es bei den Erwachsenen auch ganz natürlich, wenn sie vor Wut schimpfen oder lauter werden. Natürlich nimmt man sich vor, zunächst in einem neutralen Ton die Situation zu erklären, aber das wird vermutlich nicht immer so funktionieren.

Marie, 31, verheiratet, noch kinderlos

Ob eine Erziehung ohne Schimpfen, Strafen und Ausrasten möglich ist? Wir sind alle Menschen und ich glaube, es ist menschlich, mal zu schimpfen oder auszurasten. Wichtig dabei ist die Intensität, die

Wortwahl, die Frequenz und dass man sich danach entschuldigen kann.

Matthias, 31, in einer festen Beziehung, noch kinderlos

Dass eine Erziehung ohne Schimpfen und so weiter konsequent durchzuhalten ist, glaube ich auf keinen Fall. Und ich denke auch, dass das nicht gut wäre. Das Risiko, dass sich mein Kind negativ entwickelt, scheint mir viel größer, wenn ich grundsätzlich nicht schimpfe und einfach nur lasch bin, als die »Risiken«, die mit gelegentlichem Schimpfen einhergehen.

Charlotte, 39, verheiratet, zwei Kinder (8, 6)

Als ich noch keine Kinder hatte, habe ich mir immer gedacht, dass ich meine Kinder ganz »harmonisch« erziehe, ohne Schimpfen und ohne »Wenn ..., dann ...«. Ich dachte, dass man mit Reden alles lösen kann. So, wie man es im Fernsehen in den besten Familienserien sieht. Leider musste ich in der Praxis feststellen, dass es ohne Schimpfen und Verbote nicht geht. Als meine Jungs zum Beispiel bei einer Freundin mit deren Jungs im Keller Kartoffeln an die Wand geworfen haben und Kartoffelbrei am Katzenbaum herstellen wollten, wollte ich ihnen mit einem Freunde-Verbot einfach sagen, dass man sich so als Gast nicht verhält. Keine Ahnung, ob das richtig war, weil sie ja eigentlich nicht wussten, dass man mit Kartoffeln nicht gegen Wände wirft, dass die Flecken an der Wand überstrichen werden müssen und dass man mit einem Katzenbaum definitiv keinen Kartoffelbrei herstellen kann.

Ich kann mich auch noch gut daran erinnern, wie mein großer Sohn seine Eifersucht an seinem kleinen Bruder ausgelassen hat. Er hat ihn zum Beispiel im Urlaub einmal in die Backe gebissen, sodass der Abdruck über mehrere Tage sichtbar war. Daraufhin habe ich ihn extrem geschimpft, ihn in sein »fremdes« Zimmer gesteckt und dort musste er eine ganze Zeit lang bleiben.

In der ehrlichen Art, wie sich diese Mutter zu Verhaltensweisen bekennt, die sie sich vor Geburt ihrer Kinder so gar nicht hatte vorstellen können, erkennen sich vermutlich viele Leserinnen und Leser wieder. Im Folgenden nun die gesamte Palette elterlicher Verhaltensweisen, die mit Wertschätzung wenig zu tun haben.

Schimpfen

Würde man 100 Menschen die Frage »Wer schimpft in der Regel mit wem?« stellen, dann wäre die Antwort vermutlich 100-mal: »Eltern mit ihren Kindern.« Würde man 100 Kindern die Frage »Wie reagieren deine Eltern am häufigsten, wenn du in ihren Augen etwas nicht richtig gemacht hast?« stellen, dann wäre die Antwort vermutlich 100-mal: »Sie schimpfen.«

Von allen Erziehungsversuchen nicht wertschätzender Art dürfte das Schimpfen tatsächlich das Ranking anführen. Laut Untersuchungen schimpfen viele Eltern unzählige Male am Tag mit ihren Kindern. Es lohnt sich also, das eigene Verhalten kritisch dahingehend zu überprüfen und vielleicht sogar gelegentlich eine Strichliste anzufertigen.

Was ist Schimpfen eigentlich genau?

Wikipedia liefert Erhellendes: In der Verhaltensbiologie bezeichne es eine Form des Drohverhaltens, in der Umgangssprache sei »schimpfen« eine Bezeichnung für eine lautstarke Aktivität von Menschen, die sie vor allem bei Verärgerung an den Tag legen. Für Schimpfgegner ist Schimpfen gleichbedeutend mit verletzenden und in abwertendem Tonfall geäußerten Botschaften, die keinerlei positive, aber sehr wohl negative Folgen haben: nämlich Kummer und Beschädigung des Selbstwertgefühles aufseiten des Kindes und ein unangenehmer Nachgeschmack aufseiten der Eltern. So ist Schimpfen derzeit viel geschmäht und wird nicht nur in Büchern, sondern auch in Buchtiteln thematisiert.

Dass es unterschiedliche Ausformungen elterlichen Schimpfens gibt, legt ein Twitter-Beitrag nahe. Ihr Sohn habe sie freudig wissen lassen, so berichtet eine Mutter im Netz, immer wenn er andere Mütter schimpfen höre, denke er: *Meine Mama schimpft am nettesten.*[28]

Ganz klar, dass Schimpfen kein Ausdruck von Wertschätzung ist! Ganz klar aber auch, dass es sich nicht von einer Generation zur nächsten per Fingerschnipsen ausrotten lässt.

Drohen

Wer droht, kündigt einem anderen Menschen gegenüber eine unangenehme Maßnahme an und will ihn so beeinflussen, etwas Erwünschtes zu tun oder etwas Unerwünschtes zu lassen. Auch dies wird vermutlich seit Generationen den Kindern gegenüber praktiziert und ist vermutlich noch häufig in Gebrauch. Für den, der die Drohung in einer Stresssituation ausgesprochen hat, bleibt auch noch das Problem mit dem Wahrmachen des Angedrohten. Wenn das Angedrohte nicht stattfindet, steigt die Wahrscheinlichkeit, dass das Kind Drohungen und den Drohenden selbst nicht mehr ernst nimmt. Wenn die Drohung gegenüber dem Kind wahr gemacht wird, obwohl der Drohende längst eingesehen hat, dass sie falsch oder überzogen war, bleibt ein klägliches Gefühl.

Gerne greifen Eltern zu Wenn-dann-Drohungen. Diese sind in der pädagogischen Diskussion höchst umstritten, weil sie leicht zum Machtkampf führen. Tatsächlich aber gibt es auch im Erwachsenenleben Wenn-dann-Abfolgen in Form natürlicher Konsequenzen: Wenn ich mein Manuskript zu spät abgebe, erscheint das Buch nicht. Wenn ich nicht zur Arbeit gehe, bekomme ich Schwierigkeiten und irgendwann weniger Geld. Und wenn das Kind zu Hause sehr lange für XY braucht, bleibt weniger Zeit fürs Spielen.

Den Unterschied zwischen natürlichen Konsequenzen und willkürlichen Drohungen zu erkennen und entsprechend zu handeln, ist deshalb empfehlenswert.

Wut zeigen und schreien

Aus Not, Hilflosigkeit, Wut geboren und/oder in der Hoffnung auf Einschüchterung eingesetzt – gilt Schreien heute rein theoretisch nicht mehr als zeitgemäß. Elterliche Emotionen scheren sich darum allerdings oft wenig, sodass Schreien alles andere als ausgestorben ist.

Auch Wutausbrüche halten keiner pädagogischen Prüfung stand. Mit Kindererziehung haben sie wenig zu tun, mit dem Ablassen elterlichen Drucks sehr wohl. Solange mal »auf den Tisch geschlagen« oder »die Tür zugeknallt« wird, kann dies als Demonstration elterlicher Kraft durchgehen. Wenn die Eltern außer Kontrolle sind und dabei toben und ausrasten, wirkt dies auf die Kinder natürlich Angst auslösend. Dennoch passiert es immer wieder.

Kathrin, 34, zwei Kinder (3, 1)

Ohne Ausrasten auszukommen, wäre wünschenswert, ist aber wohl leider eher nicht möglich. Ich kenne zumindest niemanden aus meinem Freundinnenkreis, dem das nicht schon passiert ist.

Enttäuschung zeigen

Kindern die eigene Enttäuschung zu zeigen, ist eine leisere Methode als die bereits vorgestellten, aber nicht minder wirkungsvoll. Für Kinder ist das Gefühl, ihre Eltern enttäuscht zu haben, oft schlimmer als böse Worte. Denn es erzeugt Druck, Schuldgefühle und das schreckliche Gefühl, den Eltern nicht zu genügen, was das Selbstwertgefühl beschädigt. Kinder, die den Eindruck haben, ihre Eltern seien enttäuscht von ihnen, lernen nicht, bei sich zu sein, sondern auf die Würdigung von außen zu schielen. Wenn es schlecht läuft, fühlen sie sich irgendwann auf diese Außen-Würdigung angewiesen.

Constanze, 41, verheiratet, ein Kind (6)

Wenn ich überlege, ob meine Tochter unter irgendetwas leidet, was mit meinem Verhalten als Mutter zu tun hat, denke ich manchmal, dass ich viel zu ungeduldig bin und vielleicht zu viel von meiner Tochter erwarte. Sie ist ein tolles Kind, ist sehr sportlich und intelligent (so sehe ich es zumindest als Mutter), aber manchmal furchtbar verträumt und in gewissen Dingen einfach zu langsam. Die Erwartungshaltung an sie wird von uns Eltern vielleicht zu hoch gesetzt. Alles soll funktionieren, jede neue angefangene Sportart, sie soll problemlos mit allen Kindern spielen können, immerzu höflich und wohlerzogen sein, kurz gesagt: in allem funktionieren. Da sind Konfliktsituationen vorprogrammiert. Plötzlich klebt sie wieder an mir und will nicht mitmachen, oder sie sagt wieder mal nicht Danke oder Bitte zur Nachbarin, obwohl ich doch immer solchen Wert auf Höflichkeit lege. Ich glaube, in solchen Situationen merkt sie natürlich, wie enttäuscht ich bin, und nimmt es sich schon zu Herzen. Sie ist sehr ehrgeizig und wenn gewisse Dinge nicht klappen, dann ist sie nicht nur selbst sehr traurig, sondern glaubt, sie enttäuscht uns auch damit.

Entschuldigt habe ich mich schon öfter, wenn ich zu aufbrausend und laut war. Ich habe versucht, meiner Tochter zu erklären, warum es so gelaufen ist und ich so reagiert habe. Dabei fühle ich mich natürlich nicht wirklich gut. Sie sagt dann meistens, dass es ihr auch leidtut und dass sie es auf jeden Fall versteht. Dann tut es mir noch mehr leid …

Liebe entziehen

Sätze wie »Jetzt hat dich die Mama nicht mehr lieb!« oder stundenlanges Ignorieren und Schweigen stehen heute eigentlich ganz oben auf der Negativliste der pädagogischen Maßnahmen. Dennoch ist die Methode noch nicht ausgestorben. Wirkungsvoll ist sie auf jeden Fall! Das Gefühl, die Liebe der Eltern zu verlieren, ist grausam. Siehe Motivationshormon Dopamin: Wenn Anerkennung und Wertschätzung entzogen werden, spielt sich hormonell Belastendes ab. Traurigkeit, Gefühle der Sinnlosigkeit und Einsamkeit sind die Folge, im schlimmsten Fall Depressionen oder auch psychische Krisen.

Bei allem Verständnis für menschliches Versagen: Dies sollten wir Eltern uns schlichtweg verbieten!

Wegschicken, Kontakt abbrechen

So hart es manche Eltern treffen wird: Wegschicken ist der kleine Bruder des Liebesentzuges. Wen man wegschickt, mag man den dann noch? Das fragen sich zumindest Kinder, die zu hören bekommen: »Geh in dein Zimmer!«, oder: »Hau ab!«

Vermutlich ertappen sich viele Eltern dabei, die eine oder andere Variante angewendet zu haben. Auch wenn das Wegschicken nicht böse gemeint ist, löst es doch Angst bei kleinen Kindern aus. Sie sind – auch wenn sie sich den Wünschen der Eltern widersetzt haben – auf den Schutz und den sicheren Hafen, den Mama und Papa spenden, angewiesen.

Wenn es gar nicht anders geht, empfiehlt sich eine klare Ich-Botschaft, zum Beispiel so: »Ich weiß gerade nicht, was die richtige Lösung ist und was ich tun kann. Entschuldige bitte, aber ich muss kurz nach draußen gehen.«

Wer das Mittel des Wegschickens angewendet hat, sollte in ruhigen und friedlichen Momenten mit seinem Kind über die Gründe sprechen, zum Beispiel so: »Ich dachte, dass du mal in Ruhe nachdenken solltest.« Auf jeden Fall muss klargestellt werden, dass die Maßnahme nichts, aber auch gar nichts mit dem Verlust der Liebe zu tun hatte.

Strafen

Funktioniert Erziehung ohne Strafen? Dazu gibt es viele Bücher. Auch moderne Eltern schwören zum Teil noch auf Strafen.

An dieser Stelle noch mal ein Prominenter. Der Schauspieler Moritz Bleibtreu bekannte kürzlich in der Zeitschrift *BUNTE*: »Meinen Sohn erziehe ich ohne Strafen.« Auf Nachfragen präzisiert er, er glaube nicht an die Idee, dass Menschen durch Strafe Einsicht erfahren, fügt aber ehrlich hinzu, sein mittlerweile zehnjähriger Sohn kriege Ärger, wenn er Scheiße baue. Dieser Ärger finde in Form einer Standpauke statt. Ansonsten setze er sehr auf die Macht des Vorbilds. Er versuche, seinem Kind Werte wie Ehrlichkeit, Treue, Aufrichtigkeit vorzuleben, denn genau dieses Vorgelebte nehme das Kind mit.[29]

Jedem Fan von Strafen sei ans Herz gelegt, dass Menschen, die durch Strafen erzogen wurden, später oft berichten, die Regeln durch Strafen nicht besser verstanden, sondern nur gelernt zu haben, »den Eltern unterm Arm durchzulaufen«. Das leuchtet umso mehr ein, als Strafen eben keine moralische Entwicklung und wirkliche Einsicht bewirken, sondern die Angelegenheit auf der Stufe »Wer hat die Macht?« belassen. Das Vermeiden von Strafen und das Abwenden von unangenehmen Situationen stehen im Vordergrund.

Bedrohliche Mimik, Gestik, Körpersprache

Schimpfen, drohen, schreien, Wut oder Enttäuschung zeigen, Liebe entziehen, wegschicken, strafen – all dies schlägt sich mehr oder weniger in Mimik, Gestik und Körpersprache nieder. Und die entgeht den Kindern nicht. Oft wirkt der Gesichtsausdruck beängstigender als das Gesagte.

Gerti, 62, verheiratet, drei Kinder (30, 28, 23)

An dieser Stelle hat mich eines meiner Kinder im Kindergartenalter kalt erwischt und ich habe dies bis heute nicht vergessen. Irgendetwas an seinem Verhalten hatte mich empört und das sagte ich ihm auch. Allerdings war ich der Meinung, dass ich es relativ sachlich tat. »Wenn du so schaust, bist du nicht mehr meine liebe Mama!«, kam es da traurig und anklagend von dem kleinen Mann, und erst da wurde mir bewusst, was meine Mimik draufhatte.

Hemmungslos verdammen sollte man die unfreundliche Körpersprache allerdings nicht! Denn das Zeigen von Gefühlen hat auch etwas mit Authentizität zu tun. Wer wütend ist, schaut auch wütend. Wer traurig ist, dessen Körperhaltung ist anders als die eines Glücklichen. Und durch das Wahrnehmen der Gefühle anderer Menschen entwickelt sich Empathie. Da vieles in der Kommunikation der Menschen nicht nur über Sprache, sondern auch über Mimik, Gestik, Körpersprache, Tonfall … transportiert wird, können Kinder auch die Körpersignale ihres Gegenübers lesen lernen. Dabei kann eine elterliche Anleitung durch Sätze wie »Schau mein Gesicht an, ich bin sauer!« helfen.

Abschließend die ehrliche Aussage eines Vaters:

Florian, 45, verheiratet, zwei Kinder (11, 8)

Ehrlich gesagt, glaube ich, dass es nicht ohne Schimpfen geht. Okay, wenn man sich zu 100 Prozent im Griff hätte, dann vielleicht, aber für mich ist es definitiv nicht machbar. Drohungen im Sinne von »Wenn du …, dann …!« finde ich schlecht, sie bringen dich in Zugzwang, am Ende sind die angedrohten Konsequenzen meist nicht einhaltbar. Schlagen wiederum geht gar nicht, aber ich gebe zu, dass ich das besagte zweite Kind schon am Arm gepackt und ihm auch einen Klaps auf den Hintern gegeben habe. Das Interessante: Manchmal habe ich wirklich das Gefühl, dass das körperliche Eingreifen – natürlich nur, wenn dem Kind nicht wirklich wehgetan wird – wie eine Befreiung oder Rettung wirken kann, weil das Kind eben die Worte nicht mehr wahrnimmt. Das kann auch einfach sein, dass ich es festhalte und es plötzlich ganz ruhig wird und – nach einer Aussprache – wie ausgewechselt ist. Das alles bezieht sich wohlgemerkt nur auf unser zweites Kind. Wenn ich so mit dem ersten Kind umgehen würde, wäre das völlig daneben.

Es führt kein Weg daran vorbei: Manche Eltern schimpfen, drohen, schreien, zeigen Wut oder Enttäuschung, entziehen Liebe, brechen zeitweise den Kontakt ab oder strafen, weil sie sich davon eine Wirkung erhoffen. Sie tun dies also bewusst und überlegt und in guter Absicht. Und ja, manche Eltern tun all dies, ohne dass es in ihrer Absicht lag. Es passiert ihnen einfach – manchmal oder häufig –, weil sie es in der besagten Situation nicht anders hinbekommen.

Die gute Nachricht: Über Ursache 1 kann man nachdenken, man kann sich vom Gegenteil überzeugen lassen, man kann sein Verhalten ändern, auch wenn Menschen oft sehr an ihren Überzeugungen hängen. Man kann sich sagen: »Ich bin lernfähig. Ich bin flexibel. Ich überlege mir ab jetzt wertschätzende Strategien, weil ich jetzt darauf vertraue, dass es so besser geht – für mein Kind und für mich selbst.«

Die nicht ganz so gute Nachricht zu Ursache 2: Alles, was Menschen nicht bewusst tun, alles, was von Emotionen gesteuert ist, ist schwer in den Griff zu kriegen.

Aber und glücklicherweise: Jeder, der es wirklich möchte, kann an sich arbeiten, sich Zug um Zug umstellen und sich gegebenenfalls von anderen helfen lassen. Das erfordert allerdings viel Geduld mit sich selbst und die grundsätzliche Bereitschaft zum Reflektieren – über einen längeren Zeitraum.

<table>
<tr><th colspan="2">Welche der genannten Verhaltensweisen haben Sie bei sich selbst schon wahrgenommen? Kreuzen Sie bitte an! Und wenn etwas fehlt, ergänzen Sie bitte!</th></tr>
<tr><td>Ich habe, weil ich mir davon eine besondere Wirkung erhoffte, bewusst …</td><td>Ohne dass ich es wollte, ist mir der Kragen geplatzt, die Emotionen waren so stark und so habe ich …</td></tr>
<tr><td>☐ mit meinem Kind geschimpft.</td><td>☐ mit meinem Kind geschimpft.</td></tr>
<tr><td>☐ meinem Kind gedroht.</td><td>☐ meinem Kind gedroht.</td></tr>
<tr><td>☐ mein Kind angeschrien.</td><td>☐ mein Kind angeschrien.</td></tr>
<tr><td>☐ Wut gezeigt, indem ich zum Beispiel die Tür zugeschlagen habe.</td><td>☐ Wut gezeigt, indem ich zum Beispiel die Tür zugeschlagen habe.</td></tr>
<tr><td>☐ mein Kind spüren lassen, dass ich enttäuscht bin.</td><td>☐ mein Kind spüren lassen, dass ich enttäuscht bin.</td></tr>
<tr><td>☐ meinem Kind das Gefühl vermittelt, dass ich es nicht mehr lieb habe.</td><td>☐ meinem Kind das Gefühl vermittelt, dass ich es nicht mehr lieb habe.</td></tr>
<tr><td>☐ mein Kind weggeschickt und den Kontakt für einige Zeit abgebrochen.</td><td>☐ mein Kind weggeschickt und den Kontakt für einige Zeit abgebrochen.</td></tr>
<tr><td>☐ mein Kind bestraft.</td><td>☐ mein Kind bestraft.</td></tr>
</table>

☐ meine Mimik, Gestik und Körpersprache meinem Kind gegenüber eingesetzt.	☐ festgestellt, dass sich meine Mimik, Gestik und Körpersprache meinem Kind gegenüber durch negative Gefühle verändert haben.

Vielleicht sind Sie nach dem Bearbeiten dieser Tabelle zerknirscht, weil es so viele Kreuze waren. Freuen Sie sich lieber wieder über Ihre Ehrlichkeit! Dazu ist nicht jeder bereit. Viele Menschen würden sich an Ihrer Stelle in die eigene Tasche lügen. Sie tun das nicht, und das ist klasse, denn wenn Ihnen diese Ehrlichkeit als Basis für Reflexionsprozesse dient, kann alles besser werden.

Vielleicht hat sich nach dem Bearbeiten dieser Tabelle gezeigt, dass Sie einiges aus dem Repertoire der nicht so wertschätzenden Eltern-Verhaltensweisen auf Lager haben. Falls nicht: umso besser! Falls schon: Man kann daran arbeiten. Und es kann gelingen – Schritt für Schritt.

Beteiligte Gefühle

Noch einmal, weil es so zentral ist: Kinder müssen jederzeit das Gefühl haben, dass sie bedingungslos angenommen werden UND dass ihre Eltern ihnen Halt und liebevolle Führung bieten. Aber – wie schon erwähnt – auch unter Eltern, die dies bejahen, gibt es nicht wenige, die ab und zu ganz bewusst vom wertschätzenden Weg abweichen und nur noch auf Führung setzen.

Eltern, die nicht wertschätzende Verhaltensweisen gelegentlich für nötig halten

Wenn Eltern akzeptieren, dass sie – wie Jesper Juul es nennt – Leitwölfe sind, kommen sie, auch wenn sie diese Rolle noch so liebevoll wahrnehmen, auch mal in Situationen, in denen ihre Kinder ihnen nicht folgen wollen. »Nicht folgen« – das wird hier nicht als Synonym für »nicht gehorchen« verwendet, es geht also nicht um bedingungslosen und blinden Gehorsam, sondern darum, dass Kinder eben die Führungsrolle ihrer Eltern anerkennen. Tun sie dies nicht, sehen manche Erziehende im Schimpfen und kraftvolleren Auftreten eine Möglichkeit, ihren Worten Nachdruck zu verleihen.

Meine sehr persönliche Einschätzung: Wenn nicht inflationär geschimpft und auf den Tisch gehauen wird, wenn es tatsächlich die Ausnahmen sind, in denen zu solchen Mitteln gegriffen wird und wenn – das ist das Wichtigste – die Grundlage der sicheren Bindung und der Wertschätzung gegeben ist, glaube ich nicht, dass dem Kind Schaden in der Seele geschieht. Alle Gespräche, die ich zu diesem Thema – mit jungen wie alten Menschen – geführt habe, bestätigen mich in meiner Ansicht: Kinder verstehen sehr wohl, wenn Eltern ausnahmsweise mal etwas vehementer werden. Und sie verstehen es nicht nur, sondern finden es – je nach Typ – auch angemessen.

Maximilian, 22

Ich weiß, dass ich ein sehr eigenwilliger Jugendlicher war. Im Nachhinein bin ich meinen Eltern regelrecht dankbar, dass sie ab und zu auf den Tisch gehauen und auch mal weniger freundlich »Nein!« gesagt haben. Ich bin heute überzeugt davon, dass diese Form der Klarheit bei mir nötig war.

Natürlich gibt es Gegenargumente:

- dass es meist nicht bei der Ausnahme bleibt, weil es Eltern ein Höchstmaß an Selbstdisziplin abverlangt, aus der Ausnahme nicht doch wieder die Regel zu machen,
- dass es von Kind zu Kind abhängig ist, welches Erziehungsverhalten Schaden anrichtet, sprich: was bei dem einen Kind genau den nötigen Ruck auslöst, trifft das andere Kind eben doch schmerzhaft in der Seele,
- dass es bessere Methoden gibt. Hierzu gibt es in diesem Buch noch viel zu lesen.

Eltern, die sich gerne grundsätzlich wertschätzend verhalten würden – wenn da nicht die Emotionen wären

Der Facharzt für Psychiatrie, Psychotherapie und Psychoanalyse Hans-Otto Thomashoff sagt es ganz schlicht: Die Regionen in unserem Hirn, die für die Gefühle, zuständig sind, arbeiten schneller als unser Großhirn, das den Verstand steuert. Die Gefühlsregionen sind einfacher gebaut und bereits früher in der Evolution entstanden. Unser toller Verstand hat sich dann erst viel später dazugesellt.[30]

In allen Gesprächen, die ich zum Thema geführt habe, wurde dies als häufigster Grund genannt, entgegen eigener Einstellungen und Vorsätze nicht mehr wertschätzend sein zu können - das überaus schnelle Hochkochen der Emotionen, gegen das der Verstand nicht ankommt.

Lara, 37, verheiratet, drei Kinder (12, 10, 6)

Wertschätzung ist für mich einer der wichtigsten Punkte im Umgang mit meinen Kindern. Eine Erziehung ohne Schimpfen, Strafen, Ausrasten (und Schlagen) halte ich dennoch nicht für möglich, denn ich als

Mutter bin nicht perfekt, wenn ich auch anstrebe, mich zu verbessern. Ich stehe zu dem, was ich falsch gemacht habe, ich entschuldige mich bei ihnen, erkläre mich. Ein großes Tabuthema ist das Schlagen – ich bin gegen Gewalt und habe mich schon des Öfteren deswegen mit meinem Schwager gestritten, wo Schläge immer angedroht werden und sie auch ein Mittel in der Erziehung sind. Aber auch ich habe in der Wut schon einmal meine Kinder geschlagen und schäme mich deswegen, gebe es auch offen zu. Ich bin überzeugt, dass die meisten Eltern in ihrer Emotion, ja Verzweiflung dies schon mal getan haben. Schimpfen halte ich für wichtig, da es meine Emotionen zeigt, natürlich sollte es nicht zu oft sein.

Bevor ich Kinder hatte, hätte ich nie gedacht, dass es so schwierig ist, Mutter zu sein! Ich bin ja Pädagogin, aber man ist bei den eigenen Kindern verletzbarer, nimmt vieles persönlicher und reagiert viel emotionaler.

Emotional besonders schlimme Situationen waren die Wutanfälle meiner ersten Tochter mit zwei Jahren, als sie sich auf die Straße geworfen hat. Ich war müde, sie war müde. Sie hatte damals große Schlafprobleme, ist auch schlafgewandelt. Und ich hatte schon ihren Bruder, den ich nachts gestillt habe.

Zurzeit kann ich nicht wertschätzend sein, wenn meine älteste Tochter mich nicht begrüßt und mir nicht antwortet, wenn ich sie etwas frage. Auch dies löst eben starke Emotionen aus.

Welche Emotionen zu nicht wertschätzendem Verhalten führen können

Und von allen Emotionen ist es die Wut, die mit Abstand am häufigsten ihre Krallen gegen den guten Vorsatz der Erziehenden ausfährt.

Wut

In einer Umfrage konnte man lesen, dass sich die meisten Befragten zu ein bis zwei Wutausbrüchen pro Woche bekannten. Keine Ahnung, wie es bei Ihnen, liebe Leserin, lieber Leser, ist – ob Sie zu den seltenen Exemplaren gehören, die das Phänomen der eigenen Wut nicht kennen, oder zu denen, die ihr Aufkommen und Anschwellen nicht selten in sich spüren. Für alle, die die Macht der Wut und die eigene kurzzeitige Ohnmacht immer wieder am eigenen Leib erleiden, hier ein wenig Hintergrundinformation.

Warum überhaupt Wut?

Wie es aussieht, hat die Wut im Laufe der Evolution eine nicht unwichtige Rolle gespielt. Bei Wut wird der Körper in Alarmbereitschaft versetzt, die Stresshormone Adrenalin und Noradrenalin werden ausgeschüttet, Blutdruck und Puls erhöhen sich. Dies alles war eine Vorbereitung des Körpers auf Flucht oder Kampf, der Organismus setzte Energiereserven frei, die Wut ermöglichte Höchstleistungen. Nur so konnten sich unsere Vorfahren retten, wenn sie einem Feind ins Auge schauten.

Wie Menschen in Wut aussehen – zusammengezogene Augenbrauen, hochroter Kopf, Augen zu Schlitzen, Pupillen geweitet – erinnert heute zwar an ein Kind im sogenannten Trotzalter, hat früher aber dem Gegner signalisiert: Vor diesem Typen musst du auf der Hut sein!

Allerdings zählen in dieser Phase rationale Argumente nicht mehr, die Gefühle haben die Macht übernommen. Und im limbischen System unseres Gehirns, das unsere Gefühlsreaktionen steuert, geht es rund.

Obwohl wir heutzutage kaum mehr unser Leben retten müssen, indem wir Gegner einschüchtern und Kraftreserven aktivieren, steckt uns dies noch in den Knochen.

Wut als ein normales und erlaubtes Gefühl

Wut gilt als ein Gefühl, das Energie freisetzen kann, dessen man sich nicht schämen muss, das auch eine positive Kraft sein kann, die Menschen dazu verhilft, endlich Dinge zu tun und zur Sprache zu bringen, an denen sie sich stören.

Wut im Umgang mit Kindern

Kinder schaffen es immer wieder, Erwachsene, und vor allem die geliebten, das heißt die ihnen sicher verbundenen Eltern, zu provozieren. Laut Thomashoff locken unsere Kinder absolut sämtliche Gefühle aus uns Eltern heraus. Seine tröstliche Folgerung: Es sei so was von normal, wenn unsere Kinder uns ab und zu so richtig wütend machen. Wie dies passieren kann, konnte man weiter vorne nachlesen.

Dass Eltern nicht immer nett und verständnisvoll bleiben können, ist also klar. Ein seltener (!) und kurzer (!) Wutanfall kann da schon mal die Wirkung eines reinigenden Gewitters haben. Die meisten Eltern sind in der Lage, trotz der Wut nicht zur Bedrohung für ihre Kinder zu werden. Genau dies, nämlich dass Kinder ihre Eltern nicht als Bedrohung empfinden, ist grundsätzlich wichtig, auch wenn es eben nicht immer gelingt.

Marion Hirsekorn beschreibt ihre Wahrnehmung so:

> **Viele Eltern können nicht zu dem Anteil »wütend« in sich stehen. Sie meinen, sie müssen ihr Verhalten immer unter Kontrolle haben. Wenn sie die Kontrolle verlieren, machen sie sich als ganze erziehende Person klein und demütigen sich.**[31]

Wichtig ist, dass Eltern ihre eigenen Gefühle wahrnehmen, verstehen, akzeptieren und darüber reflektieren, wie sie mit ihnen in Zukunft am besten umgehen können. Denn gerade, wenn die Wut zu lange unterdrückt wird, kann sie gefährlich werden.

Fragen, die Eltern nach einer Wutsituation weiterbringen, können zum Beispiel sein:

- Was war der ganz konkrete Anlass, dass ich so wütend wurde? War es das kindliche Verhalten oder war ich selbst – ehrlich gesagt – vor dem Wutausbruch schon schlecht drauf?
- War mein Kind vielleicht gerade selbst müde oder einfach schlecht drauf und hat seinen eigenen Frust an mir ausgelassen, ohne mich zu meinen?
- Sollte ich besser für mich und damit dafür sorgen, dass mein Kind nicht unter meiner Anspannung leiden muss?
- Passiert mir das öfters oder war es tatsächlich die berühmte Ausnahme?

Achtung, Wut kann schädlich sein!

Auch wenn Wut ein legitimes menschliches Gefühl ist, kann sie schädlich sein. Zum einen kann der Schaden die eigene Person treffen, denn wer zu oft in Wut gerät, treibt den eigenen Blutdruck ungesund in die Höhe und schädigt seine Herzkranzgefäße. Zum andern verlieren Menschen, die allzu oft Wutanfälle bekommen, mehr und mehr die Achtung vor sich selbst und die Achtung der anderen, sodass ihr Selbstwertgefühl beschädigt wird. Und schließlich kann Wut in Gewalt umschlagen, allerdings nur dann, wenn Kontrollmechanismen versagen, die dies eigentlich verhindern sollten. Psychische Störungen wie Psychosen, das Borderlinesyndrom, die antisoziale Persönlichkeitsstörung oder das posttraumatische Belastungssyndrom steigern das Wutrisiko.

Hilfe bei Wut

Wer spürt, dass die eigenen Emotionen außergewöhnlich schnell, heftig und oft hochkochen, und wer der Tatsache ins Auge sehen muss, dass er seine Wut manchmal nicht kontrollieren kann, muss den Mut haben, professionelle Hilfe in Anspruch zu nehmen. Hierzu mehr in Kapitel 4.

Scham

Auch Scham ist ein sehr altes Gefühl. Man bezeichnet es als soziale Emotion, also ein erlerntes Gefühl. So gibt es Menschen, denen es ziemlich egal ist, was andere von ihnen denken. Und es gibt solche, deren Dauerbegleiter die Gefühle der Scham und Schmach sind, ja die sie schon herbeifürchten: »Ich habe solche Angst, mich vor anderen zu blamieren.«

Dies hat mit der eigenen Kultur zu tun, aber auch mit der Art, wie und mit welchen Rollenvorbildern sie selbst groß geworden sind. Auch das Selbstwertgefühl ist beteiligt.

Wenn Menschen, denen es ein Graus ist, vor anderen schlecht dazustehen, nun zu Eltern werden, geraten sie immer wieder in Situationen, in denen sie sich von ihren Kindern so richtig schön vorgeführt fühlen. Und was Menschen tun, wenn sie sich lächerlich gemacht fühlen, ist nicht unbedingt nett. Dies gilt auch für Eltern!

Enttäuschung

Die Enttäuschung ist ein Gefühl, das eintritt, wenn sich eine Hoffnung nicht erfüllt hat. Gerade in die Menschen, die uns besonders wichtig sind, setzen wir Menschen auch besonders große Hoffnungen. Leider gilt der Satz »Konkrete Hoffnung wird konkret enttäuscht.« Und selbst wer diese Tatsache längst verstanden hat, wird Opfer des so intensiv empfundenen Gefühls der Enttäuschung. Leider löst auch die Enttäuschung nicht unbedingt sympathische Verhaltensweisen aus.

Fatal: Für Kinder ist es besonders schlimm, wenn ihre Eltern enttäuscht von ihnen sind.

Angst

Angst ist ein Grundgefühl, dem man sich schwer entziehen und dem man mit Vernunft schlecht beikommen kann. Sie ist stärker als Sorge und bringt gerade auch Eltern an ihre Grenzen, wenn es um Bedrohung der eigenen geliebten Kinder geht. Nur leider sehen Kinder das mit Gefahr und Bedrohung oft ganz anders als ihre Eltern. Und schon ist die Eskalation nahe. Ob es darum geht, dass der Dreijährige die schöne, rote Beere unbedingt essen will, die total giftig ist, oder ob der Pubertierende sich die Nacht über mit seinen Freunden in der Stadt vergnügen will – Eltern stoßen hier leicht an die Grenzen ihrer Gelassenheit und Wertschätzung.

Hilflosigkeit

Hilflosigkeit ist ein Gefühl, das viel mit Ohnmacht zu tun hat. »Ich weiß einfach nicht, was ich jetzt tun soll.« – Wer kennt dieses Gefühl nicht?! Wenn es durchs eigene Kind ausgelöst wird, kann sich das sehr unangenehm anfühlen, so klein gemacht, so in die Ecke getrieben worden zu sein. Die Folge ist dann eben oft ein Verhalten, das nicht mehr viel mit Wertschätzung zu tun hat.

Individuelle Faktoren

Ob Eltern nun bewusst oder gegen ihren Willen ab und zu die Wertschätzung in die Ecke verbannen – die folgenden Punkte können auf beide zutreffen. Menschen sind nun mal unterschiedlich. Auf Eltern bezogen, bedeutet dies zum einen, dass sie auch – ohne den Druck der Emotionen – unterschiedlich bewerten, was am Verhalten ihrer Kinder schlimm ist, wo sie einschreiten müssen, wo sie sozusagen auf den Tisch hauen müssen. Und es bedeutet zum anderen, dass sich ihre

Emotionen unterschiedlich stark bemerkbar machen. So dauert es bei den einen viel länger als bei den anderen, bis das Fass überläuft, aber dass es gelegentlich überläuft, scheint ziemlich weitverbreitet zu sein.

Im Folgenden zunächst der Bericht einer Mutter, der es meist gelingt, ihren Kindern gegenüber gelassen und wertschätzend zu sein.

Jana, 41, verheiratet, zwei Kinder (8, 6)

Wertschätzung in der Erziehung ist mir sehr wichtig. Schon bevor ich Kinder hatte, war mir klar, dass ich voller Wertschätzung, ohne Strafen und körperliche Übergriffe erziehen möchte.

Dennoch gibt es jetzt Situationen, in denen es mir nicht ganz leichtfällt, gelassen zu bleiben, zum Beispiel wenn die Kinder nicht aufhören, obwohl ich schon in unterschiedlichen Nuancen und Steigerungsstufen auf sie einrede, dass sie etwas unterlassen sollen, meistens: voneinander ablassen.

An eine Situation, in der ich überhaupt nicht mehr wertschätzend sein konnte, erinnere ich mich noch gut. Als der Ältere ungefähr vier Jahre alt war, voller Testosteron und in vielen Situationen ungesteuert und überreizt, hatte er von einem Verkleidungskindergeburtstag noch ein Darth-Vader-Kostüm *(Star Wars)*. Wir wollten als Familie auf einen Faschingsball gehen und er unbedingt dieses Kostüm anziehen. Psychologisch habe ich schon durchschaut, warum: Unsicherheit in fremden Situationen, Ungewissheit, wo er sich in der großen und neuen Gruppe positionieren kann und soll. Diese wird durch eine Verlängerung der Macht und Stärkung der Macht via Kostüm überspielt oder ausgeglichen. Er war schon vor dem Ball so aufgeregt und überdreht, dass ich ganz kirre war und auf ihn eingeredet habe wegen des Kostüms. Er war überzeugt, dass Darth Vader das Nonplusultra ist. Und da habe ich zu ihm gesagt: »Darth Vader ist ein Arschloch!«

Was mich im Nachhinein jedes Mal belastet: wenn ich ungeduldig, gereizt oder laut reagiert habe. Und genau darunter, nämlich unter dem Lauten, leiden die Kinder, da ich in der Regel die Situationen ruhig löse.

Temperament und Wesensart

Abhängig ist die Häufigkeit vermutlich zum einen vom Temperament und von der Wesensart der zu Eltern gewordenen Menschen. Wer von klein auf impulsiv durchs Leben geht, tickt auch bei seinen Kindern schneller aus. Wer eher ängstlich ist, lebt dies auch bei seinem Nachwuchs aus. Wer sich schon immer leicht geschämt hat, wird dies vermutlich auch im Zusammenleben mit seinen Kindern tun.

Kultur

Zum anderen spielt auch die Kultur eine Rolle. Es gibt sogenannte Schamkulturen, in denen es als besonders schlimm empfunden wird, vor anderen Menschen die Ehre, »das Gesicht« zu verlieren. Auch so etwas wie Zorn und Wut wird je nach Kulturkreis unterschiedlich bewertet. Kommen die Eltern aus einer Kultur, in der es emotional hoch hergeht, folgt einem Wutausbruch oft schnell auch wieder ein Herzen und Küssen.

Persönliche Knackpunkte

Und natürlich hat jeder Mensch seine ganz persönlichen Knackpunkte, an denen er besonders empfindlich ist. Wer nicht gut verlieren kann, kann dies auch nicht im Zusammenleben mit seinen Kindern. Wer gerne seine Ruhe hat, empfindet eine Störung dieser Ruhe auch durch die eigenen Kinder als lästig. Wer das Lachen des Gegenübers schnell als Auslachen interpretiert, läuft auch beim eigenen Kind Gefahr, dies zu tun.

Beruhigend, dass Jesper Juul hier eindeutig Stellung bezieht: Kinder und Jugendliche, so sagt er, müssen ein paar Macken ihrer Eltern durchaus aushalten – so wie Eltern dies mit denen ihrer Kinder müssen.

Kein Rollenvorbild für wertschätzendes Verhalten

Wie sehr wir Menschen am Modell lernen, ist immer wieder beeindruckend nachgewiesen worden. Dass Verhalten abfärbt, muss nicht nachgewiesen werden, sondern spüren wir alle – bei unseren eigenen Kindern, in der Schule, unter uns Erwachsenen.

Wer also selbst kein wertschätzendes Verhalten erlebt hat, hat nicht nur schmerzhaft darunter gelitten, sondern dem fehlt auch das entsprechende Modell, an dem er lernen konnte. Er verhält sich nicht wertschätzend, weil ihm einfach nichts anderes einfällt, wie das anstehende Problem gelöst werden könnte. Dies ist verbunden mit einem Gefühl der Hilflosigkeit: *Meine Güte, wie soll ich meine Kinder auf andere Art und Weise gesund, anständig und lebenstauglich groß kriegen?*

Und wer aktuell von Menschen umgeben ist, die wenig wertschätzend erziehen, läuft Gefahr, sich – ohne es zu wollen – beeinflussen zu lassen. Wenn die eigene Schwester als Mutter immer wieder mit »Wenn du jetzt nicht ..., dann ...« droht, dann kann es schon mal sein, dass diese sprachliche Drohgebärde übernommen wird. Wenn das befreundete Ehepaar immer wieder abwertende Sprüche, die als witzig verkauft werden, abspult, muss man aufpassen, dass man innerlich dagegenhält.

Fehlendes Bewusstsein der Negativwirkungen

Menschen, die nichts weiter mit Psychologie am Hut haben, äußern sich schon mal abfällig: »Was soll das Gerede mit dem Selbstwertgefühl? Jeder Mensch muss aushalten, dass man ihn mal runtermacht.«

Aber auch wer nicht spöttisch auf Psychologisches blickt, ist sich womöglich mancher Dinge nicht bewusst, die durch elterliche Worte und Handlungen verbockt werden können, zum Beispiel dass Kinder eben tatsächlich unter Dauer-Zurechtweisungen leiden.

Druck und das Gefühl, gesellschaftliche Erwartungen erfüllen zu müssen

Manche Eltern berichten, dass sie sich ständig unter Druck fühlen: *Mache ich alles richtig? Bin ich erfolgreich genug? Führe ich meine Partnerschaft gut genug? Bereite ich meine Kinder gut genug auf die Welt von heute und morgen vor?* Auch die Last der Erwartung anderer lastet auf ihnen: *Wie sollte ich das alles nach der Meinung meiner Eltern lösen? Wie nach der unseres Freundeskreises?* Und so erwarten die, die selbst so viel belastende Erwartung fühlen, von ihren Kindern auch ständig etwas, zum Beispiel angepasstes Verhalten, schulischen Erfolg, was – alles zusammen – dazu führt, dass die Wertschätzung den Kindern gegenüber manchmal oder häufig zu kurz kommt.

Macht der Tradition

Manche Eltern lassen sich bewusst oder unbewusst von dem leiten, was von früher her propagiert wird, so nach dem Motto »Was man schon immer so gemacht hat, kann nicht schlecht sein!«. Manche merken es selbst nicht, wie sehr sie sich an der Vergangenheit orientieren. Zusätzlich vermitteln oft Personen – nicht selten die eigenen Eltern oder Schwiegereltern – das Gefühl, das habe man immer schon so gemacht und das sei gut so.

Elternschatten

Die Art der Erziehung, die Menschen selbst genossen haben, beeinflusst sie mehr, als manchen lieb ist. Dies hat sich in den zahlreichen Gesprächen zu meinem Buch *Wie meine Eltern? Mütter und Väter denken über ihren Eltern-Schatten nach* immer wieder bestätigt.

Die einen orientieren sich dabei stark an der Erziehung, die sie selbst als Kinder genossen und als positiv empfunden haben – wie die folgenden beiden kleinen Statements zeigen.

Marie, 31, verheiratet, noch kinderlos

Wahrscheinlich würde ich meine Kinder ähnlich wie meine Eltern erziehen (locker, fürsorglich, liberal), aber auch in manchen Punkten abweichen, zum Beispiel mehr Wert auf Selbstständigkeit und Sport legen. Sehr wichtig ist mir, dass das Kind sich wertgeschätzt und geliebt fühlt.

Matthias, 31, in einer festen Beziehung, noch kinderlos

Wenn ich darüber nachdenke, wie ich mein Kind mal erziehe, sofern ich eines haben werde, kommt mir immer Folgendes in den Sinn – keine Ahnung, ob sich so was mit Erziehung erreichen lässt: Weltoffen und tolerant ist mir sehr wichtig. Immer für die Schwächeren stehen. Falls es Geschwister gibt, ist es mir extrem wichtig, dass die sich gut verstehen und füreinander da sind. Dass man über Gefühle sprechen kann und dass sie wissen, dass sie mit allem, also wirklich allem, zu mir kommen können. Alles so, wie ich das von meiner Familie kenne.

Andere machen es bewusst ganz anders als ihre Eltern.

Gül, 27, verheiratet, zwei Kinder (6, 0)

Die Wertschätzung und Freundlichkeit finde ich in der Erziehung sehr wichtig, da ich denke, wenn man als Eltern zu den Kindern freundlich ist, sind die Kinder auch freundlich zu anderen Personen. Es gibt natürlich Momente, wo ich mich entschuldige. Ich fühle mich dann ein bisschen schuldig und denke über mein eigenes Verhalten nach. Mein Verhalten hat – glaube ich – auch damit zu tun, was ich so alles in der Kindheit erlebt habe. Ich will nicht, dass meine Kinder das auch so fühlen, was mir immer so gefehlt hat.

Kathrin, 34, zwei Kinder (3, 1)

Mir ist es auf jeden Fall wichtig, mich bei meinen Kindern zu entschuldigen. Ich kenne das aus meiner Kindheit nicht, dass sich Eltern auch mal entschuldigen. Ich habe mir aber schon »immer« gedacht, dass ich das anders machen möchte. Eltern machen natürlich auch Fehler – warum sich dann nicht auch entschuldigen? Außerdem tut es gut, sich zu entschuldigen, und aus meiner Erfahrung nehmen die Kinder es liebend gerne an.

Manchmal gerät der Versuch, sich vom Erziehungsvorbild der Eltern zu lösen, auch zu krampfhaft. Und manchmal wird bewusst das positiv erlebte Erziehungsverhalten der eigenen Eltern nachgeahmt, aber übersehen, dass die eigenen Kinder anders sind und in einer anderen Zeit leben als man selbst.

Viele aber geraten in das Erziehungsfahrwasser ihrer Eltern, selbst dann, wenn sie sich von der Vernunft her längst davon distanziert haben.

Eylem, 40, vier Kinder (19, 17, 8, 5)

In der Arbeit verhalte ich mich grundsätzlich so, wie ich es gelernt habe, ich bin gelassen und wertschätzend, aber bei meinen eigenen Kindern klappt es eben nicht immer. Theoretisch ist es sicher möglich, ohne Schimpfen, Strafen und so weiter zu erziehen, in der Realität leider nicht so. Ich kann hier nur von mir und meiner Umgebung sprechen. Es gelingt uns leider nicht, unsere Kinder ohne Tadel und ohne Strafe zu erziehen – ganz einfach deshalb, weil wir es selbst nicht gesehen haben. Das ist so in der Seele verankert! Bei Stresssituationen kann ich nicht mehr gesund denken und reagieren, ich handle nicht so, wie ich es inzwischen, auch in meiner Ausbildung zur Erzieherin, gelernt habe, sondern über meine Gefühle.

Übrigens gibt es bis heute Situationen, in denen es mir besonders schwerfällt, wertschätzend zu bleiben. Und es ist immer dasselbe: Respektlosigkeit! Da habe ich noch immer keine Geduld, das hat sich mir so eingeprägt von meiner eigenen Kindheit, der Gehorsam war – besonders bei meinem Vater – einfach das A und O. Wenn mir das Verhalten meiner Kinder also respektlos vorkommt, wenn sie das paraverbal, also zum Beispiel mit ihrer Stimmlage, ihrer Lautstärke und ihrer Sprachmelodie, aber auch nonverbal, also zum Beispiel mit ihrem Gesichtsausdruck und ihrer Körperhaltung, und natürlich verbal, also mit Worten, rüberbringen, dann kann ich es noch immer schwer dulden, ich werde sofort aggressiv, hart und streng. Es kann sogar sein, dass ich sie beleidige. Und das tue ich, obwohl ich Erzieherin bin, die davon überzeugt ist, dass es falsch ist, sich so zu verhalten. Wie paradox das ist: Wenn ich meine Kinder beleidige, wo bleibt da mein Respekt vor Kindern? Ich kann das reflektieren, ich kann immer wieder darüber nachdenken, aber ich lebe es selber nicht vor, denn in der Situation benutze ich nicht mehr mein Hirn und mein neu gelerntes Wissen. Es braucht ganz offensichtlich viel Übung, bis man anders wird.

Exkurs: Unterschied professionelles Erziehen – elterliches Erziehen

Eine kleiner Exkurs zu einem Thema, das mir – gerade auch bei der Recherche zu diesem Buch – immer wieder begegnet ist: Menschen, die von Berufs wegen erziehen, Erzieher*innen, Lehrer*innen, Sozialpädagog*innen …, schaffen es oft wunderbar, ihren jungen Schützlingen gegenüber wertschätzend aufzutreten, bekommen es aber beim eigenen Nachwuchs nicht so hin, wie sie sich das wünschen würden.

Das fiel mir auch bei mir selbst auf, ja ernüchterte mich: War ich nicht als junges Mädchen und dann als junge Frau immer für meine Geduld gepriesen worden, hatte ich nicht mit Kindern und Jugendlichen jeden Alters gelassen umgehen können?! Und warum platzte mir dann bei jedem meiner eigenen drei Kinder immer wieder der Kragen? Warum gingen mir Dinge auf und an die Nerven, die mich bei meinen Schülern nur ein großzügiges Lächeln kosteten?

Wer das erste Kapitel aufmerksam gelesen hat, erfuhr von Jean-Jacques Rousseau und Johann Heinrich Pestalozzi, die beide wegweisende Pädagogen waren, aber mit ihren eigenen Kindern nicht zurechtkamen. Auch der ehrliche Bericht von Eylem zeigt deutlich diese Diskrepanz.

Vermutlich müssen wir uns damit abfinden, dass uns über die größere emotionale Nähe und die größeren Hoffnungen, die uns mit eigenen Kindern verbinden, eine gehörige Portion Gelassenheit abhandenkommt.

Eigene Kindheit

Und natürlich hat die Neigung, vor Wut auszuticken, vor Scham im Boden zu versinken, vor Enttäuschung weinen zu wollen und unter Angst oder Hilflosigkeit regelrecht zu leiden, auch mit den Wunden zu tun, die einem das Leben schon geschlagen hat – vor allem in der Kindheit, vor allem durch die eigenen Eltern.

Demütigungen, Abwertungen, emotionale Distanz, unsichere Bindung, weitere schmerzhafte Erfahrungen – so vieles kann schuld daran sein, dass Menschen mit ihren Emotionen nicht gut zurechtkommen. Gerade wer nicht gelernt hat, sich selbst in seinem So-Sein anzunehmen, kann auch schlecht andere in ihrem So-Sein annehmen.

Thomashoff empfiehlt Eltern, bewusst über die eigene Kindheit nachzudenken, vor allem auch darüber, was gut und was nicht gut war. Natürlich darf es nicht beim Nachdenken bleiben.

Emotionale Instabilität

Eltern, die selbst seelisch nicht stabil sind, haben es besonders schwer, ihren Kindern gegenüber wertschätzend zu agieren. Wenn das Instabile nur eine Phase, ausgelöst durch Stress, Kummer oder Trauer ist, wird vermutlich nicht allzu viel Unheil angerichtet. Gerade wenn Eltern ihren Kindern gegenüber offen sind, reagieren diese oft erstaunlich großzügig und nachsichtig. Wenn das Instabile aber dauerhaft auftritt, müssen sich Eltern professionell helfen lassen, siehe Kapitel 4.

Welche der genannten Punkte könnten bei Ihnen verursachen, dass Sie nicht wertschätzend oder nicht klar sein können? Kreuzen Sie bitte an! Und wenn etwas fehlt, ergänzen Sie bitte!

- ☐ Ich bin der Meinung, dass es ab und zu nötig ist, nicht wertschätzend gegenüber dem Kind zu sein.
- ☐ Ich war einmal oder mehrmals so wütend, dass ich nicht mehr wertschätzend sein konnte.
- ☐ Ich habe mich einmal oder mehrmals so geschämt, dass ich nicht mehr wertschätzend sein konnte.
- ☐ Ich war einmal oder mehrmals so voller Angst, dass ich nicht mehr wertschätzend sein konnte.
- ☐ Ich habe mich einmal oder mehrmals so hilflos gefühlt, dass ich nicht mehr wertschätzend sein konnte.
- ☐ Es kann sein, dass mein Verhalten einer persönlichen Schwäche von mir geschuldet ist, die nichts mit meinem Kind zu tun hat.
- ☐ Es kann sein, dass mein Verhalten etwas mit meiner eigenen Kindheit zu tun hatte.
- ☐ Ich wusste einfach nicht, wie ich die Situation sonst hätte lösen können.
- ☐ Ich habe einfach nicht daran gedacht, dass es meinem Kind schaden könnte, wenn ich mich nicht wertschätzend oder nicht klar verhalte.
- ☐ Ich habe in meiner Umgebung keine oder wenige Menschen, die Rollenvorbilder hinsichtlich Wertschätzung und klarer Führung sein können.

- [ ] Ich fühle mich unter Druck, was das Verhalten meines Kindes betrifft.
- [ ] Ich hänge am Herkömmlichen und/oder höre immer wieder, dass das Erziehungsverhalten von früher nicht so falsch gewesen sein kann.
- [ ] Es kann gut sein, dass ich meinen erzieherischen Elternschatten, das heißt das Erziehungsverhalten meiner eigenen Eltern, verarbeite.

Alles, was Sie angekreuzt haben, ist verständlich. Es gibt nichts, wofür Sie sich schämen müssten! Schade wäre es nur, wenn Sie sich nicht mit den angekreuzten Punkten auseinandersetzen würden. Denn dann würden Sie auf die Chance verzichten, Ihr Familien-, Ihr Seelenleben und das Ihrer Kinder noch besser werden zu lassen.

Mit der ehrlichen Beantwortung dieses Fragenkatalogs haben Sie einen weiteren Schritt in Richtung »mehr Wertschätzung UND mehr klare Führung« getan. Sie spüren jetzt vermutlich schon viel besser, wo *Sie* ganz persönlich ansetzen können.

KAPITEL 4

Vorbeugen ist besser als heilen – wie Eltern so manche herausfordernde Situation verhindern können

Friedrich Schiller, Dichter und Philosoph (1759–1805)

Der kluge Mann baut vor.

In diesem Kapitel findet sich nun eine Fülle von Anregungen, die vorbeugend dabei helfen können, dass Eltern das mit der Wertschätzung UND der klaren Führung besser hinbekommen. Selbstverständlich muss nicht jede Anregung aufgegriffen und befolgt werden. Jeder kann sich herauspicken, was ihm für sich, seine persönliche Situation und seine Kinder am passendsten erscheint.

Über die Kapitel 1 bis 3 dieses Buches reflektieren

Alles, was bisher in diesem Buch zu lesen war, ist nicht nur Information, sondern Denkanstoß. Alles kann dazu beitragen, dass Eltern sich Gedanken machen – über ihr eigenes Erziehungsverhalten, über das ihrer Eltern, über alles, was eine wertschätzende UND klare Erziehung schwierig macht, und nicht zuletzt über die eigenen Kinder und das angemessene Verhalten mit ihnen. Wer bereit ist, die vorhergehenden drei Kapitel immer wieder als Anlass zum intensiven Nachdenken zu nutzen, der beugt automatisch vor, denn er macht sich viele wichtige Gedanken.

Sinnvolle Fragen für Eltern:
Wo erkenne ich mich wieder?
Was mache ich schon richtig gut?
Wo möchte/kann ich etwas ändern?

Stets die zentrale Bedeutung von Bindung, emotionaler Nähe und Vertrauen im Auge haben

Der leider schon 2011 verstorbene Pädagoge und Familientherapeut Wolfgang Bergmann sagte, dass Kinder sich nach guten Autoritäten sehnen. Das Fundament für Stabilität im Leben seien verlässliche und liebevoll-fürsorgliche Eltern.[32] Jesper Juul wiederum brachte ganz klar und beruhigend zum Ausdruck, dass der äußere Rahmen nicht so wichtig sei, solange man sich für die Menschen wertvoll fühle, mit denen man zusammenlebt. Man könne dann miteinander streiten, lachen und weinen, jeder könne er selbst sein. Wenn wir Eltern das ernst nehmen, können wir gar nicht so viel falsch machen.[33]

Dies erfährt auch, wer mit jungen erwachsenen Menschen über ihre Erziehung und ihre Beziehung zu ihren Eltern spricht. Traurigkeit, Empörung, Verbitterung, Wut kommt bei denen nicht vor, die genau dies gespürt haben: emotionale Nähe und Verlässlichkeit.

Hier blickt ein junger Mann voller Wertschätzung auf die Art zurück, wie seine Eltern ihn erzogen haben. Und gleichzeitig wagt er einen Blick nach vorne voller Zuversicht.

Frank, 20

Ich erinnere mich an mehrere Situationen, in denen ich trotz vorheriger Absprache abends den Fernseher laufen hatte, obwohl am nächsten Tag wieder Schule war. Infolgedessen war der Fernseher bald von meinem eigenen Zimmer in den Keller verschwunden. Ich habe sehr schnell bemerkt, wie oft ich tatsächlich vor dem TV saß. Nach den Hausaufgaben, abends vor dem Schlafengehen gab es plötzlich keine Unterhaltung mehr auf Knopfdruck. Das war anfangs sehr schwierig, weil ich manchmal lieber Zeit in Ruhe in meinem Zimmer verbracht habe, als etwa rauszugehen bei schönem Wetter.

Im Grunde habe ich es immer verstanden, warum und wofür ich geschimpft wurde. Das Risiko und die Konsequenzen für das zu lange Fernsehen waren mir auch zu jeder Zeit bewusst. Mir wurde immer erklärt, warum etwas zu tun oder zu lassen ist.

Eine Situation ist mir noch gut in Erinnerung: Selten habe ich meine Mutter so verzweifelt erlebt wie an dem Tag, als meinetwegen eine Rechnung über mehrere Tausend Euro im Briefkasten lag. Das hat auch mich sehr getroffen, schließlich war es keine Absicht, meine Mutter wusste aber nicht mehr weiter. Es ist grundsätzlich keine gute Idee, seine realen Daten an zwielichtige Onlinedienste zu geben. Zum Glück konnte meine Mutter das wieder zum Guten wenden. Eine Weile lang wütend war sie trotzdem – zu Recht.

Ich habe mich in der Erziehung meiner Eltern eigentlich immer sehr wohlgefühlt. Ich hatte meine Freiheiten, die ich zum Großteil auch nicht ausgenutzt habe, da ich spätestens nach dem Erlebnis mit dem Fernseher wusste, dass sie mir sonst entzogen werden würden. In diesem Sinne würde ich wohl sehr ähnlich erziehen.

Solch einen Entzug braucht es vielleicht hin und wieder. Erziehung ohne Schimpfen und Bestrafen ist meiner Meinung nach deshalb nicht unbedingt sinnvoll, weil Kinder ihren Medienkonsum oder ihr sonstiges Verhalten manchmal nur schwer selbst einschätzen können. Mittlerweile, behaupte ich, spreche ich aus Erfahrung. Ich bezweifle, dass ich diesen Konsum mit Schlägen als Strafe besser hätte einschätzen können. Ich bin für eine gewaltfreie Bestrafung, die der jeweiligen Sache entspricht.

Wertschätzung wäre mir auch als Vater ein sehr wichtiger Teil in der Erziehung. Ich denke, wenn ich einem Kind das Gefühl von Wertschätzung bieten kann, erhalte ich sie auch zurück. Dadurch fallen der gegenseitige Umgang und der Respekt in der Eltern-Kind-Beziehung doch bestimmt viel leichter. Ich kann mir aber vorstellen, selbst mal an meine Grenzen zu kommen, wenn mein entgegengebrachtes Vertrauen wiederholt und absichtlich zum eigenen Vorteil ausgenutzt wird. Insgesamt bin ich aber ein Befürworter von Gelassenheit. Auch in der Erziehung. Ich denke, Erziehung kann mit und ohne »laut werden« funktionieren. Solange ein Kind nicht vor ständigen Ausbrüchen Angst haben muss.

Wichtig und beruhigend:

Wenn wir von klein auf eine sichere Bindung zu unseren Kindern aufbauen, wenn wir emotionale Nähe nicht nur zulassen, sondern fördern, wenn wir unseren Kindern Zuwendung und Wertschätzung schenken, wenn wir somit für großes Vertrauen unserer Kinder sorgen, dann …

… können sie auf dieser Grundlage wunderbar gedeihen und

… können wir selbst immer wieder Fehler machen, ohne dass unsere Kinder uns dies übel oder selbst daran Schaden nehmen.

Letzteres ist natürlich kein Freibrief für bewusste Kränkungen, Abwertungen, Demütigungen oder gar Entwertungen.

Stets die zentrale Bedeutung der Vorbildwirkung im Auge haben

»Wir brauchen unsere Kinder nicht erziehen, sie machen uns sowieso alles nach«, hat der Komiker Karl Valentin so treffend und fast schon resignierend festgestellt.

Umgekehrt bedeutet dies ja auch etwas sehr, sehr Mut Machendes: Wir Eltern haben jeden Tag zu jeder Sekunde die Möglichkeit, durch ein gutes Vorbild herausfordernden Situationen vorzubeugen. Wenn unsere Kinder an uns miterleben, dass man achtsam mit Menschen, Tieren und Dingen umgeht, können sie gar nicht anders, als uns nachzuahmen. Wenn sie an uns erleben, wie Regeln ernst genommen werden, treten sie in unsere Fußstapfen.

Wenn wir uns zumindest bemühen, unseren Kindern sooft wie möglich ein gutes Vorbild in puncto Wertschätzung zu sein, wird dies Früchte tragen.

Sich um Klarheit in puncto Grenzen bemühen

Meiner Wahrnehmung nach gibt es für Eltern in Bezug auf Grenzen zwei Hauptherausforderungen:

1. Woher weiß ich, welche Richtlinien und Grenzen es wert sind, dass ich sie dem Kind klar vermittle?
2. Wie soll ich mich verhalten, wenn die von mir klar gesetzten Grenzen vom Kind nicht eingehalten werden?

Welche Grenzen sollen gesetzt werden?

Diese Frage ist für viele Eltern nicht leicht zu beantworten. Zunächst einmal: Ganz bestimmt muss es Grenzen nicht einfach deshalb geben, weil »Grenzen Kindern noch nie geschadet haben«, weil Kinder die Macht der Erwachsenen spüren müssen!

Verantwortung für das Kind

Nein, manche Grenzen ergeben sich schlichtweg aus dem Wohlbefinden des Kindes. Wenn ich weiß, dass dem Kind langfristig Schaden durch eine bestimmte Art der Ernährung geschieht, muss ich als Mutter und/oder Vater dagegenhalten – auch wenn das Kind heftig protestiert. Wir Eltern tragen nun mal die Verantwortung.

Dasselbe gilt, wenn ich begründete Sorge habe, dass mein Kind sich in große Gefahr begibt – auch wenn das Kind diese Entscheidung nicht akzeptiert.

Wohlbefinden der Eltern

Manche Grenzen haben auch etwas mit dem Wohlbefinden der Eltern zu tun. Wenn Eltern das sichere Gefühl haben, bei ihnen ganz persönlich sei das Ende der Gelassenheit erreicht, ist dies eben die Grenze, die sie setzen.

Immer wieder mischen sich auch die Beweggründe. Eltern bleibt nichts anderes übrig, als den Mut zur Entscheidung aufzubringen.

Grenzen der Mitmenschen

Neben dem Wohlbefinden des Kindes und dem der Eltern ergeben sich Grenzen des Kindes natürlich auch aus denen der Mitmenschen. Als Richtlinie passt hier wunderbar der Satz »Was du nicht willst, das man dir tu, das füg auch keinem andern zu!«, der auch als »Goldene Regel« bekannt ist.

**Behandle andere so,
wie du von ihnen behandelt werden möchtest!**

Eine weitere Orientierung für Eltern kann der »kategorische Imperativ« des Philosophen Immanuel Kant sein. Einfacher gesagt: Würde Schaden entstehen, wenn alle sich so wie mein Kind verhalten würden?

Handle so, dass dein Verhalten zu einem Gesetz für alle werden könnte!

Beim Setzen von Grenzen können Eltern also die folgenden Fragestellungen helfen:

- Schadet dieses Verhalten meinem Kind, vor allem auch langfristig?
- Schadet dieses Verhalten uns als Eltern?
- Schadet dieses Verhalten der Umgebung, sprich: Behandelt mein Kind Menschen und Tiere anders, als es selbst behandelt werden möchte und als wir Eltern möchten, dass es behandelt wird? Geht mein Kind mit Gegenständen rücksichtslos um?
- Und: Was wäre, wenn das, was mein Kind macht, alle machen würden?

Wie sollen Eltern mit Grenzverletzungen umgehen?

Im besten Fall sind die Grenzen nun klar. Doch dann kommt der zweite Teil des Unternehmens. Das Gezeter. Oder das Weinen. Oder das

Wehklagen. Oder der Widerstand. Mit allem müssen Eltern rechnen. Wieso sollten Kinder sich willig fügen in etwas, das ihnen nicht gefällt? Wieso sollten sie das sein, was man früher so lobend »brav« nannte?

Matthias, 31, in einer festen Beziehung, noch kinderlos

Ich bin mir ganz sicher, dass es zu Konflikten kommen wird. Gerade vor der Phase, wo Kinder die Grenzen austesten, habe ich etwas Bammel. Damit meine ich das Alter, wo sie noch sehr klein sind und man ihnen nur beschränkt erklären kann, warum etwas nicht gut oder toll ist. Ich denke und hoffe, ich schaffe es lange, ruhig zu bleiben und eben zu versuchen, dem Kind klarzumachen, warum ich zum Beispiel etwas verbiete oder es etwas nicht haben darf.

Bei keiner Grenze, die Eltern setzen, brauchen sie sich über Unwillen und Zuwiderhandlung wundern. Aber sie sollten auf Einhaltung drängen und nicht wie Fähnchen die Richtung wechseln, nur weil der Wind des Widerstands gar so heftig bläst. Den Kindern muss jederzeit klar sein, dass ihre Eltern es ernst meinen. Wenn das Kind sich weigert, mit Helm aufs Fahrrad zu steigen, müssen Eltern, die vom Wert des Helms überzeugt sind, klar bei der Vorschrift bleiben. Dass die Kinder nach der nächsten Ecke den Helm absetzen, können sie nicht verhindern. Aber die Kinder müssen wissen: »Ich tue das jetzt, obwohl meine Eltern es nicht erlauben!«

Wenn das Verhältnis gut und vertrauensvoll ist, werden die Kinder vielleicht von selbst zum Helm zurückkehren. Wenn sie es nicht tun und die Eltern erfahren es, wäre die falsche Botschaft ein resigniertes »Dann fährst du eben ohne!«. Nirgendwo stehen allgemeingültige Regeln geschrieben, wie mit Grenzverletzungen umzugehen ist, und jede Mutter, jeder Vater muss selbst entscheiden, wie sie oder er reagieren möchte und auch kann. Eine Möglichkeit der Reaktion wäre auf jeden Fall, dem Kind klar zu sagen: »Du weißt, wir haben vereinbart, dass du nur mit Helm Fahrrad fährst. Ich möchte dir noch mal sagen, dass ich darüber nicht verhandeln möchte. Gerne erkläre ich dir auch noch mal, warum mir das so wichtig ist. Ich verstehe, dass du dich uncool fühlst, weil die meisten ohne Helm fahren. Aber solange du keinen Helm aufsetzt, musst du bitte mit dem Bus fahren oder zu Fuß gehen.«

Zahlreiche weitere Beispiele finden sich in Kapitel 7.

Wenn wir uns rechtzeitig und in entspanntem Zustand Gedanken über die Grenzen machen, die uns wichtig sind, und auch darüber, wie wir es schaffen können, wertschätzend zu reagieren, wenn die von uns gesetzten Grenzen verletzt werden, sind wir gut gerüstet.

Sich an den vier Fundamenten der neuen Autorität nach Haim Omer orientieren

Der Psychologe Haim Omer, der seit Langem mit den Eltern von Kindern arbeitet, die Verhaltensprobleme haben, setzt auf gewaltlosen Widerstand von Eltern und auf Autorität durch Beziehung. Er betont, dass eine Erziehung auf der Grundlage von Distanz, Furcht und Bestrafung die Beziehung beschädige. Diese »neue Autorität« durch Beziehung hat nichts mit Machtausübung, aber viel mit den folgenden vier Fundamenten zu tun.[34]

Präsenz

Präsenz zu zeigen, bedeutet, eine klare Botschaft zu senden, und zwar: »Ich bin da und bleibe da. Du kannst mir nicht kündigen. Alles, was mit dir passiert, ist mir wichtig, weil du mein Kind bist.« Gerade wenn die Kinder älter werden, kann das mit der Präsenz wertvoll werden: dem Kind zeigen, dass man als Vater und Mutter »bei ihm bleibt«, auch wenn es sich danebenbenimmt, auch wenn es sich gegen die Eltern auflehnt.

Selbstkontrolle

Laut Haim Omer kann Autorität ohne Gehorsam funktionieren, wenn Eltern bei sich selbst auf die Eigenschaft der Selbstkontrolle Wert legen. Gerade sie kann geübt werden!

Drei wichtige Gedanken gibt Haim Omer den Eltern mit auf den Weg der Selbstkontrolle:

Gedanke 1

Du sollst das Eisen schmieden, wenn es kalt ist!

Also nicht übereilt handeln! Die Stärke liegt gerade in der Fähigkeit, eine Reaktion aufzuschieben.

Folgende Sätze können Eltern hier ihren Kindern gegenüber verwenden:

»Ich werde mir überlegen, wie ich handeln werde.«

»In drei Tagen können wir noch mal darüber sprechen.«

»Vielleicht hast du es vergessen, ICH nicht.«

Ein Vater hatte einen heftigen Konflikt mit seinem pubertierenden Sohn. Dieser rannte im Streit in sein Zimmer. Der Vater wollte den Konflikt jedoch sofort klären und aus der Welt schaffen. So folgte er seinem Sohn. Es entstand eine schreckliche Eskalation. Genau dies hätte vermieden werden können, wenn der Vater seinem Sohn die Zeit gegeben hätte, sich zu beruhigen, sprich: wenn er das Eisen hätte kalt werden lassen.

Beispiel aus der schulpsychologischen Arbeit

Gedanke 2

Du musst nicht gewinnen, nur beharren!

Auf keinen Fall sollen Eltern »es dem Kind zeigen«, auf keinen Fall sollen sie es beugen. Eltern können sagen: »Wir wissen, du gibst nicht nach. Aber wir beharren.«

So können Eltern getrost auf den Sieg verzichten. Sie bleiben beharrlich und ziehen sich nicht frustriert zurück – nach dem Motto »Mach doch, was du willst!«.

Gedanke 3

Fehler sind unvermeidlich, aber korrigierbar!

Dies gilt für Eltern und das Kind.

Unterstützung und Vernetzung

Haim Omer empfiehlt dringend, sich als Autoritätsperson durch ein Netzwerk unterstützen zu lassen. Er beschreibt, wie selbst in Therapien Eltern plötzlich wieder Mut durch die Teamarbeit bekommen. Regelrechte Wendepunkte seien so schon erzielt worden.

Ein kleiner Schwenk ins Tierreich: Thomashoff berichtet in diesem Zusammenhang darüber, dass Affenbabys nicht nur durch die enge Bindung zur Mutter, sondern auch durch den Kontakt mit anderen Mitgliedern der Horde, zum Beispiel Vater, Geschwister, Großeltern, Tanten, Onkeln, in ein gutes Affenleben finden.[35]

Haim Omer weist sehr wohl darauf hin, woran es hier im Gegensatz zu den Tieren hapern kann: Eltern neigen dazu, ihre Privatsphäre wahren zu wollen. Sie wollen vieles nicht nach außen tragen und sich in vieles nicht hineinsehen lassen. Oft schämen Eltern sich regelrecht. Andere haben das Gefühl, Schwäche zu zeigen, wenn sie um Hilfe bitten. Und manche Eltern haben auch schlichtweg Angst vor der Reaktion des Kindes, das ihnen womöglich heftige Vorwürfe macht, weil sie etwas nach außen getragen haben, was ihm unangenehm ist.

Insgesamt ist Haim Omer hier ganz nah am afrikanischen Sprichwort vom Dorf, das nötig ist, um ein Kind zu erziehen, welches ja entlastet und Zuversicht spendet: Ich muss als Mutter oder Vater nicht alles alleine schaffen!

Beharrlichkeit

Haim Omer empfiehlt Eltern, Autorität durch Beharrlichkeit zu zeigen und kontinuierlich an den Sachen dranzubleiben, die ihnen wichtig sind.

Wir Eltern sollten uns immer wieder auf diese vier Fundamente besinnen:

- **Präsenz**
- **Selbstkontrolle**
- **Unterstützung**
- **Beharrlichkeit**

So sind wir auf einem guten Weg der Wertschätzung.

Sich Kenntnisse zu wichtigen Themen rund um Erziehung verschaffen

In der Schule haben wir – wenn es gut geht – eine Menge gelernt, allerdings nicht unbedingt zu den Themen, die uns als Eltern so sehr helfen könnten. Das Schöne: Es ist selten zu spät, sich Wissen anzueignen. Hier also ein Schnelldurchlauf durch ein paar Themengebiete, die für Eltern wertvoll sind.

Entwicklungspsychologie

Wir Eltern neigen ja dazu, das Verhalten unserer Kinder danach zu bewerten, wie es sich für uns anfühlt. Kein Wunder also, dass Entwicklungsphasen wie das sogenannte Trotzalter oder die Pubertät immer wieder als Horrorzeiten Erwähnung finden, da sich das Zusammenleben mit den Kindern in diesen Phasen anstrengend bis schwierig gestaltet. Wer sich mit Entwicklungspsychologie beschäftigt, weiß aber, dass beide Phasen mit all ihren – für Eltern belastenden – Begleiterscheinungen wichtig für die gesunde Entwicklung eines Menschen sind.

Die Kindheit allgemein

Wer sich mit dem Wesen und den Besonderheiten der Kindheit beschäftigt, versteht plötzlich viele Verhaltensweisen von Kindern besser.

So verändern sich viele Kleinkinder um den ersten Geburtstag herum, sie zeigen plötzlich und unerwartet Gefühlsausbrüche, die ihre Eltern verblüffen und herausfordern. Tatsächlich sind die Kleinen ab diesem Alter in der Regel zunehmend mobil und dadurch besser in der Lage als bisher, selbstständig die Welt zu erkunden. Und plötzlich müssen Eltern eingreifen und Verbote aussprechen – Stresserlebnisse für Eltern und Kind. Jedes dieser Stresserlebnisse löst aus, dass beim Kind das heftige Gefühl die Herrschaft übernimmt. Eltern würden sich hier vom Kind zum Beispiel Vernunft und Geduld wünschen, aber genau dies entwickelt sich ja erst im Laufe der Zeit. So kann aus dem eben noch süßen Wesen ein Wüterich werden, der mit noch so lieben Worten nicht zu erreichen ist. Mit der harten Tour ist hier nichts zu erreichen, sondern mit Verständnis und Unterstützung, denn in diesem Alter sind Kinder mit Selbstregulation schlicht überfordert. Für Erwachsene sehen solche Ausbrüche der Enttäuschung oder des Trotzes oft wie Absicht aus, weil sie diese aus der Warte der Erwachsenen bewerten. Unverständnis und Wut sind oft die Folge – auch über das Weinen des Kindes. Denn wenn ein Kind weint, wollen Erwachsene helfen, und wenn ein Kind sich nicht helfen lässt, kommt bei Erwachsenen große Hilflosigkeit auf, die irgendwann zu Wut führt. Nicht selten übernimmt dann auch beim Erwachsenen das Gefühl die Herrschaft, sodass auch er nicht mehr mit dem Verstand reagiert.

Auch größere Kinder leben nach Phasen, die sie als sehr anstrengend empfunden haben, diese Überforderung oft aus, indem sie ihre Eltern provozieren, sie »ärgern«, nicht auf das hören, was diesen so wichtig ist. Sie nutzen den sicheren Hafen der eigenen Eltern, indem sie Spannung abbauen. Auch wenn sich dies für Mama und Papa wenig angenehm anfühlt, tun sie es nicht, weil sie böse sind, sondern weil sie es einfach noch nicht besser draufhaben, sich selbst zu regulieren. Wem dies bewusst ist, kann auf das Kind freundlich zugehen, auch wenn das Kind gerade nicht freundlich ist.

Und schließlich lohnt es sich auch darüber nachzudenken, ob Kinder, denen wir eine Grenze setzen und zu denen wir deutlich »Nein!« sagen, aufgrund ihres Entwicklungsstands überhaupt fähig sind, diese Grenze einzuhalten, dieses »Nein!« zu befolgen. Sind sie nicht einfach noch zu jung, um ihre Neugier und ihren Bewegungsdrang so zu kontrollieren, wie wir Eltern das gerne hätten? Haben sie vielleicht sogar vergessen, was die Anordnung oder das Verbot war?

Kinder sind keine kleinen Erwachsenen. Manches, was sie tun, kommt uns Erwachsenen rätselhaft oder gar sinnlos vor. Wenn wir Eltern über emotionale Besonderheiten der Lebensphase »Kindheit« Bescheid wissen, bewerten wir viele Verhaltensweisen anders und können viel leichter wertschätzend bleiben.

Das sogenannte Trotzalter

Ab dem zweiten Lebensjahr beginnt bei uns Menschen die Entwicklung des eigenen Willens, mit etwa zweieinhalb Jahren geht es dann massiv in Richtung Selbstbehauptung und das, was gerne »Trotzphase« oder »Trotzalter« genannt wird, beginnt. Aus bislang »braven«

Säuglingen und Kleinkindern werden plötzlich tobende Heimsuchungen – aus der Sicht der Umgebung wohlgemerkt.

Lange Zeit reagierten – wie schon erwähnt – viele Eltern auf »störende« kindliche Gefühle und Verhaltensweisen, indem sie versuchten, den Willen des Kindes sozusagen von Anfang an zu brechen. Inzwischen aber weiß man längst: Ein Säugling kann so nicht erzogen werden, sehr wohl aber sein Vertrauen in die Bindung verlieren. Außerdem wird er immer ungeduldiger und unleidiger, da er kein Gefühl der Sicherheit verspürt. Je positiver aber die Verbindung zwischen Bezugsperson und Säugling ist, desto »beherrschbarer« wird der eigene Wille durch das Kind selbst. Im zweiten Lebensjahr tritt dieser dann mit dem Ich-Bewusstsein und dem eigenen Selbst zusammen auf und entwickelt sich. Sicher gebundene Kinder sind hier deutlich kooperativer als unsicher gebundene.

Je nach Temperament wird der eigene Wille unterschiedlich nachdrücklich und impulsiv durchgesetzt, was nichts mit »brav« zu tun hat. Laut dem Kinderarzt und Psychotherapeuten Rüdiger Posth kann ein Mensch den Drang zur unbedingten Erfüllung des eigenen Willens nicht zurücknehmen, den eigenen Willen schon – das muss allerdings erst erlernt werden. Posth sagt, je glücklicher ein Säugling aufwachse, desto besser lerne er, seinen Willen vom Drang zu befreien. Aber er muss es lernen![36] Kleine Kinder können noch keinen Plan für die Umsetzung ihres Willens aufstellen und nutzen folglich jede Gelegenheit, in der etwas von ihnen abverlangt wird, diesen Willen zu erproben. Besonders »geeignet« sind hier Alltagsthemen wie essen, Zähne putzen, anziehen ... Plötzlich, so scheint es den Eltern, wollen Kinder alles selbst machen und widersetzen sich der elterlichen Fürsorge. Von Situation zu Situation immer wieder zu entscheiden, wann die prompte Erfüllung des kindlichen Wunsches sinnvoll und wann ein Aufschub angemessen ist, stellt Eltern vor eine große Herausforderung. Je zufriedener das Kind durch die Gestaltung der Situationen ist, desto leichter fällt es ihm später, auch einmal zu warten oder auf etwas zu verzichten.

Nun klingt diese kleine Theorie des Trotzalters ganz eingängig und – bei gutem Wissen und Willen – im Sinne des Kindes einigermaßen leicht zu bewältigen. Wenn da nicht ... ja, wenn da nicht der Alltag wäre: Eltern, die unter Zeitdruck stehen, geraten gewaltig in die Bredouille, wenn das Kind zum Beispiel die Schuhe selbst anziehen will, während sie selbst pünktlich in der Arbeit zu erscheinen haben. In solchen Fällen versteht das Kind in der Regel nicht, warum sein Wille nicht erfüllt wird, und reagiert – je nach Temperament – mit Gefühls- oder Wutausbruch. Wenn Eltern jetzt »böse« reagieren, fühlt sich das Kind doppelt gestraft: Der eigene Wille wurde ihm verwehrt und obendrauf wurde es auch noch geschimpft oder gestraft!

Helfen kann Eltern hier das Bewusstsein, wie wichtig es für das Kind ist, dass es immer wieder Gelegenheiten bekommt, in denen es sich als selbstwirksam erleben und so Selbstbewusstsein entwickeln kann. Wenn es der Alltag also zulässt, sollten Eltern dem Kind bewusst seinen Willen lassen und ihm zum Beispiel erlauben, selbst zu essen, auch wenn es heftig kleckert.

Hilfreiche Gedanken für Eltern:

- Auch kleine Kinder, die noch nicht alles verstehen, was man ihnen sagt, spüren, dass sie respektiert werden, wenn sie in ganz einfachen Worten eine Erklärung bekommen.
- Was in späteren Phasen nicht zu empfehlen ist, ist in diesem frühen Alter durchaus legitim: Ablenkung! Zum Beispiel, indem das Interesse freundlich auf einen anderen Gegenstand oder auf eine andere Person gerichtet wird, oder indem man zu einem anderen Schauplatz wechselt.
- Auch mit kleinen »Tricks« kann gearbeitet werden. Um zum Beispiel die Situation »dem Wetter angepasste Kleidung anziehen« zu entschärfen, kann ein Außenthermometer helfen, auf dem die abgebildeten Kinder eine Kleidung tragen, die zur jeweiligen Temperatur passt. So gibt nicht das »mächtige« Elternteil vor, was anzu-

ziehen ist, sondern das Thermometer. Und diesem muss das Kind dann auch nicht widersprechen.

Berit, 40, zwei Kinder (4, 2)

Bevor ich Kinder hatte, hatte ich mir gewünscht, auch in Konfliktsituationen souverän und entspannt zu reagieren und immer eine gewisse Sicherheit und Konsequenz zu vermitteln. Nun sind meine Kinder 4 und 2. Die Konfliktsituationen halten sich noch in Grenzen beziehungsweise drehen sich hauptsächlich um die Trotzphase. Ich habe schnell verstanden, meine Kinder zu lesen und mich in sie hineinzuversetzen. Deshalb können auch Konfliktsituationen, die aus dieser Entwicklungsphase entstehen, bei uns gut gemeistert werden. Das heißt nicht, dass sie nicht passieren. Aber wenn, dann weiß ich damit umzugehen. Ich schätze und respektiere ihre Stimmungen und möchte dieses Verhalten nicht bestrafen. Bis jetzt gab es noch keine Situationen, in denen ich nicht mehr liebevoll beziehungsweise wertschätzend sein konnte, denn ich bin ein Mensch, der mit sich selbst wenig Konflikte und Probleme hat. Ich würde behaupten, dass sich das sehr direkt in den Problemsituationen mit meinen Kindern widerspiegelt. Aber auch ich kann laut werden. Das möchte ich eigentlich nicht, aber manchmal bedarf es bei uns einer bestimmten Lautstärke, um nachdrücklich zu sein. Dafür entschuldige ich mich manchmal bei meinen Kindern und erkläre ihnen, warum ich jetzt gerade laut oder verärgert war. Das ist aber eine wichtige Situation für uns alle, weil dadurch ein Gespräch entsteht und sich viele Spannungen wiederum lösen. Meine Kinder lernen, auch mich zu verstehen.

Pubertät

Auch die Pubertät ist eine Phase, die Eltern oft kalt erwischt. Gerade waren sie noch in schönstem Einvernehmen mit ihren Kindern, es gab harmonische gemeinsame Unternehmungen, vernünftige Erklärungen griffen. Und plötzlich – wie aus dem Hinterhalt – scheint sich ein Schalter umzulegen ...

Was sich in der Pubertät im Hirn und in der Seele von Jugendlichen alles genau tut, würde den Rahmen dieses Buches sprengen. Wichtig aber: Auch diese Entwicklungsphase dient der Selbstfindung. Kinder müssen sich nun mal von ihren Eltern lösen. Es ist gut, wenn sie den Aufstand proben. Und alle Merkwürdigkeiten – aus den Augen der Eltern und der Umgebung – haben einen Grund.

Vielleicht hilft manchen Eltern das, was ich vor Kurzem in der *Süddeutschen Zeitung* gelesen habe:[37] Auch viele Tiere verhalten sich höchst merkwürdig, wenn sie in die Pubertät kommen. Sie bilden Gangs, testen Grenzen aus und suchen Risiken. Von Gazellen-Teenagern ist da die Rede, die vor Geparden und Löwen nicht – wie ihre Eltern – die Flucht ergreifen, sondern den Feinden entgegenlaufen. Cool, ey! Leider aber auch tödlich für viele der jungen Gazellen. Auch bei Affen, Elefanten, Ratten, Goldhamstern und Meerschweinchen stellten Forscher im Hirn Vorgänge fest, die denen von Menschen in der Pubertät ähneln. Scheint halt einfach so zu sein, dass es da eine Phase gibt, in der Eltern nur noch den Kopf über ihre Kinder schütteln können und hart an ihre Grenzen stoßen.

Wichtig ist auch hier, wie Eltern mit all den befremdlichen Verhaltensweisen umgehen. Vor allem: dass Wertschätzung stets spürbar bleibt. Wertschätzung fürs Kind, nicht für jede pubertäre Verhaltensweise, wohlgemerkt.

Leider aber sind viele Eltern gerade in dieser Phase so getroffen durch das Verhalten ihrer Kinder, dass sie Zug um Zug die Wertschätzung missen lassen. Und gerade das sollte nicht passieren! Denn trotz des coolen und oft als großkotzig empfundenen Verhaltens brauchen auch Pubertierende die Sicherheit, dass ihre Eltern hinter ihnen stehen und ihre Liebe nicht von angepasstem Verhalten abhängig machen.

Das sogenannte Trotzalter und die Pubertät sind aus der Sicht von uns Eltern herausfordernde Phasen mit herausfordernden kindlichen Verhaltensweisen. Genau diese Phasen sind aber für die gesunde Entwicklung des Kindes wichtig. Wenn wir Eltern dies verinnerlicht haben, können wir deutlich wertschätzender mit den Herausforderungen umgehen.

Kommunikationstechniken

Natürlich kann man Konflikte aus dem Bauch heraus angehen. Wer aber ein gewisses Repertoire an Techniken zur Verfügung hat, ist besser gewappnet. Vor allem kann er verhindern, dass Konflikte eskalieren.

Grundsätzlich gilt, dass wichtige Gespräche mit dem Kind nach Möglichkeit in »guten« Momenten geführt werden sollten, also nicht, wenn es hungrig, müde, durch viele Reize erschöpft, schlecht gelaunt oder wütend ist.

Sich über das folgende Modell nach dem Psychologen und Kommunikationswissenschaftler Friedemann Schulz von Thun zu informieren, empfehle ich wärmstens. Es hilft tatsächlich, viele und vielerlei Konfliktsituationen – nicht nur mit den eigenen Kindern – besser zu verstehen.

Das Vier-Ohren-Modell

Schulz von Thun sagt,[38] dass menschliche Kommunikation immer auf vier Ebenen stattfindet und somit jede Äußerung vier Botschaften enthält:

- Sachinformation,
- Selbstkundgabe,
- Beziehungshinweis,
- Appell.

Und jeder, der eine Äußerung hört, kann dies mit jedem der vier Ohren tun.

Zum besseren Verständnis hier ein Beispiel:

> Das Kind sagt am Mittagstisch: »Ich mag das nicht.«
> Die Mutter kann dies je nach »Ohr« anders verstehen. →
> Auf der Sachebene: *Meinem Kind schmeckt dieses Essen nicht.*
> Auf der Ebene der Selbstkundgabe: *Mein Kind hat Angst, etwas essen zu müssen, was ihm nicht schmeckt.*
> Auf der Beziehungsebene: *Mein Kind lehnt mein Essen ab. Hat es plötzlich etwas gegen mich?*
> Auf der Appellebene: *Mein Kind will mir sagen, dass ich gefälligst etwas Besseres kochen soll.*

Leider werden Nachrichten oft nicht so empfangen, wie sie gesendet werden. Gerade in der Kommunikation zwischen Eltern und Kindern wird leicht als abwertend empfunden, was nicht so gemeint ist. Klassische Missverständnisse eben, die aber oft nicht als solche enttarnt werden.

Hier ein weiteres Beispiel – diesmal andersherum:

> Die Mutter sagt: »Heute ist es schon richtig kalt draußen.«
> Das Kind kann dies je nach »Ohr« anders verstehen. →
> Auf der Sachebene: *Meine Mutter möchte mich über die Temperatur informieren.*
> Auf der Ebene der Selbstkundgabe: *Meine Mutter ist besorgt um mich.*
> Auf der Beziehungsebene: *Meine Mutter hält mich noch immer für ein kleines Kind und will mich belehren.*
> Auf der Appellebene: *Meine Mutter möchte, dass ich die blöde uncoole Jacke anziehe.*

Ein dringender Rat: Denken Sie immer mal wieder an die vier Ebenen und die vier Ohren – wenn Sie sich Ihrem Kind gegenüber äußern und wenn sich Ihr Kind Ihnen gegenüber äußert! Denken Sie daran, mit welchem Ohr es ihre gut gemeinte Botschaft auch empfangen könnte und wie sehr dies seine Stimmung negativ beeinflussen kann! Und denken Sie auch daran, auf welcher Ebene es die von Ihnen so negativ empfundene Äußerung womöglich gesendet hat und dass es Ihnen gar nicht gegen die Karre fahren wollte. Sie werden sehen: Plötzlich entschärfen sich die Dinge.

Übrigens können Sie das mit den Ebenen wunderbar üben, wenn Sie Zeuge von Kommunikation zwischen anderen Partnern werden – in öffentlichen Verkehrsmitteln, beim Einkaufen, bei Freunden: Welche Ebenen des Vier-Ohren-Modells treffen soeben aufeinander? Versuchen Sie es mal, es hat sogar einen gewissen Unterhaltungswert und es schärft Ihre Wahrnehmung. Überlegen Sie aber bitte gut, ob Sie das Ergebnis Ihres Versuches lautstark verkünden wollen. Es könnte auf der falschen Ebene wahrgenommen werden. ;-)

Die gewaltfreie Kommunikation

Das Kommunikations- und Konfliktlösungskonzept der gewaltfreien Kommunikation des Psychologen Marshall B. Rosenberg wird, gerade wenn es um Kinder geht, auch »Giraffensprache« genannt, weil die Giraffe das Landtier mit dem größten Herzen ist. Es soll dabei helfen, zum Gegenüber eine wertschätzende Beziehung zu entwickeln und zu erhalten.

Nach diesem Konzept kann ein Bedürfnis gewaltfrei und empathisch in vier Schritten kommuniziert werden.

Zunächst erfolgen drei Ich-Botschaften:

Schritt 1: Ich teile mit, welches Verhalten ich beobachte, und bewerte es nicht.

Schritt 2: Ich beschreibe das Gefühl, das bei mir durch das Verhalten ausgelöst wird.

Schritt 3: Ich äußere ein Bedürfnis.
Erst dann folgt eine Du-Botschaft:
Schritt 4: Ich äußere eine Bitte.[39]

> Die Mutter ist über die Unordnung im Flur entsetzt. Sie sagt:
> Schritt 1:
> »Ich sehe, dass hier viele Kleidungsstücke und Schuhe verteilt sind.«
> Schritt 2:
> »Ich habe Angst, dass die Unordnung immer schlimmer wird.«
> Schritt 3:
> »Damit ich mich wohlfühlen kann, brauche ich mehr Ordnung.«
> Schritt 4:
> »Ich bitte dich deshalb, deine Jacken aufzuhängen und deine Schuhe an ihren Platz zu stellen.«

In Barbara Vorsamers *SZ*-Artikel »Schluss mit dem Zirkus!« war auch dies zu lesen: »Wertschätzende Ich-Botschaften senden? Tolle Idee, klappt bei uns aber leider nicht.« Vermutlich stimmen ihr viele Leserinnen und Leser zu, denn so einfach ist das alles ja wirklich nicht. Wer das mit den Ich-Botschaften aber bewusst trainiert, wird tatsächlich positiv überrascht – wenn die Wirkung auch nicht immer kurzfristig eintritt.

Aktives Zuhören

Marshall B. Rosenbergs Lehrer war der Psychologe und Psychotherapeut Carl Rogers. Er hatte die Theorie des aktiven Zuhörens entwickelt, die auf drei Pfeilern steht.

Pfeiler 1: Die Grundhaltung ist von Empathie und Offenheit getragen.

Pfeiler 2: Das Auftreten ist authentisch.

Pfeiler 3: Das Gegenüber wird akzeptiert und positiv beachtet.

Wichtig darüber hinaus:

- Zuwendung, das heißt Blickkontakt, zugewandte Körperhaltung,
- Konzentration auf das Gegenüber,
- Ermutigung in Form von zum Beispiel interessiertem Nachfragen,
- zurückhaltender Umgang mit der eigenen Meinung,
- Nachfragen bei Unklarheiten,
- Aushalten von Pausen,
- keine Unterbrechungen des Gegenübers,
- Beachten der eigenen Gefühle,
- Beachten der Gefühle des Gesprächspartners,
- Einwerfen von kurzen Äußerungen, die den Gesprächspartner bestätigen,
- sich nicht aus der Ruhe bringen lassen, etwa durch Vorwürfe.[40]

Wenn Eltern sich über das Vier-Ohren-Modell, die gewaltfreie Kommunikation und das aktive Zuhören schlaumachen und deren Anwendung trainieren, können sie selbst dafür sorgen, dass die Kommunikation besser klappt, dass Konflikte gar nicht erst entstehen oder dass sie nicht ins Abwertende eskalieren. Hierzu finden Sie ein Beispiel in Kapitel 7. Helfen kann zunächst auch, sich die wichtigsten Punkte aufzuschreiben und an geeigneter Stelle zu deponieren oder aufzuhängen.

Vorausdenken und präventiv handeln

Sehr oft im Leben läuft es ja darauf hinaus, dass wir versuchen, auf Unangenehmes zu reagieren und es abzuwehren. Dabei können wir so manches von dem verhindern, was uns das Leben schwer macht – indem wir vorbauen.

Stress reduzieren und dem Kind bewusst Zeit schenken

In diesem Buch kam er mehrmals zur Sprache: der verflixte Stress, der uns Eltern – aber nicht selten auch die Kinder – so sehr belastet, dass Wertschätzung extrem schwerfällt.

Insofern hier ein leidenschaftlicher Appell, das eigene Leben und das der Kinder mal in einer entspannten Phase gründlich zu durchforsten: Wo kann Stress beseitigt werden? Gibt es trotz aller Verpflichtungen nicht doch die Möglichkeit, mehr Ruhe ins Geschehen zu bringen und vielleicht dadurch auch ein kleines bisschen mehr Zeit – ebenfalls in Ruhe – mit dem eigenen Kind zu verbringen? Kann man sich vielleicht doch von etwas verabschieden, was der Familie beziehungsweise dem Kind nicht guttut? Kann man vielleicht sogar das Handy in bestimmten Zeiten, die man mit dem Kind verbringt, wegpacken?

Wenn wir Eltern Stress nicht nur ertragen, sondern uns immer wieder mal bewusst machen, dass *wir* – zumindest in Teilbereichen – darüber bestimmen können, wie viel Stress wir in unser Leben und das unserer Kinder lassen, dann kann dies ein erster Schritt zur Besserung sein.

Herausfordernde Situationen verhindern

Grundbedürfnisse der Kinder stillen

Wenn irgend möglich, sollten wir Eltern – dem Alter der Kinder angemessen – darauf achten, dass deren Grundbedürfnisse gestillt sind. Wenn Kinder unter Hunger, Durst, Müdigkeit oder dem Drang, auf die Toilette gehen zu müssen, leiden, stehen die Zeichen schlecht für eine entspannte Atmosphäre.

Zwei Einschränkungen folgen jedoch.

Einschränkung Nummer eins:

Kinder verstehen es manchmal ganz gut, ihre gewissenhaften Eltern mit dem Klagelaut »Ich habe solchen Hunger!« oder »Ich hab ganz arg Durst!« in Angst und Schrecken zu versetzen. Es empfiehlt sich, nicht zum Dienstboten zu werden, der Essen und Trinken nach Belieben zureicht. Damit tun wir unseren Kindern keinen Gefallen.

Einschränkung Nummer zwei:

Die Befriedigung der Grundbedürfnisse durch die Eltern ist nicht immer möglich.

Gerade auch beim Grundbedürfnis »Schlaf« liegt es nicht immer in der Hand der Eltern, dies sicherzustellen. Zu viele widrige Umstände können ein Ein- oder Durchschlafen verhindern. Hier bleibt nichts anderes übrig, als in solchen Situationen »abzupuffern«, sprich: keine Grundsatzdiskussionen führen und, soweit möglich, wirksam Reize selektieren, damit der Weg ins Bett möglichst ohne Eskalationen oder Machtkämpfe ablaufen kann.

Notwendigkeit der Neins reduzieren

Bei kleinen Kindern lässt sich die Anzahl der Neins reduzieren. Es gibt ja zahlreiche Dinge im Alltag, die zu einem Nein führen und auch führen müssen, zum Beispiel angesichts einer heißen Herdplatte, eines scharfen Messers, einer befahrenen Straße. Um aber die kindliche Exploration nicht dauernd durch »Nein!« auszubremsen, empfiehlt es sich, im Vorfeld darüber nachzudenken, welche Dinge aus dem Weg geräumt werden können. Wer Kinder im Kleinkindalter kennt, weiß, dass ein einzelnes Nein nicht ausreicht, um die spannende Erkundung der Welt zu stoppen. Was ja eigentlich wunderbar und schön und wertvoll ist. Was für Eltern aber auf Dauer ganz schön anstrengend sein kann. Immer wieder Nein wegen ein und derselben Sache auszusprechen und dabei geduldig und wertschätzend zu bleiben, ist nicht leicht! Es kann also enorm entlastend für alle Beteiligten sein, wenn die Anzahl der Gegenstände und Gelegenheiten reduziert wird, die ein Nein auslösen.

Jana, 41, verheiratet, zwei Kinder (8, 6)

Der PC meines Mannes stand zunächst auf dem Boden. Unser älterer Sohn fand es, sobald er mobil wurde, spannend, auf die blinkenden Knöpfe zu drücken, was meinen Mann jedes Mal aufregte. Ich habe irgendwann alle Stecker gezogen und den PC AUF den Tisch gestellt. Unser Sohn kam nicht mehr dran, das Nein war beseitigt!

Auch das Drehen unserer Herdknöpfe war für die Kinder reizvoll, vor allem, weil sie auch noch klickende Geräusche machten. Zum Glück konnten wir sie für diese kurze Altersphase abziehen und steckten sie nur bei Bedarf wieder auf, um den Herd einzuschalten. Wieder ein Nein beseitigt!

Der jüngere Sohn hatte eine Phase, in der er im Sinne der Selbstwirksamkeit Klopapierrollen abwickelte. Nur durch eine kleine Berührung drehte sich die Rolle beeindruckend leicht für ihn und wickelte sich wunderbar ab. Er war so begeistert von seinem Einfluss, dass er gar nicht genug davon kriegen konnte. Für uns war es weniger begeisternd, denn wir mussten das Klopapier immer wieder aufrollen. Irgendwann steckten wir die Rollen umgekehrt auf. Das Kind konnte rollen, so viel es wollte, das Klopapier blieb oben. Und noch ein Nein weniger!

So-tun-als-ob-Technik

Achtung, nur bei Kleinkindern anwenden!

Kleinkinder sind schlichtweg damit überfordert, emotionale Defizite beziehungsweise Verstimmungen ihrer Eltern zu kompensieren. Deshalb kann die So-tun-als-ob-Technik durchaus sinnvoll sein, wenn es Eltern gerade nicht so gut geht. Kleine Kinder brauchen nun mal in besonderem Maße starke Eltern, egal, wie schwach sich diese gerade fühlen. Wenn es Eltern also irgendwie möglich ist, sollten sie, auch wenn für sie gerade nichts in Ordnung ist, so tun, als ob alles in Ordnung sei. Dem Kind wird so das benötigte Gefühl von Sicherheit gegeben.

Dauerkrisenherde zu verhindern wissen

In allen Familien gibt es immer wiederkehrende herausfordernde Situationen, bei denen es besonders hoch hergeht. Nachdem in Familien unterschiedliche Menschen auf unterschiedliche Menschen treffen, sind diese Situationen von Familie zu Familie verschieden. Eltern wissen relativ schnell, welche die heißen Themen in ihrer eigenen Familie sind, und können auch hier Vorsorge treffen.

Wenn der Tag regelmäßig mit einem Kampf ums Bad, mit Geschwisterstreit am Frühstückstisch, mit Trödeln und anschließendem Gehetze beginnt, kann man sich in ruhigen und friedlichen Momenten eine Strategie überlegen – je nach Alter am besten gemeinsam mit den Kindern. Ob ein Zeitplan ausgearbeitet wird, sodass in wöchentlich wechselnden Schichten geduscht und gefrühstückt wird, ob gewisse Tätigkeiten am Abend zuvor erledigt werden, ob vereinbart wird, dass bei jedem kleinen Erfolg sich alle gemeinsam belohnen ..., das sind Dinge, die von Familie zu Familie anders aussehen können. Das Prinzip aber kann überall gleich sein: nicht warten, bis wieder (!) alles drunter und drüber geht, sondern Vorsorge treffen!

Jana, 41, verheiratet, zwei Kinder (8, 6)

Es gab eine Zeit, da war es für mich herausfordernd, beide Kinder abends fertig fürs Bett zu machen. Eigentlich freue ich mich immer sehr auf die Abendzeit mit den Kindern – im Bett liegen, kuscheln, noch mal über den Tag nachdenken und reden, Geschichten vorlesen. Aber dieser Moment, bevor wir im kuscheligen Bett ankamen, war – egal, wie früh ich mit dem Fertigmachen angefangen habe – stressig. Meine Jungs hatten keine Lust auf Zähne putzen, Gesicht waschen, eincremen, Schlafanzug anziehen. Meine Erklärungen, warum diese Pflegetätigkeiten so wichtig sind, erzeugten in ruhigen Situationen ein freundliches Nicken meiner Kinder, steigerten deren Lust darauf jedoch kein bisschen. Also kicherten sie fröhlich mit der Zahnbürste im Mund, ohne zu putzen, hauten sich gegenseitig auf den Hintern, lachten sich kaputt und brauchten unter einer enormen Lautstärke eine enorme Zeit fürs Fertigmachen. Meist fand dann einer der beiden das Herumalbern doch nicht mehr lustig und die Stimmung kippte. Und ich schimpfte irgendwann doch! Wie unangenehm! Wo ich mich doch eigentlich so auf die Abendzeit gefreut hatte! So ließ ich mir etwas einfallen: Wir haben im Bad einen gemütlichen Hocker. Auf dem setzte ich jeweils einen der Jungs ab – nicht auf freiwilliger Basis, sondern verpflichtend. Und zwar so lange, bis ich mit dem anderen fertig war. Wer auf dem Hocker saß, konnte Bücher anschauen oder mit dem Tiptoi-Stift Bücher anhören. Dies forderte ich klar und beharrlich ein. Und so kamen wir doch noch in Ruhe und in Frieden im Bett an.

Sich auf herausfordernde Situationen vorbereiten

Wenn Eltern wissen, dass eine bestimmte Situation ziemlich sicher zu einer herausfordernden werden wird, einfach weil sie ihr Kind so gut kennen, haben sie mehrere Möglichkeiten:

- Sie leiden schon im Vorfeld und grausen sich vor dem, was kommt, aber sie lassen es zu.
- Sie bereiten das Kind auf die Situation vor, nennen und erklären die Regeln und sagen, welches Verhalten sie angemessen finden, zum Beispiel so: »Wir werden jetzt gleich …«, »Damit das, was wir vorhaben, gut klappt, ist folgendes Verhalten wichtig …«.
- Sie bereiten sich selbst auf die Situation vor, indem sie etwas zum Spielen, zum Ablenken, zum Erfreuen dabeihaben.

- Sie sind auf ziemlich viel gefasst und stellen sich gelassen auf die besagte Situation ein. Wenn das Unangenehme wider Erwarten ausbleibt, wunderbar! Wenn nicht, werden sie zumindest nicht kalt erwischt, sondern haben schon etwas in petto. Was Eltern da auf Lager haben, kann unterschiedlich sein – das Wesentliche ist, dass sie sich vorbereiten. Denn in der Krise selbst sind die wenigsten schlagfertig und einfallsreich.

Was Eltern vorbereiten können:
- einen humorvollen Satz,
- eine überraschende Handlung,
- eine überraschend gerechte Lösung,
- schöne Rituale,
- Abgeben von Verantwortung, zum Beispiel ans weiter vorne schon erwähnte Außenthermometer.

Bevor Mutter und Kind in die Straßenbahn steigen, erklärt die Mutter: »Damit die Fahrt gut klappt, suchen wir uns jetzt gleich einen Sitzplatz. Dort müssen wir sitzen bleiben, bis wir aussteigen.«

Auch auf den Besuch des Supermarktes oder den Abend im Restaurant können Eltern sich und ihre Kinder vorbereiten: »Ich weiß, dass es hier tolle Sachen für dich gibt. Und du darfst dir auch gerne eine Sache aussuchen. An der Supermarktkasse gibt es gar nichts mehr. Da ist unser Einkauf abgeschlossen, auch wenn andere Kinder hier noch Geschrei veranstalten, um etwas zu erbetteln.«

»Wir möchten heute gerne hier zum Essen gehen und es kann gut sein, dass es dir langweilig wird. Für uns ist das ein besonderer Abend, wir freuen uns, dass du dabei bist, aber wir möchten diesen Abend auch gerne genießen können und nicht dauernd hören, dass dir langweilig ist. Wir machen ja auch wieder etwas mit dir, was für dich besonders schön ist. Was möchtest du gerne mitnehmen, dass du in der Wartezeit etwas zu tun hast?«

Wenn Eltern sich die Zeit nehmen, in einer ruhigen Stunde das Zusammenleben mit ihren Kindern gründlich und ehrlich zu durchforsten, werden sie auf nicht wenige Situationen stoßen, die durch Vorbeugen verhindert oder zumindest entschärft werden können. Es wäre doch schade, diese Chance auszulassen!

Energie sparen durch Setzen von Prioritäten

Wenn Eltern an weniger guten Tagen unsichtbare Protokollanten um sich hätten, die jedes Erziehungsgeräusch akribisch notieren würden, dann käme vermutlich eine stattliche Liste an »Nein!«, »Tu das nicht!«, »Pass auf!«, »Bitte lass das!«, »Schon wieder!« zustande.

Prioritäten bei Maßregelungen setzen

Um es erstens nicht zu einer inflationären und damit weitgehend wirkungslosen Anhäufung von Maßregelungen kommen zu lassen und um zweitens die elterlichen Kräfte zu schonen, lohnt es sich, Prioritäten zu setzen: In welchen Bereichen sind Einmischung, Konfrontation, Grenzen-Setzen wirklich nötig? Und wo könnte man sich elterliches Eingreifen eigentlich verkneifen, weil nichts Schlimmes verhindert werden muss und weil keine Gefahr droht?

Prioritäten bei Diskussionen setzen

Es kann aber auch darum gehen, zwischen Situationen zu unterscheiden, in denen mit dem eigenen Nachwuchs diskutiert beziehungsweise verhandelt werden kann, und solchen, bei denen ein einfaches »Nein!« gilt. Wo lohnt es sich also, ein größeres Fass aufzumachen? Und wo kann ich, ohne eine böse Mutter oder ein böser Vater zu sein, klar, bestimmt und nicht unfreundlich sagen: »Das machst du jetzt so, zur Not auch ohne Bock.«

Das Setzen von Prioritäten, man könnte auch sagen, das Sich-Beschränken aufs Wesentliche, kann ja im ganzen Leben hilfreich sein. Ganz besonders wichtig ist es im Zusammenleben mit unseren Kindern, weil wir Eltern, die wir es ja so gut meinen, unsere Kinder manchmal regelrecht zutexten. »Zum einen Ohr rein, zum andern raus« ist oft die Folge. Je weniger wir also in erzieherischer Absicht zum Thema machen, umso mehr Aufmerksamkeit wird dieses wenige erhalten und umso wahrscheinlicher wird die Wirksamkeit des von uns Gesagten.

Vorab etwas für den Umgang mit den eigenen Emotionen zur Verfügung haben

Den Emotionen und ihrer Wucht wurde in diesem Buch ja schon reichlich Platz eingeräumt. Was aber können wir Eltern vorab tun, um besser mit unseren Gefühlen umzugehen?

Immer wieder hört man, Eltern sollten Kindern ihre eigenen Emotionen nicht zumuten. Dabei gibt es bei vorhandenen Gefühlen genau genommen nur zwei Möglichkeiten: Gefühle zu unterdrücken oder Gefühle zu verbergen.

Gefühle nicht unterdrücken und verbergen

Manche Eltern denken, wer es mit der wertschätzenden Erziehung ernst meint, müsse sich stets freundlich und verständnisvoll verhalten. Nun hat eine Studie von Forscherinnen rund um die Professorin Sara Waters von der Washington State University[41] bestätigt, was frühere Untersuchungen schon gezeigt hatten: Kinder spüren auch unterdrückte Gefühle. Wenn Eltern Wut und andere negative Gefühle verbergen wollen, um ihr Kind zu schützen, ist dies keine gute Idee, denn es verursacht diesem Stress. Kinder sind so gut darin, auch zarteste emotionale Signale zu lesen, dass sie regelrecht verwirrt sind, wenn sie spüren, dass etwas gewaltig nicht stimmt, die eigenen Eltern aber so tun, als wäre alles ganz normal. Die Empfehlung der Forscherin: offen mit Gefühlen umgehen, den Kindern erklären, warum man in schlechter Stimmung ist, und aufzeigen, dass man etwas tun kann, damit alles wieder besser wird. Auf diese Weise ersparen Eltern ihren Kindern Stress und Verwirrung und lehren sie gleichzeitig, wie man mit eigenen Gefühlen umgeht und wie man Probleme lösen kann. Auch der Empathie-Anbahnung ist es dienlich, transparent zu sein und zu erklären, warum man gerade angespannt, ungeduldig, verärgert wirkt oder einfach nicht gut mit einem Konflikt umgehen kann. So verstehen Kinder nicht nur besser, wie ihre Eltern in welcher Situation reagieren und warum sie dies tun, sondern sie lernen dabei auch, die eigenen Gefühle besser zu erkennen. Wichtig ist, dass die Kinder dabei erfahren, dass sie selbst nicht die Ursache für die Stimmung der Eltern sind. Es kann für die Kinder wie eine Erlösung sein, wenn sie hören: »Ich bin genervt, weil …«. Oder: »Ich habe mich vorhin geärgert über …« So werden sie nicht zum »Blitzableiter« für die Emotionen ihrer Eltern gemacht.

Die für Kleinkinder empfohlene So-tun-als-ob-Technik empfiehlt sich für Kinder und Jugendliche also eindeutig nicht!

Handlungen aufschieben

In der Emotion, ganz besonders in der Wut, drängt uns alles danach, jetzt sofort, auf der Stelle aktiv zu werden. Die Wut muss schließlich irgendwohin. Oft aber trübt die große Emotion unseren klaren Verstand derartig, dass wir uns zu Verhaltensweisen hinreißen lassen, die uns hinterher leidtun. So kommt nach dem Abklingen der Wut auch noch eine gehörige Portion Beschämung dazu. Deshalb ist es eine wirklich gute Idee, sich bewusst zu machen, dass Abwarten nicht die schlechteste Möglichkeit ist. Dies deckt sich mit Haim Omers bereits erwähntem Rat, das Eisen zu schmieden, wenn es kalt sei.

Sich die Nachteile von Wutausbrüchen bewusst machen

Vielleicht hilft es etwas, wenn wir uns in einer ruhigen Minute in Erinnerung rufen, welche Nachteile häufige und größere Wutanfälle haben können, siehe Kapitel 3: Wutausbrüche können bedrohlich wirken, weil sie auch als Vorstufe zu Gewalt vorkommen. Häufige Wutausbrüche sind ein Risikofaktor für Bluthochdruck und koronare Herzerkrankungen.

Über mögliche psychische Störungen ehrlich reflektieren

Ohne die Pferde scheu machen zu wollen: Wer unter bestimmten psychischen Störungen leidet, leidet auch eher unter übermächtigen Wutausbrüchen. Dies können Psychosen, das Borderlinesyndrom oder die antisoziale Persönlichkeitsstörung sein. Auch manche Menschen, die unter dem posttraumatischen Belastungssyndrom leiden, neigen zu Wutausbrüchen.

Auch wenn Eltern nichts von alledem bei sich selbst vermuten, ist es wichtig, die Augen nicht zu verschließen, wenn sie an sich selbst oder in ihrer Umgebung etwas Alarmierendes feststellen. Hier muss professionelle Hilfe in Anspruch genommen werden, andererseits geht es massiv zulasten der Kinder.

Sich auf den Wutanfall vorbereiten

Stresstoleranz-Skills

Aus der Arbeit mit Borderlinepatienten stammt eine Idee, die womöglich auch Menschen helfen kann, bei denen keine Erkrankung vorliegt, sondern ein »normaler« Wutanfall droht: das Bereithalten eines Stresstoleranz-Notfallkoffers mit sogenannten Stresstoleranz-Skills. Die Methode stützt sich darauf, dass ab einer gefühlten Anspannung von 70 Prozent – einer Anspannung, bei der klares Denken nicht mehr möglich ist – starke sensorische

Reize helfen können, also zum Beispiel besonders Scharfes oder Saures, intensiv Riechendes oder sehr Kaltes. Um ein Gefühl für die 70 Prozent zu bekommen – wobei 100 Prozent ein komplettes Ausrasten bedeuten würden –, muss vorab der Versuch unternommen werden, die eigene Anspannung und die damit verbundenen körperlichen und gedanklichen Anzeichen bewusst wahrzunehmen. Idealerweise können Menschen so ihre Körperwahrnehmung verbessern, Achtsamkeit trainieren und versuchen, sich selbst zu regulieren.

Beispiele für Stresstoleranz-Skills, die auf starke sensorische Reize setzen

- Chili-Weingummis,
- Kaugummis mit intensivem (Pfefferminz-)Geschmack,
- Center-Shock-Kaugummis,
- Bonbons mit intensivem (Pfefferminz-)Geschmack,
- getrocknete Chilischoten, um draufzubeißen,
- extrascharfer Senf, um ein wenig davon zu essen oder daran zu riechen,
- Wasabipaste, um ein bisschen davon zu essen,
- japanisches Heilpflanzenöl, um dran zu riechen,
- Lavendel-Ampullen, um dran zu riechen,
- Ammoniak, um dran zu riechen,
- eine intensive Parfumprobe, um dran zu riechen,
- Coolpacks, um sie kurz auf den Arm zu legen,
- eiskaltes Wasser, um den Kopf oder die Unterarme zu kühlen.

Weitere Handlungsmöglichkeiten, mit denen Stress abgebaut werden kann

- Hände mit angenehm warmem Wasser waschen,
- ein Glas Wasser langsam (!) austrinken,
- einen Gummiring am Handgelenk befestigen, an dem in stressigen Situationen gezupft werden kann,

- sich schütteln, sich abklopfen, hüpfen, um die Wahrnehmung auf den eigenen Körper zu lenken,
- eine unangenehme Arbeit wegschaffen,
- laut Musik hören und eventuell Anspannung abtanzen,
- körperliche Anstrengung oder Sport zum Abbau der Stresshormone nutzen,
- laut »Stopp!« zu sich selbst sagen,
- sich ablenken, so gut es geht,
- abwarten, bis der Ausbruch vorübergeht,
- bewusst ein- und ausatmen – wenn möglich vor einem geöffneten Fenster oder an der frischen Luft, damit Sauerstoff ins Hirn kommt, wodurch man wieder ruhiger wird und überlegter handeln kann,
- aus dem Raum gehen, vielleicht sogar mit dem Kind,
- mit dem Kind gemeinsam an die frische Luft gehen.

Auch hier gilt: Nicht jede Idee passt zu jedem Menschen!

Wie kann man sich innerlich auf den Wutanfall vorbereiten?

Wer von sich weiß, dass er gelegentlich zur Wut neigt, kann sich auch innerlich wappnen, indem er ganz bewusst versucht, die Situation zu verstehen. Die folgenden Gedanken können helfen, wenn die Wut auf das eigene Kind wieder einmal hochkommt:

- Macht mich wirklich gerade mein Kind wütend?
- Oder bin eigentlich ich selbst wütend? Sollte *ich* lieber mal kurz innehalten?
- Meint mein Kind wirklich *mich* oder hatte es selbst Stress, zum Beispiel in der Kita oder Schule?

Ganz wichtig: All diese Dinge sind Vorschläge. Es kann sein, dass sie bei Menschen, die traumatisiert sind und getriggert werden, nicht helfen.

Die Art, wie Menschen sich in Konfliktsituationen verhalten, hat ja viel damit zu tun, welche Art von Beziehungen sie in ihrer Kindheit, auch in der frühen, geführt haben. Auch davon, wegen welcher Verhaltensweisen sie auf Ablehnung gestoßen sind oder wofür sie belohnt worden sind. Es kann also sein, dass heutige Eltern mit dem Gefühl groß geworden sind, sie seien so, wie sie nun mal sind, nicht in Ordnung, sie müssten anders sein, um liebenswert zu sein – mit dem Ergebnis, dass sie sich irgendwann an diese Erwartungen angepasst und Gefühle, die von ihren eigenen Eltern nicht akzeptiert wurden, nicht mehr gezeigt haben. Wenn dann die eigenen Kinder genau diesen Teil von uns selbst triggern, macht sich eine enorme Überforderung breit und genau die Emotionen brechen sich Bahn, die bisher unterdrückt worden sind. In diesem Fall empfiehlt sich professionelle Hilfe durch eine Therapie – zum Wohle unserer Kinder und zu unserem eigenen Wohle.

Wenn wir uns schon vorbereiten auf die Gefühle, die uns packen können, fühlen wir uns nicht mehr so ausgeliefert. Wir sind nicht hilflos, sondern – ein wenig zumindest – wieder Herr der Sache. Und das ist gut – vor allem auch für unsere Kinder.

In Distanz zu sich selbst treten und sich »von außen« betrachten

Es fällt so schwer, aber ist so wirksam – sich selbst mal zu betrachten, wie es andere wohl tun. Alleine der Versuch kann Gold wert sein.

Erkennen, dass jeder Mensch seine höchstpersönliche Art hat, mit herausfordernden Situationen umzugehen

Ja, wir Menschen sind Individuen! Ich betone das deshalb so oft, weil wir, obwohl wir es sind, dazu neigen, uns mit anderen zu vergleichen: Macht die Nachbarin das mit den Kindern nicht viel besser? Geht die Freundin nicht viel gelassener mit ihren Kindern um? Lösen Lina und Heinz die Erziehungsthemen nicht viel harmonischer?

Es nützt aber nichts! Alle, die wir erziehen und die wir mit entsprechenden herausfordernden Situationen umzugehen haben, tun dies auf unsere höchstpersönliche Weise.

Wir dürfen nicht zu viel von uns erwarten und schon gar nicht das, was die Freundin oder die Bekannte zu tun in der Lage ist. Wenn die Freundin es schafft, locker und lächelnd mit einer Situation umzugehen, die uns die Wuttränen in die Augen treibt, wird das einen Grund haben. Es ist schön für sie. Aber wir wissen nicht, ob sie nicht innerlich tobt, ob sie sich verstellt, ob sie bei anderen Gelegenheiten die Fassung verliert. Und selbst wenn dies alles nicht der Fall ist, was hilft es, wenn wir uns grämen, weil »die es besser hinkriegt«? Es ist nicht zielführend. So wie es unzählige verschiedene Wege gibt, glücklich und zufrieden durchs Leben zu gehen, gibt es auch unterschiedliche Möglichkeiten, mit herausfordernden Situationen umzugehen. Wir müssen schlichtweg die für uns passende Variante finden und uns akzeptieren, wie wir sind. Natürlich dürfen wir uns auch weiterentwickeln!

Bewusst auf die eigenen wunden Punkte blicken

Und so hat auch jeder Mensch seine eigenen wunden Punkte, die ihn besonders empfindlich machen.

Heidemarie Brosche, 65, verheiratet, drei Kinder (33, 31, 24)

Rückblickend wurde mir bewusst, dass mich eines meiner Kinder immer damit aus der Reserve locken konnte, dass es mir – in einer ohnehin schon angespannten Situation – ins Gesicht grinste. Für mich sah es aus wie »frech ins Gesicht grinsen«. Wir haben uns damals manchmal darüber unterhalten, wenn die Situation vorüber war, und erst kürzlich brachte ich es anlässlich dieses Buches noch einmal zur Sprache. Der gut 30-Jährige sagte dasselbe wie der 8-Jährige: »Ich bin sicher, ich wollte dich nicht auslachen. Das Lachen kam einfach so. Ich kann dir nicht sagen, warum.«

Was mir selbst inzwischen klar ist: Ich fühlte mich ausgelacht. Und ja, es gab in meiner Kindheit Situationen, in denen ich sehr darunter litt, von anderen Kindern ausgelacht zu werden – weil ich eher unsportlich und ungeschickt war.

Was ich inzwischen aber auch weiß: Wenn Menschen lachen oder grinsen, nachdem es einen Knatsch gegeben hat, dann kann dies etwas damit zu tun haben, dass von der Evolution her gesehen das Grinsen dazu diente, den Gegner zu beschwichtigen – wie man es bei Affen sehen kann, die die Zähne zeigen, wenn sie Demut demonstrieren wollen.

Und so wie es bei mir der wunde Punkt »ausgelacht werden« war, kann es ganz andere wunde Punkte geben.

Wer sich hier rechtzeitig mit sich selbst beschäftigt, ist immerhin vorbereitet.

Marie, 31, verheiratet, noch kinderlos

Ich weiß jetzt schon, dass es mich verletzen könnte, wenn ich mich ignoriert oder abgelehnt fühle.

Buse, 28, verheiratet, noch kinderlos

Aus der Fassung bringen kann mich mein Kind bestimmt, wenn es meinen »wunden« Punkt trifft. Der ist meine Angst vor dem Verlust von geliebten Menschen. Ich würde vermutlich durchdrehen, wenn ich mein Kind mal nicht erreichen kann und ich nicht weiß, ob ihm/ihr etwas zugestoßen ist. Diese Erfahrung musste ich schon einmal bei meinem Bruder erleben und selbst da war ich sehr leicht aus der Fassung zu bringen.

Wer sich aber dem eigenen wunden Punkt stellt, der – ausgelöst durch das Kind – immer wieder heftig schmerzt, kann dies als Chance nutzen.

Paula, 50, alleinerziehend, ein Kind (13)

Wenn ich mich von meiner Tochter, mit der mich normalerweise eine herzliche, vertrauensvolle Beziehung verbindet, herabgewürdigt und gedemütigt fühle, kann es vorkommen, dass ich laut und wütend werde. Alles in mir schreit dann: »So geht hier niemand mit mir um!« Mit mir ist man als Kind sehr herabwürdigend umgegangen, und diese alte Wunde schmerzt einfach zu heftig. Mir ist bewusst, dass das mit *mir* zu tun hat, dass es *meine* Wut ist aufgrund *meiner* Geschichte, die ich in *mir* heile. Und dabei helfen mir auch die nicht so netten Äußerungen meiner Tochter. Unsere Kinder legen ja immer den Finger in die Wunde, die können das richtig gut. Und genau das gibt uns die Chance, dorthin zu schauen, diese Wunde zu heilen und daran zu wachsen und erwachsen zu werden.

Für Möglichkeiten sorgen, das eigene Verhalten in herausfordernden Situationen gespiegelt zu bekommen

Hart, aber wirksam: wenn wir das eigene Verhalten gespiegelt bekommen und uns eingestehen müssen, dass es dem widerspricht, wie wir uns selbst sehen möchten.

Katia, 39, alleinerziehend,ein Kind (3)

Ich denke, viele Eltern kennen es, dass ihnen einmal (oder auch mehrmals) ein Satz rausrutscht, den sie garantiert nie-nie-nie-niemals sagen wollten, zum Beispiel »Wenn du jetzt nicht kommst, gehe ich ohne dich!«, und den sie in dem Moment vielleicht auch mal genau so meinen. Ich habe vor Kurzem meine Tochter mit ihrer Puppe beobachtet und sie spielte eine Situation nach, in der ich genau den Satz zu ihr gesagt hatte. Das war wirklich schlimm, so den Spiegel vorgehalten zu bekommen! Wenn meine Tochter eine solch blöde Situation zwischen uns mit ihrer Puppe nachspielt, macht mich das schon betroffen und ich mache mir Gedanken. Die Sorge davor, verlassen zu werden, ist für ein kleines Kind schließlich existenziell bedrohlich. Ich habe jedoch nicht den Eindruck, dass sie unter unseren Konflikten nachhaltig leidet. In dem Moment selbst kochen aber natürlich alle Emotionen hoch.

Manchmal ergibt sich ja bereits der Mimik-Schock: Unversehens blickt uns im Spiegel oder in einer Schaufensterscheibe eine vor Wut verzerrte Fratze entgegen.

Wer es wirklich ernst meint, kann es ja auch mal mit einem eiligen Selfie versuchen, sofern er dazu in der Lage ist. Oder er platziert vorübergehend einen Spiegel genau dort, wo ihn oft die Wut übermannt, weil es hier immer wieder zu herausfordernden Situationen kommt – in einem Regal, auf einem Tisch ... Das Ergebnis könnte erschrecken, aber auch wachrütteln. Wollen wir wirklich so sein?

Gnädig mit uns selbst sein und akzeptieren, dass wir nicht fehlerfrei sind

Der nächste Schritt aber: Auf keinen Fall dürfen wir verzweifeln und mit uns selbst hadern, sondern wir müssen dringend auch mal gnädig mit uns selbst sein. Manches lässt sich bei gutem Willen ändern, manches aber kriegen wir einfach nicht besser hin. Dabei hilft immer wieder die Erkenntnis, dass das mit dem Menscheln bei Menschen normal ist. Wer zu viel von sich verlangt, schafft sich selbst die Unzufriedenheit, die ihn dann belastet. Was wiederum zulasten des Kindes geht. Auch eine ressourcenorientierte Sicht auf sich selbst kann hier gute Dienste tun: *Was habe ich heute schon gut geschafft? Es ging ja gar nicht alles daneben. Die nächste Situation meistere ich wieder besser ...*

Im Ernstfall professionelle Hilfe suchen

So, und wenn nun alles nicht hilft und wenn Eltern spüren, dass da etwas im Inneren, in der Seele sitzt, eine Last, etwas nicht Aufgearbeitetes, das einen angemessenen Umgang mit dem eigenen Kind verhindert, dann ist es wahre Stärke und wahre Liebe, wenn sie sich Hilfe holen. Bei Fachleuten, bei Profis, bei Menschen, die von außen draufschauen.

Sehr oft ist eben das, was man das innere Kind nennt, die Ursache für die Unfähigkeit zur Wertschätzung. Man kann nicht nett zu anderen sein, wenn man nicht nett zu sich selbst sein kann. Demütigungen und andere tief sitzende Negativ-Erlebnisse in der eigenen Kindheit sind dafür meist verantwortlich. Dies aufzuarbeiten, braucht Unterstützung.

Wo man sich professionelle Hilfe holen kann:

- in einer Erziehungsberatungsstelle,
- bei Institutionen des Deutschen Kinderschutzbundes,
- bei https://www.familylab.de,
- in einer psychotherapeutischen Praxis,
- in einer familientherapeutischen Praxis,
- in einer Spezialpraxis für Eltern oder Mütter, wie sie im Folgenden beschrieben wird.

Karin Gümmer, alleinerziehende Mutter einer 13-jährigen Tochter, schlug aufgrund eigener schmerzhafter Erfahrungen in der Kindheit bewusst einen anderen Weg ein, lernte die Alexander-Technik, wurde DialogProzessBegleiterin, familylab-Seminarleiterin und Authentic Moverin nach Janet Adler und studierte Traumapädagogik.

Lange bevor sie selbst Mutter wurde, war ihr klar, dass sie die Demütigungen, denen sie selbst als Kind ausgesetzt war, niemals an eigene Kinder weitergeben würde. Sie beschäftigte sich unter anderem mit der Pädagogik von Emmi Pikler, Rebeca Wild und Jesper Juul und war überzeugt davon, ihrem eigenen Kind mit den vier Grundwerten Gleichwürdigkeit, Integrität, Authentizität und Verantwortung (nach Jesper Juul) zu begegnen.

Als ihre Tochter geboren war, stieß sie dennoch an Grenzen. Dabei gelang es ihr durch intensives Bemühen, aus alten Mustern, Konditionierungen und Prägungen der Kindheit auszusteigen und für sich persönlich eine Beziehung auf Augenhöhe mit der Tochter zu realisieren, in der das Kind nicht als Defizitwesen betrachtet wird, und dabei dennoch die zu sein, die führt. Letzteres selbstverständlich, ohne Macht zu missbrauchen!

In ihrer Rolle als Mutter überkam sie immer wieder große Traurigkeit: Was wäre gewesen, wenn ich selbst mit einer solchen Art der Begleitung groß geworden wäre? Wie hätte ich mich dann entwickeln können? Nach der Traurigkeit aber siegten stets Hoffnung und Zuversicht: Ich kann es anders machen! Ich kann aus den alten Mustern ausbrechen, auf dass es meinem Kind und mir selbst besser geht!

Heute sagt sie: »Ich lade die Frauen ein, ihren Körper wieder spüren zu lernen und die Botschaften ihres Körpers wahrzunehmen und zu verstehen. Hier erleben viele Klientinnen das erste Mal, dass sie über sich selbst verfügen und bestimmen können, dass sie nicht mehr von außen und von ihrer Geschichte gesteuert werden müssen. Das führt zu mehr Lebendigkeit, Leichtigkeit und ermöglicht den Ausstieg aus der Opferrolle hin zur Verantwortung. Hier verbindet sich der psychologische Ansatz mit dem körperlichen. Dieser ›Lernprozess‹ ist nicht kognitiv möglich, er muss erfahren, gespürt werden. Er muss sprichwörtlich unter die Haut gehen. Mit der Alexander-Technik, aber auch dank meiner Erfahrung als DialogProzessBegleiterin und meinem Wissen des Authentic Movements vermittle ich meinen Klientinnen durch meine Worte und durch meine Berührung, dass es einen Raum gibt zwischen Reiz und Reaktion. Man kann darüber Bücher lesen ohne Ende, es ist aber nicht kognitiv erfassbar, man muss es körperlich erspüren und erleben.«[42]

Wenn wir Eltern bereit sind, in Distanz zu uns selbst zu treten und uns selbst freundlich, aber dennoch kritisch zu betrachten, schaffen wir damit eine wunderbare Voraussetzung dafür, besser mit unseren Kindern – vor allem auch in herausfordernden Situationen – umgehen zu können.

An der inneren Einstellung/Haltung arbeiten

Tja, und jetzt geht es nicht mehr nur darum, uns selbst aus der Distanz zu betrachten, sondern an uns zu arbeiten. Klingt schlimmer, als es ist. Und kann so hilfreich sein!

Bereit sein, sich von alten Mustern zu lösen

Da ist zum einen die Bereitschaft, sich von Denkmustern zu lösen, die so vertraut sind und an die man so gewöhnt ist. Auch dies erfordert Reflexion im Alltag, Wachsamkeit. Trotz noch so guten Willens gelingt es selten auf Anhieb, sich zu lösen. Wenn ich nun mal– vermutlich von den Eltern weitergegeben – das Muster in mir trage: »Wer nicht hören will, muss fühlen«, dann braucht es einen enormen Kraftakt, dies zu hinterfragen und dann auch noch abzuwerfen.

Möglicherweise hat man immer noch viele von uns mit Botschaften wie »Ein Indianer kennt keinen Schmerz!«, »Jungen weinen nicht!«, »Mädchen sind nicht wütend, sondern lieb!« beglückt und wir haben sie so selbstverständlich verinnerlicht, dass wir sie an die eigenen Kinder weitergeben, ohne darüber nachzudenken. Welche Folgen hat dies dann? Dürfen tapfere Menschen wirklich keinen Schmerz empfinden und nicht klagen oder weinen? Dürfen Jungen keine Gefühle der Traurigkeit zulassen, weil es sonst als Schwäche gilt? Müssen Mädchen immer lieb sein? Gilt das tatsächlich? Wie sollen sie Gefühle der Wut und damit diese Anteile von sich selbst in ihr Selbstbild integrieren und wie mit der Wut in ihrem Leben zurechtkommen? Wie können sie damit arbeiten? Wenn wir Eltern uns dies nicht intensiv bewusst machen, übernehmen auch unsere Kinder diese und andere ausgesprochene und unausgesprochene Botschaften in ihr Selbstbild. Sie wollen es uns Eltern ja recht machen und uns gefallen.

Es lohnt sich für uns Eltern, hier nicht aufzugeben und uns nicht entmutigen zu lassen. Im Gegenteil, wir müssen uns selbst und unsere Ansichten immer wieder infrage stellen. Wenn wir uns vor Augen halten, wie das Kind von der Veränderung profitiert, motiviert dies und spornt an!

Herausforderungen allgemein als selbstverständlichen Teil des Lebens ansehen

Viele Menschen halten ein Leben ohne Störungen für den Normalfall, manche gar ein Leben auf der Überholspur. Weder das eine noch das andere ist uns Menschen für ein ganzes Leben garantiert, es ist sogar alles andere als realistisch. Viel eher erleben wir immer wieder Situationen, die uns nicht gefallen, die uns vielleicht sogar zurückwerfen.

Hier hilft die Erkenntnis, dass Störungen keine Katastrophe sind, sondern völlig normal. Gewisse Situationen, die durch die Entwicklungsphasen der Kinder entstehen, erleben ja viele Eltern in der einen oder anderen Form und Ausprägung. Den Unterschied für die Entwicklung des Kindes und für das eigene Wohlbefinden machen schlichtweg die unterschiedlichen Reaktionen der Eltern: Drehen sie durch, weil sie die Störung so schrecklich finden, oder schaffen sie es, mit der Störung als selbstverständlichem Teil des Lebens gelassen umzugehen?

Das An-die-Grenzen-Gehen beziehungsweise das Grenzen-Überschreiten seitens Heranwachsender als normal und sogar wünschenswert ansehen

Ein weiteres Denkmuster, dem wir an den Kragen gehen können: Es ist schlimm, wenn Kinder und Jugendliche an Grenzen gehen beziehungsweise diese Grenzen überschreiten. Ja, es kommt uns Erwachsenen schlimm und lästig und anstrengend vor. Aber für die Heranwachsenden ist es eben verlockend. Sie wollen weiter gehen, als wir es ihnen zugestehen, und sie wollen ihren eigenen Kopf einsetzen, Autonomie entwickeln und nicht immer nur tun, was die allmächtigen Eltern erwarten. So lernen sie, so werden sie erwachsen und reif.

Sollten Sie sich grämen, dass Ihr eigenes Kind nicht so brav und angepasst ist wie das Ihrer Freunde/Verwandten/Nachbarn, trösten Sie sich bitte mit dem Gedanken, dass manchmal Druck und Angst dahinterstecken, wenn Grenzen nicht ausgetestet werden. Druck kann von Eltern auch sehr subtil eingesetzt werden, sodass es »von außen« nicht bemerkt wird. Es kommt vor, dass Menschen, die als Kinder und Jugendliche durch Angepasstheit entzückten, ihre Grenzen später und auf unerfreulichere Weise suchen. Selbstverständlich muss das nicht geschehen! Sollte Ihr Kind ohne große Grenzüberschreitungen durch die Pubertät kommen, freuen Sie sich. Aber freuen Sie sich im Inneren eben auch über Ihren Grenzgänger und bleiben dabei dennoch klar in Ihrer Haltung. Sich freuen heißt nicht, alles zu dulden.

Und noch ein Gedanke, der hilfreich sein kann: Eltern lernen eine Menge über sich selbst, wenn sie damit konfrontiert sind, dass ihre Kinder die von ihnen gesetzten Grenzen missachten. Und dieser Lernzuwachs bietet eine enorme Chance, die Chance nämlich, an sich selbst zu arbeiten.

Akzeptieren, dass es Kinder gibt, die in besonderem Maße Grenzgänger sind, und das Positive daran sehen

Sollten Sie selbst das Gefühl haben, besonders geplagt zu sein, könnte es daran liegen, dass Sie mit einem Grenzgänger ganz besonderer Ausprägung gesegnet sind. Das ist anstrengend, unbestritten! Aber es gibt sie nun mal, diese jungen Menschen! Und an ihnen ist nichts falsch! Oft steckt ein besonders starkes Autonomiebedürfnis hinter dem belastenden Verhalten. Und dies ist ja nichts Schlechtes. Sie haben einen besonders starken Willen und wissen ganz genau, was sie wollen. Eltern müssen halt nur besonders gut auf sie aufpassen. Irgendwann kann sich das, was bisher so anstrengend war, positiv bemerkbar machen, zum Beispiel wenn diese Kinder als Jugendliche nicht »mit dem Haufen laufen«, also nicht jeden Mist mitmachen, den Gleichaltrige anstellen.

Akzeptieren, dass es überhaupt Kinder gibt, die besonders herausfordernd sind

Das besonders Herausfordernde an Kindern kann sich in vielerlei Hinsicht äußern. Hier nur ein paar Beispiele:

- Hochsensibilität,
- außergewöhnliche Gefühlsstärke,
- Hochbegabung,
- Spezialbegabung,
- besondere Empfindlichkeit gegenüber Reizen,
- besondere Schwierigkeiten in der Gruppe.

Egal, was die besondere Herausforderung ist – Lamentieren, Verzweifeln, Ungeduld und Austicken sind nicht zielführend. Akzeptieren sehr wohl. Wenn Eltern lernen, mit dieser Besonderheit gut den Alltag zu gestalten, wenn sie herausfinden, welche Rituale oder Strukturierungen die Orientierung leichter machen und wie sie die Schwingungsbreite der Emotionen auf Eltern- und Kinderseite minimieren, dann fühlt sich alles nicht mehr so anstrengend an.

Wenn Eltern zum Beispiel erfahren, dass ihr Kind eine Autismusspektrumsstörung hat, verändert dies das Leben aller beteiligten Personen, auch wenn es einiges vom Verhalten ihres Kindes erklärt und sie als Eltern dadurch von Schuldgefühlen entlastet werden. Für diese Kinder gibt es ein Programm (TEACCH), das durch methodische Strukturierung und Visualisierung eine grundlegende Förderung für alle Bereiche der Entwicklung anstrebt. Grundsätzlich ist dieses Modell jedoch sicherlich für alle Kinder hilfreich, die Probleme in der Strukturierung haben und denen Klarheit, Orientierung, Verbindlichkeit und Sicherheit helfen.

Es wird in diesem Fall viel mit Bildern und klaren und übersichtlichen Strukturen im Raum gearbeitet. Das Kind hat ein Bild – ein Foto von sich selbst, ein Tierbild oder das Bild eines anderen beliebten Gegenstandes, das seine Bereiche kennzeichnet, also seinen Stuhl, seinen

Garderobenhaken, seine Schubladen, seinen Arbeitsplatz, sein eigenes Zimmer … So kann der Bereich klar erkannt oder wiedererkannt und anerkannt werden, wodurch die Orientierung erleichtert wird. Wo ist mein Platz? Was gehört mir?

Von einzelnen Bereichen können Fotos gemacht werden, zum Beispiel »So sieht der Schrank/Schreibtisch … aus, wenn er aufgeräumt ist«.

Das Positive am Geschwisterstreit sehen

Viele Eltern berichten, dass eine der größten Herausforderungen in der Familie der Streit unter Geschwistern ist. Auch dies ist wieder extrem verständlich – siehe Kapitel 3. Was aber enorm erleichtern und damit die Gesamtsituation entschärfen kann: wenn Eltern bereit sind, Geschwisterstreit nicht nur mit der Negativ-Brille zu betrachten.

Thomashoff sagt, Streiten erlaube die Erfahrung, etwas bewirken zu können, und er hängt die Empfehlung an, Streiten müsse gelernt werden.[43] Wohl den jungen Menschen, die Streitpartner im eigenen Haus haben! Und wohl den Eltern, die das Streiten ihrer geliebten Kinder nicht als Heimsuchung ansehen, sondern als wichtiges Training, das ihren Kindern langfristig guttut!

Eltern müssen dennoch aufpassen, dass sie sich nicht in die Gefühlsstrudel ihrer Kinder mit hineinziehen lassen. Sie können aber Gutes bewirken, indem sie den Kindern Regeln für »positives Streiten« mitgeben und diese selbst auch vorleben (siehe Kapitel 7).

Tränen und Wut der Kinder nicht als Bedrohung betrachten

Laut Mathias Voelchert geben Eltern, die es aus Angst vor den Tränen und dem Wutausbruch ihres Kindes nicht wagen, klar »Nein!« zu sagen, die Führung in der Familie an ihre Kinder ab. Er betont, dass es echte Erwachsene aushalten können, dass ihre Kinder frustriert sind, wenn ihnen ein Wunsch abgeschlagen oder zumindest nicht sofort erfüllt wird.[44]

Wenn wir diese Einstellung verinnerlichen, gehen wir anders an jede konfliktträchtige Situation mit unseren Kindern heran. Wir sind nicht mehr getrieben von Harmoniesucht, wir sind nicht mehr getrieben von dem Wunsch, Konflikte zu vermeiden. Wenn wir wirklich sicher sind und verstanden haben, dass durch gewaltfrei ausgetragene Konflikte weder unseren Kindern noch der Beziehung zu unseren Kindern Leid geschieht, dann verlieren wir die Angst vor diesen Situationen, dann begegnen wir ihnen stark und nicht ausweichend.

Haltung weg von der Defizitorientierung üben

Viele von uns haben es von klein auf gelernt – überall auf die Schwächen, auf das Negative zu sehen. So richten Menschen auch bei ihren Kindern leicht das Hauptaugenmerk auf das, was man kindliches Fehlverhalten nennt.

Dabei geht es auch anders, weg von der Defizitorientierung und hin zur Ressourcenorientierung: *Was kann mein Kind schon?* Und auch dies lässt sich trainieren. Wir können uns bewusst angewöhnen, das Gute an Situationen zu sehen. Und ganz besonders auch: bewusst die Stärken in den vermeintlichen Schwächen unserer Kinder zu sehen, siehe mein Buch *Mein Kind ist genau richtig, wie es ist.*

Wibke, 41, verheiratet, zwei Kinder (13, 11)

Es gibt immer mal wieder Situationen, bei denen ich hinterher denke, dass ich mit einem geringeren Stresslevel wesentlich ruhiger und auch wertschätzender agiert hätte. Also mehr gesehen, was gut war und das dann auch ausgesprochen hätte.

Die Klassiker, wie zum Beispiel pubertäres Verhalten und Schulversagen, weniger hoch hängen

Wer sich in Familien mit Schulkindern und Jugendlichen umhört, bekommt immer wieder Stoßseufzer, Klagen und Verzweiflungstiraden über Probleme rund um Pubertät und Schule zu hören. Meiner Wahrnehmung nach sind dies sogar die beiden Hauptquellen für Kummer und Zerwürfnisse in den Familien, die dann natürlich auch für mangelnde Wertschätzung verantwortlich sind.

Auch wenn ich diesen Kummer absolut ernst nehme – ich selbst hatte enorm unter beidem zu leiden –, möchte ich doch an alle Eltern appellieren: Lasst euch die Laune, die Gesundheit und vor allem euer Verhältnis zu euren Kindern nicht derart vermiesen durch das, wie es in der Schule läuft, und auch nicht durch »schreckliches« Verhalten in der Pubertät!

Bei aller Kritik an unserem Schulsystem muss man anerkennen, dass es durchlässig ist. Das heißt zwar leider, dass der Abstieg von einer Schulart zur anderen stattfinden kann, es heißt aber auch, dass es viele Gelegenheiten bietet, Vergeigtes nachzuholen, wenn ein Kind oder ein Jugendlicher sich wieder gefangen hat.

Ich selbst war damals regelrecht erlöst, als mir ein Lehrer meiner pubertierenden Jungs leidenschaftlich ans Herz legte, ich solle mir mein wunderbares Verhältnis zu meinen Söhnen nicht durch Pubertät und Schule kaputtmachen lassen.

Und er hatte recht: In den allermeisten Fällen handelt es sich um Phasen, die vorübergehen. Allerdings hinterlassen diese nur dann keinen Schaden, wenn weiterhin Wertschätzung, Zuwendung und Nähe vonseiten der Eltern aufgebracht werden!

Achtung: Wenn Eltern das Gefühl haben, dass die Probleme durch eine psychische Auffälligkeit verursacht werden, dass ihr Kind deshalb so eigenartig, hilfsbedürftig, unerträglich … wirkt, sollten sie sich nicht scheuen, professionelle Hilfe zu holen. Dies kann entlastend und unterstützend fürs gesamte Familiensystem sein.

Das Unabänderliche vom Änderbaren unterscheiden lernen und es deshalb akzeptieren

Und wieder greift hier der Satz, der mir schon oft geholfen hat:

**Schenk mir die Kraft,
die Dinge zu ändern, die ich verändern kann,
die Dinge hinzunehmen, die ich nicht verändern kann,
und die Weisheit, das eine vom anderen zu unterscheiden.**

Für uns Eltern heißt dies: Wenn sich etwas, das wir als unangenehm oder gar belastend empfinden, einfach nicht beheben lässt, bringt es nichts, zu hadern und zu lamentieren. Manchmal kann eben das Annehmen einer Situation der Anfang der Besserung und die Rückkehr zur Wertschätzung sein.

Sich um Gelassenheit bewusst bemühen

Es kann auch helfen, sich Folgendes zu sagen: Meine ganz persönliche Stärke ist es jetzt, mich nicht aufzuregen, nicht ausfallend und abwertend zu werden, nicht an der Situation oder am Leben zu verzweifeln, sondern ich bewahre die Fassung und die innere Ruhe, ich bleibe meinem Kind gegenüber wertschätzend!

Dass dies schwierig ist, braucht nicht betont zu werden. Dass man es üben kann, sehr wohl. Und jeder kleine Moment, in dem es gelingt, sollte »gefeiert« werden.

Sich um Perspektivenwechsel bewusst bemühen

Die schwedische Schriftstellerin Astrid Lindgren hat einmal beklagt, es sei nicht leicht, ein Kind zu sein. Ein Kind müsse sich von Erwachsenen persönlichste Kommentare über Aussehen, Gesundheitszustand, Kleidung und Zukunftsaussichten anhören. Sie stellt die rhetorische

Frage, was wohl passieren würde, wenn man mit Erwachsenen auch so umginge.[45]

Auch wenn sich die Zeiten inzwischen verändert haben und Kinder sich vielleicht nicht mehr ganz so viele Kommentare anhören müssen, so bleibt doch die Tatsache, dass es manchmal äußerst zielführend sein kann, im Geiste die Perspektive zu wechseln und sich vorzustellen, wie man selbst es aus der Sicht des Kindes sehen, wie man auf dieses oder jenes Verhalten reagieren würde. Sehr schnell spürt man dann, dass man sich selbst als Kind eine andere Verhaltensweise seitens der Erwachsenen wünschen würde.

Ein kleiner heilsamer Trick kann auch sein, sich vor Augen zu halten, wie man mit einem Besuchskind umgehen würde, das gerade schrecklich laut tobt oder wehleidig ist oder etwas zu Boden wirft. Oder aber auch, wie man einem Erwachsenen verständlich machen würde, dass die Zeit drängt oder dass sein Wutgeschrei unangebracht ist. Ja, das mit der Würde gilt nun mal für alle, auch für unsere eigenen Kinder!

Was das ewige Korrigieren und Maßregeln betrifft, das Erwachsene so leicht an den Tag legen: Wie würde es sich anfühlen, wenn jemand das mit uns machen würde? Wenn wir ständig von unserem Partner zu hören bekommen würden, was wir gut und schlecht machen? Wie würden wir uns fühlen, wenn das auch noch vor Publikum passieren würde?

Wibke, 41, verheiratet, zwei Kinder (13, 11)

Belastet hat mich später manchmal, wenn ich das Gefühl hatte, dass meine Reaktion die Kinder verletzt hat. Wenn ich heftiger reagiert habe als vielleicht nötig beziehungsweise wenn man die Situation hätte auch ganz anders angehen können. Ich denke, manchmal hätten die Kinder vielleicht mehr Verständnis für ihre Situation gebraucht, ich hätte es mehr mit ihren Augen sehen sollen.

Gut funktioniert auch, wenn wir uns bewusst machen, dass wir selbst etwas erleben, das gemeinhin als »typisch Kind« gilt.

Jana, 41, verheiratet, zwei Kinder (8, 6)

Wiederholt ist mir als Erwachsene Folgendes passiert: Ich bin sicher, ich komme um die Ecke der Küche und der Platz reicht mir. Mir ist bewusst, dass es knapp kalkuliert ist. Und schon stoße ich mit dem Ellenbogen die Glasflasche an, die schließlich am Boden zerschellt. Ich denke mir: Pech gehabt, verkalkuliert, so ist das eben! Viele Kinder werden wegen eines solchen Missgeschicks ausgeschimpft. Ich frage mich: Wie würde ich mich fühlen, wenn zum Missgeschick auch noch Tadel und böse Worte kämen? Diese Gedanken tun gut und tragen mich durch ähnliche Situationen mit meinen Kindern.

Was wir daraus ableiten können? Ist es wirklich nötig, ein Kind zu tadeln oder zu schimpfen, wenn ihm ein Missgeschick passiert, selbst dann, wenn es auf Unachtsamkeit zurückgeht? Erkennt das Kind nicht selbst seinen Fehler? Leidet es nicht selbst schon darunter? Können Eltern nicht einfach mitfühlend sein?

Außer sich in die eigenen Kinder einzufühlen, kann es sehr wirksam sein, wenn wir uns zurückerinnern: Wie haben wir uns gefühlt, als unsere Eltern mit uns nicht wertschätzend umgegangen sind?

Jana, 41, verheiratet, zwei Kinder (8, 6)

Ich erinnere mich an ein paar Situationen, in denen meine Eltern mich geschimpft oder gestraft haben. Einmal habe ich meinem Bruder im Sandkasten Sand in die Augen geworfen und musste dann in mein Zimmer. Das fand ich selbst total doof und überflüssig, weil es mir eigentlich total leidtat und ich es sofort begriffen hatte. Ein andermal musste ich eine Haarschneideschere meines Vaters, die ich aus Versehen kaputt gemacht hatte, von meinem Taschengeld ersetzen. Auch das fand ich überflüssig, denn ich hatte sie verwendet, weil erstens kein Erwachsener da war, der mir hätte helfen können, und zweitens hatte ich einfach nicht überrissen, dass ich etwas kaputt mache. Ich fand es gar nicht passend, dass ich deswegen geschimpft worden bin. Man hätte mir das auch einfach erklären können – so nach dem Motto »Wieder was fürs Leben gelernt!«. Und nachdem es mir sowieso schon sehr leidtat, hätte sich sicher auch eine Möglichkeit der Wiedergutmachung geboten, die ich ja gerne geleistet hätte. Aber das mit dem Taschengeld fand ich einfach nicht passend. Dabei ging es mir gar nicht ums Geld, sondern darum, dass man sich so wenig damit beschäftigt hatte, wie das alles gekommen war, mit welcher Motivation und wozu ich die Schere überhaupt benutzt hatte.

Manchmal wissen wir über vieles sehr gut Bescheid, aber können uns dennoch nicht vorstellen, wie unser nicht wertschätzendes Verhalten auf unser eigenes Kind wirkt, wie es aus seiner Sicht wahrgenommen wird. Wenn wir dies bewusst thematisieren und unser Kind um offene Äußerungen bitten, können wir interessante Informationen erhalten, die sich auf unser weiteres Verhalten positiv auswirken. Also beherzt nachfragen, siehe »Zu den Interviews und Erfahrungsberichten« ab Seite 23!

Die Arbeit an der eigenen inneren Haltung ist nie einfach, aber sie ist jede Mühe wert. Der Lohn erfolgt in Form einer Horizonterweiterung und eines deutlich verbesserten Zusammenlebens, vor allem auch mit dem eigenen Kind.

Vorbildwirkung nutzen

Wir lernen am Vorbild, das kam in diesem Buch bereits mehrmals zur Sprache. Warum also sollten wir selbst diese Möglichkeit des Modelllernens nicht nutzen? Was wir also brauchen, sind Modelle, Rollenvorbilder für wertschätzendes UND klares Verhalten, vorzugsweise gegenüber Kindern und Jugendlichen.

Sich umgeben mit Menschen, die wertschätzend agieren

Am nächsten liegt natürlich die Möglichkeit der realen Vorbilder. Wer Menschen kennt, die das in seinen Augen gut hinbekommen, sollte Augen und Ohren offen halten und sich möglichst oft in deren Nähe aufhalten – ohne zu nerven, wohlgemerkt. Wer Menschen kennt, die genau das Gegenteil tun, sollte ohne Not nicht allzu viel Zeit mit ihnen verbringen und sich lieber fernhalten. Das Verhalten könnte abfärben, ohne dass es bewusst bemerkt wird.

Betrachten entsprechender Filme

Auch an Filmen lässt sich Modelllernen praktizieren. Ob es nun Spielfilme oder Filme zum Thema »Erziehung« sind, spielt nicht die entscheidende Rolle, wenn auch Spielfilme mehr Vergnügen garantieren. ;-)

Lesen entsprechender Bücher

Schließlich kann auch durch gezielte Lektüre von Büchern, in denen ein wertschätzender und klarer Umgang in der Erziehung gepflegt wird, die Vorbildwirkung genutzt werden – und zwar durch das Lesen von Kinderbüchern ebenso wie durch das von solchen für Erwachsene. Entsprechende Video- und Buchempfehlungen kann man sich auch im Austausch mit anderen Eltern holen.

Das Schöne: Am Vorbild können wir Eltern nebenbei lernen – auch ohne uns groß anzustrengen. Und das sollten wir nutzen.

KAPITEL 5

Die Stunde der Wahrheit – wie wertschätzendes UND klar führendes Verhalten in herausfordernden Situationen aussehen kann

Astrid, 42, zwei Kinder (11, 8)

Ein Mensch, der »wertschätzend« erzogen wird, fühlt sich geliebt und als Person okay und richtig. Für mich bedeutet das nicht, keine Grenzen zu setzen, nicht zu streiten et cetera. Wertschätzende Erziehung ist derzeit eine der größten Herausforderungen in meinem Leben.

Das richtige Verhalten in herausfordernden Situationen

Klar sein

In ihrem bereits erwähnten Artikel »Schluss mit dem Zirkus!« räumt Vorsamer unter anderem auch diesen elterlichen Fehler ein: »Wir sagen vage ›Benimm dich‹ oder ›Räum auf‹, statt konkret: ›Stell das Buch ins Regal.‹«

Tja, auch das sollten wir wohl richtiggehend trainieren: stets klar zu vermitteln, was wir erwarten. Viele sind ja daran gar nicht gewohnt – klar zu sein, zum Beispiel weil man es ihnen als Kind als zu frech ausgetrieben hat oder weil sie zu ängstlich sind und niemanden verletzen wollen.

Auch die Neigung, Fragen zu stellen à la »Wechseln wir jetzt die Windeln?« oder »Willst du jetzt nicht bitte ins Bett gehen?!«, obwohl etwas schlichtweg getan werden *muss*, ist alles andere als klar und zielführend.

Das Schöne: Wer sich für einen besseren Umgang mit seinen Kindern klare Worte antrainiert, der profitiert von seinem neuen Können in jeder Beziehung.

Auch wenn es eigentlich nicht sinnvoll ist, Menschen zu sagen, was sie *nicht* tun sollen, hier ein kleines, bewusstes Abweichmanöver. Die folgenden vier Verhaltensanregungen positiv zu formulieren, ist mir einfach nicht gelungen.

Nicht säuseln, jammern, betteln

Hier geht es nicht um die Wahl der Worte, sondern um all das, was unsere Worte begleitet, man nennt dies paraverbale Kommunikation. Alles rund um unsere Stimme also, womit wir Botschaften an andere richten – die Stimmlage, die Lautstärke, die Aussprache, die Betonung, das Sprechtempo und die Sprachmelodie.

»Meine Güte, worauf soll ich denn noch alles achten?!«, mögen Sie beim Lesen jetzt denken. Aber das Paraverbale darf tatsächlich nicht unterschätzt werden. Gerade im Kontakt mit Kindern wird – meist unbewusst – oft zum Säusel-, Jammer- und Bettelton gegriffen. Der ist alles andere als überzeugend und hat mit echter Wertschätzung nichts zu tun.

Manchmal braucht es eine gewisse Lautstärke, um die Aufmerksamkeit der Kinder zu erreichen, die gerade wild tobend spielen. In akuten Gefahrensituationen bleibt Eltern ohnehin nichts anderes übrig. Und immer lohnt es sich, auch über das Paraverbale zu transportieren, dass es uns Eltern ernst ist mit bestimmten Ansagen.

Und wenn nun tatsächlich das einsetzt, was gemeinhin »Schimpfen« genannt wird, dann ist Lautstärke eben nicht nötig, ein ernster Tonfall in Verbindung mit kurzen, klaren Worten kann genügen. Wichtig sind neben dem Paraverbalen natürlich auch die Worte selbst. Wenn das Kind etwas getan hat, was uns eindeutig nicht gefällt, dann können wir ihm das sehr wohl wertschätzend sagen.

Nicht:

»Du hast ein anderes Kind geschlagen. Du bist schlimm!«

Sondern:

»Du hast ein anderes Kind geschlagen und ihm wehgetan. So etwas werde ich nicht noch einmal zulassen.«

Nach der Situation kann dann auch noch Folgendes besprochen werden: »Du möchtest sicher auch nicht, dass man dir oder deinem kleinen Bruder wehtut!« In der Situation selbst aber müssen kurze, klare Worte genügen.

Auch auf Formulierungen müssen wir achten, das heißt: *Was will ich vom Kind?* Und nicht: *Was soll das Kind unterlassen?*

Zum Verbalen und Paraverbalen gesellt sich natürlich auch das Nonverbale, also Mimik, Gestik, Körpersprache. Weiter vorne ging es bereits darum, dass Eltern, die auf ihre Kinder wütend sind, oft mit einem angsteinflößenden Gesichtsausdruck auftreten. Den Gesichtsausdruck können wir aber sogar bewusst nutzen.

> Das Kind hat etwas getan, was die Mutter eindeutig verboten hatte.
> Mutter: »Schau mein Gesicht an, ich bin verärgert!«
> Dies dient in diesem Fall nicht dem Erzeugen von Angst, sondern lehrt das Kind von klein auf, Körpersignale auszuwerten und zu verstehen.

Kontraproduktiv ist auch, wenn Eltern die eigenen Aussagen »verwässern«, indem sie sie durch einen Wortschwall von abmildernden Füllwörtern undeutlich werden lassen. Zum Beispiel so: »Eigentlich würde ich jetzt dann gerne demnächst schon mal langsam losgehen wollen.«

Nicht zynisch werden

Leider schleicht sich leicht auch ein ironisierender bis zynischer Tonfall ein, wenn Eltern sich vom Kind »geärgert« fühlen. Verständlich, aber alles andere als angemessen! Kinder verstehen die Ironie womöglich noch gar nicht, spüren aber das Abwertende des Zynismus, denn auch er wird ja über alle drei Ebenen vermittelt: verbal, paraverbal und nonverbal. Also grundsätzlich eine Sprache benutzen, die das Kind verstehen kann und die keine Abwertung spüren lässt!

Keine faulen Kompromisse eingehen

Gerade Eltern, die ein hohes Maß an Harmoniebedürfnis haben und eher konfliktscheu sind, möchten gerne alles tun, damit wieder Frieden zwischen ihnen und dem Kind herrscht. Das ist verständlich und schön, endet aber manchmal in faulen Kompromissen. Es wird dem Kind etwas versprochen, es wird ein Zugeständnis gemacht, das alles andere als angebracht ist. Also authentisch, glaubwürdig und mutig bleiben!

Nicht willkürlich oder rachsüchtig agieren

Egal, was der Anlass für die herausfordernde Situation ist – zwei Dinge sollten sich Eltern grundsätzlich verbieten: Willkür und Rache.

Willkür ist abzulehnen, weil die Kinder nicht verstehen, warum Eltern sich so verhalten, wie sie es tun, und weil sie sich ausgeliefert fühlen. Sie lernen dabei nichts, aber auch gar nichts Positives.

Rache ist eine Verhaltensweise, die in keiner Weise zum verantwortungsbewussten Verhalten eines reifen Erwachsenen passt. In einer Atmosphäre von Willkür und Rache kann sich kein Kind sicher fühlen. Dies hat starke negative Auswirkungen auf die Bindung zwischen Eltern und Kind und auf die Entwicklung eines gesunden Selbstwertgefühls und Selbstbewusstseins. Gefühle von Verzweiflung und Ohnmacht sind die Folge.

Sich darum bemühen, die Achtung des Kindes nicht zu verlieren

Manchmal verlieren Eltern die Fassung derart vor ihren Kindern, dass sie nicht mehr angsteinflößend wirken, sondern lächerlich. Wenn es einmal passiert, können Eltern sich und ihr Verhalten erklären, nachdem wieder Ruhe eingekehrt ist. Wenn das Rumpelstilzchen-Verhalten aber regelmäßig einsetzt, kann es passieren, dass die Achtung, die Kinder vor ihren Eltern haben, zu bröckeln beginnt.

Die Liebe spüren lassen

Und jetzt kommt etwas, was manche Menschen verwirrt: In einer Situation, die höchst konfliktgeladen ist – kann man da noch Liebe spüren lassen? Na ja, sicher nicht immer, es hängt schlicht von der Situation und der persönlichen Verfassung der Eltern ab. Aber sie können sich zumindest darum bemühen.

Dieses »die Liebe spüren lassen« kann sich äußern, indem man dem Kind nach einem Wortwechsel über den Arm streicht oder indem man ihm ein kleines Lächeln schenkt. Hier kann jeder seine ganz individuelle Möglichkeit finden.

Kinder wirken manchmal erst erstaunt und dann erleichtert, wenn so spürbar wird: *Ich fand dein Verhalten alles andere als okay, aber das hat mit meiner Liebe zu dir gar nichts zu tun. Im Gegenteil, weil du mir so wichtig bist, rege ich mich auf.*

Lena, 49, verheiratet, keine Kinder

Ich wurde in meiner Kindheit sehr oft geschimpft, sicher auch, weil ich nicht so pflegeleicht war, wie sich meine Eltern das vorgestellt haben. Ich kann mich nicht erinnern, jemals etwas wirklich Schlimmes angestellt zu haben, meine Eltern haben das aber sicher anders gesehen. Ich habe vieles infrage gestellt und wenn mir der Sinn einer Regel nicht klar war, habe ich mich auch nicht dran gehalten, was dann natürlich Ärger gab. Aber »Das ist so« beziehungsweise »Das macht man eben so« konnte ich einfach nicht akzeptieren.

Was auch klar war: Wertschätzung gab es nur, wenn ich die an mich gestellten Erwartungen erfüllte. Selbst dann hielt sich mein Vater aber noch sehr bedeckt. Ein Kind hatte zu gehorchen, gut in der Schule, ordentlich und höflich zu sein, das war eine Selbstverständlichkeit, dafür musste man sein Kind nicht extra loben. Meine Mutter war diesbezüglich zwar freigiebiger und emotional zugewandter, aber auch bei ihr war klar, wie man als Kind zu sein und wie man sich zu verhalten hatte. Ob das wirklich ihre Vorstellungen waren oder ob sie nur die meines Vaters übernommen hatte, weil es einfacher war, weiß ich nicht.

Ich habe das als Kind so hingenommen, ich kannte es ja nicht anders. Lange Zeit hat es mir auch relativ wenig ausgemacht, ich war in den ersten Jahren ziemlich robust – oder resilient, wie man heute sagen würde. Das hat sich dann aber geändert, auch das beste »Immunsystem« ist irgendwann überfordert. Und da hat sich dann bei mir die Grundüberzeugung festgesetzt: *So, wie du bist, bist du nicht in Ordnung. Lieben kann man dich nur, wenn du dich änderst.* Das habe ich dann die nächsten zwei Jahrzehnte bis zur völligen Selbstaufgabe versucht, immer in der Hoffnung, es meinen Eltern doch noch irgendwie recht machen zu können. Hat natürlich nicht funktioniert, obwohl ich mich wirklich nach allen Regeln der Kunst verbogen habe. Ich bin froh, dass ich irgendwann die Kraft gefunden habe – oder verzweifelt genug war –, mich freizustrampeln.

Die schlimmste Strafe, an die ich mich erinnern kann, wurde verhängt, wenn ich mich widersetzte, wenn ich trotzig und »ungezogen« war. Ich wurde dann weggeschickt und musste alleine in meinem Zimmer sitzen, während der Rest der Familie etwas gemeinsam machte. Das konnte ich kaum aushalten. Das Gefühl »Die haben mich nicht mehr lieb« war unerträglich. Gut für meine Eltern, in den Tagen danach war ich extrem brav, fast schon unterwürfig, nur, um nicht mehr isoliert zu werden.

Das Lachen nicht verbannen

Die Wirkung des Humors – auch in Krisensituationen – wurde immer wieder bewiesen. Auch ohne solche Beweise spürt jeder, der lacht, wie gut es tut. Deshalb sollten Eltern jede Gelegenheit nutzen, die sich bietet, auch in ernsten Situationen das Lachen nicht ganz zu verbannen. Denn so schlimm ist die Angelegenheit in den allermeisten Fällen nicht.

Allerdings passt das mit dem Humor nicht zu jedem Kind beziehungsweise zu jeder Situation. Es kann auch vorkommen, dass Kinder dieses Verhalten kränkt, weil sie sich in ihrer Not nicht ernst genommen fühlen. Selbst ein freundlich gemeintes Lachen kann missverstanden werden.

Ungewöhnliche Reaktionen auf herausforderndes kindliches Verhalten zeigen

Sehr oft kennen uns unsere Kinder so gut, dass sie ziemlich genau vorhersagen können, wie wir reagieren. *Jetzt kommt das wieder!*

Vom Humor war soeben die Rede, überraschendes Verhalten kann aber viel mehr sein. Auf jeden Fall sollte es ein Verhalten sein, mit dem das Kind nicht rechnet. Selbstverständlich darf es nichts mit Willkür zu tun haben!

Gerti, 62, verheiratet, drei Kinder (30, 28, 23)

Einmal habe ich einen meiner Söhne – damals spätpubertierend – sprachlos gemacht, indem ich ihn, nachdem wir uns ausgiebig gezofft hatten, ins Restaurant zum Abendessen einlud. Die Überraschung, der veränderte Rahmen und mein sichtliches Nicht-Nachtragen lösten spürbar etwas in ihm, und wir konnten uns auf einmal wie zwei erwachsene Menschen miteinander unterhalten. Bis heute habe ich dies nicht bereut.

Bewusst die verletzbare Seele des Kindes wahrnehmen

Und was immer wieder hilft: Wenn wir – auch in schwierigen Situationen – an die zarte kindliche Seele denken, die hinter der Fassade des »Delinquenten« verborgen ist. Dies gelingt umso leichter, wenn man sich an die alten Zeiten erinnert, wo genau dieser Mensch so kleine Hände hatte, so süß lächelte, sich so wunderbar geborgen bei uns fühlte.

Vielleicht hilft die reine Erinnerung, vielleicht erinnert auch ein Foto an besonders innige Zeiten.

Wenn Eltern es auch nur schaffen, einige dieser Verhaltensweisen zum Einsatz zu bringen, werden sie bald ein paar Früchte ernten können. Vielleicht gesellen sich Zug um Zug immer mehr dazu und Entspannung breitet sich aus.

Hilfreiche Gedanken während herausfordernder Situationen

Neben all den Dingen, die wir Eltern in herausfordernden Situationen TUN können, gibt es auch noch eine Reihe von Gedanken, die uns während dieser Situationen möglicherweise helfen.

Gedanke 1: Ich bin der Erwachsene, das Kind ist ein Kind!

Klar, selbstverständlich! Aber gerade im Eifer des Wortgefechts vergessen auch Erwachsene diese Tatsache gelegentlich. Sie gehen mit dem Kind um, als gelte es, einen ebenbürtigen Gegner zu besiegen. Dabei ist es a) kein Gegner und b) nicht ebenbürtig. Zwar gleich würdig, aber eben doch ein Kind oder ein Jugendlicher. *Wir* sind in der Verantwortung, *wir* sind erwachsen, *wir* konnten schon mehr menschliche Reife erwerben, *wir* müssen *die Rolle des Erwachsenen ausfüllen.*

Gedanke 2: Das »Nein!« geschieht aus Liebe.

Wenn wir uns schäbig fühlen und engstirnig und unsympathisch, weil uns unsere Kinder den Eindruck vermitteln, wir seien so, dann hilft der Gedanke, dass unsere Klarheit auf Liebe zum Kind beruht. Weil wir es lieben, sind wir nicht schwach, sondern stark. Weil wir es lieben, ertragen wir es, für einige Zeit zur blödesten Mutter oder zum uncoolsten Vater aller Zeiten abgestempelt zu werden.

Gedanke 3: Das Kind weiß es im Innersten womöglich zu schätzen, dass ich kein Fähnchen im Wind bin.

Der nächste Gedankenschritt: Das »Nein!« geschieht nicht nur aus Liebe, sondern wird im Innersten vom Kind womöglich sogar als das gedeutet, was es ist – eine mutige, starke Verhaltensweise, die ihm hilft.

Gedanke 4: Das Kind wird mein Verhalten später vermutlich ganz anders bewerten als im Moment.

Und noch ein Gedankenschritt weiter: Das Kind wird dieses »Nein!« später mal ziemlich sicher als mutige, starke Verhaltensweise bewerten, auch wenn es dies im Moment nicht erkennt.

Gedanke 5: Ich als Mutter oder Vater werde an herausfordernden Situationen wachsen.

Ebenfalls ein hilfreicher Gedanke in der Not: Auch wenn mir die Situation im Moment gar nicht gefällt, auch wenn sie mich stresst, anstrengt, herausfordert, auch wenn sie mir peinlich ist und ich mich hilflos fühle: Genau an solchen Situationen reift der Mensch, reife also auch ich und wachse.

Jeder einzelne dieser Gedanken kann Mut und Zuversicht spenden, wenn wir uns kläglich fühlen und Mühe haben, unserem Kind gegenüber klar zu sein.

Sinnvolles Verhalten nach herausfordernden Situationen

Auf das Kind zugehen

Und wenn man sich so richtig über das eigene Kind geärgert hat, und wenn es uns so richtig gezeigt hat, dass es zu uns auch mal gar nicht nett sein muss, dann ist der Moment gekommen, in dem wir die Rolle des Erwachsenen ausfüllen und Größe und Souveränität zeigen sollten. Indem wir auf das Kind zugehen, obwohl alles in uns schreit: »Jetzt soll es mal sehen, wie es ohne meine Wertschätzung auskommt!« Das Kind braucht den Schutz und die Fürsorge der Eltern. Der damit verbundenen Verantwortung müssen wir uns immer bewusst sein.

Kleine Erfolge würdigen

Auch uns selbst gegenüber können wir nachsichtig sein und der Defizitorientierung einen Tritt in den Hintern verpassen: Jeder noch so kleine Erfolg verdient es, gewürdigt zu werden. Ob es uns trotz großen Ärgers gelungen ist, nicht ganz so heftig zu schimpfen wie beim letzten Mal, ein kleines Lächeln aufzusetzen oder auch einfach nur dem Kind einen kurzen Blick zuzuwerfen, der ihm zeigt: *Ich hab dich trotzdem lieb!,* wir können und müssen froh sein, vielleicht sogar ein bisschen stolz. *Es geht in die richtige Richtung – Schritt für Schritt.*

Zu den eigenen Schwächen stehen und authentisch sein

Und wenn wir wieder in dieselbe Falle getappt sind, wieder an derselben Stelle ausgetickt sind, wieder im entscheidenden Moment kein wertschätzendes Wort über die Lippen brachten, dann hilft nur eines: zu dem stehen, was nun mal so schwerfällt. Zugeben, dass manchmal die innere Größe fehlt, gelassen und freundlich zu bleiben, weil der Ärger einfach stärker ist.

Sich entschuldigen

Genau dann kommt der Moment, wo wir uns entschuldigen können und sollen. Kinder nehmen die ehrliche Entschuldigung eines Erwachsenen in der Regel gerne an, freuen sich darüber. Es sei denn, die Entschuldigung kommt zu spät oder das Verhältnis basiert nicht auf Wertschätzung, sondern auf Machtausübung seitens der Erwachsenen.

Katia, 39, alleinerziehend, ein Kind (3)

Ich entschuldige mich (fast) jedes Mal bei meiner Tochter, wenn ich finde, dass ich mich nicht richtig verhalten habe. Wir sprechen jeden Abend über den Tag und da kommen neben den vielen schönen Momenten auch solche Dinge zur Sprache. Für mich fühlt es sich sehr gut an, mich zu entschuldigen – ich selbst habe als Kind andere Erfahrungen gemacht. Meine Tochter sagt dann oft »Danke« oder umarmt mich oder sagt so was wie »Du darfst DOCH zu meinem Geburtstag kommen!« – die Geheimwaffe aller Dreijährigen!

Jana, 41, verheiratet, zwei Kinder (8, 6)

Besonders wenn ich laut geworden bin, entschuldige ich mich regelmäßig. Das mache ich nicht nur bei meinen Kindern, sondern auch bei meinem Mann, wenn ich ihm gegenüber ungeduldig oder ungerecht war. Mir geht es dann besser und meine Entschuldigungen werden immer angenommen – ich denke, dass sie einfach auch authentisch sind und ich bei mir bleibe. Also nicht: »Ich habe so reagiert, weil DU …«

Wibke, 41, verheiratet, zwei Kinder (13, 11)

Ich entschuldige mich sehr wohl bei meinen Kindern und versuche ihnen zu erklären, was genau meine Reaktion ausgelöst hat und warum ich so reagiert habe. Manchmal muss ich ja auch zugeben, dass das überzogen oder nicht angemessen war. Mir ist es wichtig und es gibt mir ein besseres Gefühl nach so einer negativen Situation. Wir finden so schneller zusammen und können positiv weiter miteinander umgehen. Die Kinder zeigen ebenfalls Verständnis, versuchen zu verstehen und wir reden darüber, was wir beim nächsten Mal anders machen können. Auch die Kinder entschuldigen sich, wenn sie wirklich falsch gehandelt oder reagiert haben.

Nicht nachtragend sein

Weil es bei Menschen eben so sehr menschelt, sind auch Eltern manchmal kleinkariert, engstirnig und so gar nicht großzügig. Sie sind beleidigt und nachtragend. Dabei tut es so gut – sowohl den Eltern selbst als auch dem Kind –, wenn sie in der Lage sind, das zu verzeihen, was so kränkend war. Nur so kann das Leben wieder unbeschwert weitergehen. Ganz abgesehen davon, dass beleidigt zu sein kein Zeichen menschlicher Reife ist.

In Erwägung ziehen, aber nicht erwarten, dass das Kind im Innersten vielleicht etwas wiedergutmachen möchte

Ohne eine Erwartung zu äußern, sollten wir zumindest in Erwägung ziehen: Es könnte sein, dass es unserem Kind inzwischen leidtut, womit es uns so zugesetzt hat. Es könnte sein, dass es sich am liebsten entschuldigen würde. Es könnte sogar sein, dass es etwas wiedergutmachen möchte. Und wenn es so wäre, sollten Eltern nicht sagen: »Nein, von dir nehme ich das jetzt nicht an!« Wenn sie spüren, dass sie innerlich noch nicht so weit sind, sollten sie zumindest signalisieren: »Ich akzeptiere das, aber bitte gib mir noch etwas Zeit!«

Mut zur Inkonsequenz

Trotz des großen Plädoyers für Klarheit in diesem Buch und trotz aller Appelle, konsequent zu sein: Wer bei einer klar ausgesprochenen Konsequenz plötzlich kein gutes Gefühl mehr hat, kann dies auch mit dem Kind besprechen: »Ich habe noch mal darüber nachgedacht und finde es gar nicht passend, was ich ausgesprochen habe. Ich habe mich so sehr geärgert! Du hast gar nicht mehr auf mich reagiert! Wie geht es dir jetzt damit? Was schlägst du vor? Hast du eine Idee, wie wir mit dieser Situation – auch in Zukunft – umgehen wollen, sodass wir beide gut damit leben können?« Allerdings ist diese Methode vom Alter des Kindes abhängig, für die meisten Kleinkinder wäre sie eine Überforderung.

Nach der herausfordernden Situation etwas im weitesten Sinne »Positives« tun zu können, sollten wir uns nie nehmen lassen. Dies tut uns selbst gut und prägt auch unseren weiteren Umgang mit dem Kind positiv.

KAPITEL 6

Perfekte Eltern sind ein Albtraum – wie Eltern mit dem Scheitern umgehen können

Jan-Uwe Rogge, Erziehungsberater

Kinder mögen keine perfektionistischen Eltern. Sie wollen Eltern aus Fleisch und Blut.[46]

Mehrmals wurde es schon angesprochen: Viele Eltern sind beseelt von dem Gedanken, es müsse mit Kindern, die man liebt und mit denen man sich so richtig Mühe gibt, immer alles harmonisch laufen. Widerstand gegen Regeln, Überschreiten von Grenzen, Weinen, Gezeter und böse Worte vonseiten der Kinder und aus dem eigenen Munde werden wie Scheitern bewertet. Dies trifft nicht zu!

Unsere Kinder wachsen in einer Zeit auf, in der sie von der Wirtschaft als Kaufkraft gezielt umworben und mit unzähligen Reizen überflutet werden. Wünsche und Bedürfnisse werden ohne Unterlass geweckt: noch ein Eis, noch länger Konsole spielen, noch länger wach bleiben, noch ein Lego-Set ... Auch wer eine sehr lange Zündschnur, ganz viel Geduld und einen gut gefüllten Geldbeutel hat, wird früher oder später an den Punkt kommen, an dem ein Nein ausgesprochen werden muss! Und genau das ist eben kein Scheitern!

Hier das Beispiel einer Mutter, die möglichst lange versucht, auf das Setzen einer Grenze zu verzichten. Das Kind reizt die Grenze immer weiter aus, und am Ende ist klar: Irgendwann muss eine Grenze gesetzt werden – und sie wird sogar akzeptiert.

Die Familie packt gerade alles ein, um vom Freibad nach Hause zu gehen. Da spielt sich folgende Unterhaltung ab:
Kind: »Mama, ich wollte noch ein Eis.«
Mutter: »Das passt jetzt nicht mehr.«
Kind: »Dann esse ich zu Hause eins.«
Mutter: »Ja, das ist eine gute Idee.«
Kind: »Nein, zwei.«
Mutter: »Passt für mich auch, wenn du die kleinen Wassereise meinst.«
Kind: »Nein, ich möchte drei.«
Mutter: »Wenn du vorher gut zu Abend gegessen hast, ist auch das für mich in Ordnung.«
Kind: »Nein, fünf.«
Mutter: »NEIN!«
Kind: »Okay.«

Sich bewusst machen, dass Scheitern zum Leben gehört

Wenn ich ehrlich bin, habe ich mir nie im Leben so oft beim Scheitern zugesehen wie als Mutter kleiner, größerer und fast erwachsener Kinder.

Ja, jeden Tag gestalten beziehungsweise bewältigen wir Mütter und Väter unzählige Situationen im Zusammenleben mit unseren Kindern. Da müssen wir die Erkenntnis zulassen, dass wir – an den eigenen Ansprüchen gemessen – nicht alle dieser Situationen perfekt managen können. Solange wir die überwiegende Anzahl an Situationen einigermaßen passend gestalten, wird das Kind sicher und geschützt aufwachsen, ein starkes Selbstwertgefühl aufbauen und sich gut entwickeln.

Von der auf uns selbst bezogenen Defizitorientierung, die mit Selbstzweifeln, Traurigkeit über das eigene Verhalten und Gefühlen des Scheiterns einhergeht, sollten wir uns verabschieden und zu einer Ressourcenorientierung à la »Was hat toll geklappt? Was habe ich elegant gelöst?« übergehen.

Astrid, 42, zwei Kinder (11, 8)

Bevor ich Kinder hatte, habe ich mir überhaupt keine Gedanken gemacht, wie ich in Konfliktsituationen reagieren werde. Ich habe nur an Liebe gedacht. An die Liebe zwischen meinem Mann und mir, die sich dann vergrößert, weil auch noch die Liebe zu einem Kind da sein wird.

Einige wenige Situationen, die ganz anders gelaufen sind, als ich es wollte, belasten mich bis heute. Mein jüngerer Sohn wollte mit circa 4 Jahren auf einem Spaziergang unbedingt seine Gummistiefel ausziehen, es war recht kalt und hat geregnet. Ich habe es nicht erlaubt und daraufhin hat er diesen typischen Wutausraster bekommen, der in diesem Alter so oft stattfindet und kein rationales Ende findet. Damals war ich selbst so wütend, dass ich ihn in den Kinderwagen geschnallt habe und ihn bis nach Hause dort brüllen und kreischen habe lassen. Zu Hause war er so furchtbar erschöpft und unglücklich von seinem Geschrei. Mir tut es immer noch leid. Das Geschrei hätte ich vielleicht auch durch andere Reaktionen ausgelöst – aber ich würde ihn heute nicht mehr »gewaltsam« im Kinderwagen festbinden. Meinen älteren Sohn habe ich bei einem Streit einmal so laut und grässlich angebrüllt, dass er angefangen hat zu weinen. Dafür schäme ich mich heute noch.

Ich denke aber, meine Kinder tragen nichts Belastendes aus der Vergangenheit mit sich herum, das ich durch mein Verhalten bewirkt habe. Ich finde das Zusammenleben mit ihnen und ihre Erziehung viel freier, flexibler und kreativer, seit sie älter sind. Wir können gut reden. Sicher weiß ich einiges nicht, aber ich bin schließlich die Mutter und nicht ihr bester Freund. Aber wir sind immer in gutem Kontakt zueinander. Bislang hatte ich das große Glück, dass wir dadurch nach Auseinandersetzungen immer recht schnell wieder zueinandergefunden haben, keine Beziehungsstille entsteht.

Sich bewusst machen, dass Kinder am »Scheitern« der Eltern einiges lernen

Dieser Gedanke mag zunächst befremden. Am Scheitern lernen? Am Scheitern der Eltern obendrein? Dabei ist es gar nicht so wenig, was Kinder lernen, wenn ihre Eltern mal nicht so glücklich agieren, wenn sie das mit der Wertschätzung oder das mit der klaren Führung nicht so gut hinbekommen.

Kinder lernen: Erwachsene sind nicht perfekt.

Wie erwähnt: Eltern müssen nicht perfekt sein, um gute Eltern zu sein. Aber für Kinder stehen diese allmächtigen Erwachsenen, die ihre Eltern sind, zunächst einmal sehr weit oben in der Ohne-Fehl-und-Tadel-Skala. Eine Weile glauben sie wohl wirklich daran, dass Eltern alles können und alles richtig machen. Erlauben wir uns ein kleines Gedankenexperiment: Was würde passieren, wenn Kinder bei dieser Ansicht stehen blieben, wenn sie auch noch im Erwachsenenalter an die Perfektion ihrer Eltern glauben würden? Wie würden sie sich selbst dann fühlen?

Klein und minderwertig vermutlich. Ist es unter diesem Gesichtspunkt nicht schlichtweg zu begrüßen, dass Eltern vor den Augen und Ohren ihrer Kinder immer wieder mal Fehler machen, dass sie nicht alles im Leben perfekt hinkriegen?

Kinder lernen: Erwachsene können ihr eigenes Verhalten reflektieren.

Und jetzt wieder mal eine große Chance für uns Eltern: Wenn wir, nachdem wir unsere Unvollkommenheit unter Beweis gestellt haben, nicht einfach zur Tagesordnung gehen, sondern unseren Kindern zeigen, dass wir über unser Verhalten und unsere Worte nachdenken, dass wir uns Gedanken darüber machen, was gut und schlecht daran war, dann sind wir ein wunderbares Vorbild für diese unsere Kinder. Von denen wir uns ja auch wünschen, dass es für sie irgendwann selbstverständlich ist, ihr eigenes Verhalten zu reflektieren.

Kinder lernen: Erwachsene können sich entschuldigen.

Ein Vorbild sind wir auch, wenn wir unseren Kindern sagen, dass uns unsere Worte und Taten leidtun. Wenn sie dies immer wieder miterleben, wird es auch ihnen in Fleisch und Blut übergehen. Dass es kein Zeichen von Schwäche ist, sich zu entschuldigen, sondern dass es mit innerer Größe und Souveränität verbunden ist, lernen unsere Kinder auf diese Weise »so nebenbei«.

Kinder lernen: Erwachsene können um Besserung ringen.

Und schließlich lernen Kinder, dass auch Erwachsene sich große Mühe geben können, eine Sache besser als bisher zu bewältigen. Wenn wir damit kein gutes Vorbild sind … ;-)

Kinder lernen: Wenn man Menschen reizt, muss man mit den Folgen leben.

Zuletzt lernen Kinder noch auf einer anderen Ebene dazu, wenn die geliebten Eltern vom positiven Weg abweichen: Sie lernen, dass man Menschen reizen kann, dass auch gute, liebe Menschen so lange aus der Reserve gelockt werden können, bis man sie kaum wiedererkennt. Sie trainieren es, Signale wahrzunehmen und sich im besten Fall deeskalierend zu verhalten, sprich: ihre Eltern nicht weiter zu reizen. Solche Situationen – selten – im geschützten Rahmen der Familie zu erleben, ist vermutlich weniger verstörend, als die Erfahrung mit wildfremden Menschen oder in der Schule, in der Arbeit, im Freundeskreis, in der Partnerschaft et cetera zu machen. Eltern müssen die unschöne Szene allerdings angemessen aufarbeiten, nachbesprechen, erklären. Auf keinen Fall darf sie als Bedrohung im Raum stehen bleiben!

Während der Arbeit an diesem Buch verfolgte ich in einem Elternforum eine Diskussion, die durch folgenden Gedanken Jesper Juuls ausgelöst war: Er habe es ständig mit Eltern zu tun gehabt, die sich nicht sicher waren, ob sie ihren Kindern gegenüber laut werden dürften. Und er habe diesen Eltern gesagt, natürlich sei es erlaubt, zu heulen, zu schreien und so weiter. Denn: Für Kinder seien lebende Eltern wichtig, keine Schaufensterpuppen. Die Diskussion entzündete sich am Thema »Schreien«. Einige der Diskutierenden zeigten sich sehr verwirrt. Man habe in letzter Zeit doch immer lesen können, dass Schreien der Seele des Kindes schade, und nun diese Aussage, ausgerechnet von Jesper Juul! Eine Diskussionsteilnehmerin brachte einen interessanten Gedanken ins Spiel: Ihre eigene Mutter sei sehr selten laut geworden, aber sie habe sie auf andere Weise manipuliert, habe ihr die Schuld an allem gegeben, habe ihr das Gefühl vermittelt, sie sei dumm und schlichtweg nicht so, wie sie sein sollte.

Ich glaube, hier wird deutlich, worauf es ankommt: dass gelegentliches Schreien, wenn Eltern es gerade einfach nicht besser hinbekommen, wenig Schaden auslöst im Vergleich zu elterlichen Verhaltensweisen, die für Kinder viel schwerer zu durchschauen sind.

Jesper Juul rät Eltern strikt von Schuldgefühlen und schlechtem Gewissen ab, genau so komme es zu unklaren Formulierungen und unklaren Botschaften. Also lieber die Flucht nach vorne antreten – und auf die nächste Gelegenheit zum Bessermachen hoffen!

Wenn wir nicht jedes Scheitern als Katastrophe bewerten, sondern dessen positive Seiten wahrnehmen können, müssen wir uns beim Abweichen vom geplanten Weg der Wertschätzung und klaren Führung nicht mit Schuldgefühlen abschleppen, die weder unseren Kindern noch uns selbst helfen.

KAPITEL 7

Klassische Konfliktthemen – Wertschätzung UND klare Führung konkret

Wer dieses Buch bis hierhin aufmerksam gelesen hat, weiß, dass es zu manchen Konfliktsituationen gar nicht kommen muss, wenn Eltern …

- für eine liebevolle und klare Beziehung zwischen sich und ihren Kindern sorgen,
- sich Zeit für ihr Kind nehmen,
- sich bemühen, gute Vorbilder zu sein,
- bereit sind, so manches kindliche Verhalten anders zu bewerten,
- durch ihr (Kommunikations-)Verhalten keine Machtkämpfe auslösen,
- vorausdenken und so manche kritische Situation zu verhindern wissen,
- immer mal wieder in Distanz zu sich selbst gehen und an ihrer Haltung arbeiten.

Sollten Sie hier ein bisschen geschluckt haben, weil es so viel ist, was *Eltern* sollen: Ja, wir Eltern sind nun mal die, die in der Verantwortung stehen, nicht unsere Kinder! Ja, das ist eine Belastung, aber auch eine große Chance, weil wir eben in vielem die Weichen stellen können.

Aber selbst wenn wir alles richtig zu machen versuchen, gibt es immer wieder Situationen, die zu eskalieren drohen. Einige dieser Situationen wurden bereits angesprochen, eine Auswahl weiterer konfliktträchtiger Situationen folgt in diesem Kapitel.

Nicht immer ist die Zuordnung zu den Überschriften hier einfach. Manches tritt im Leben mit Kleinkindern ebenso auf wie im Leben mit Kindern und manches im Leben mit Kindern genauso wie im Leben mit Jugendlichen. Geschwisterkonflikte gibt es viele Jahre lang und die Schule ist ein Dauerbrenner von der ersten bis zur letzten Klasse.

Nichts von dem, was Sie im Folgenden lesen, soll besserwisserischer Ratschlag sein. Niemals lautet die Botschaft: »Ich weiß, was richtig ist! Wenn du tust, was ich dir sage, wird alles gut!« Vielmehr handelt es sich um Denkanstöße und Handlungsempfehlungen, wie man sie auch guten Freund*innen geben würde, ganz im Sinne von: »Es scheint mir lohnenswert, das Problem mal so oder so zu betrachten und anzupacken.« Dass diese Denkanstöße und Handlungsempfehlungen zu einem angenehmeren Familienklima beitragen, wünsche ich mir sehr.

Das Leben mit Babys

Wenn Babys viel schlafen, wenig schreien und ausgeglichen wirken, werden sie gerne als »brav« bezeichnet, was man als Synonym für »pflegeleicht« verstehen darf. Tatsächlich aber gibt es auch in diesem zarten Alter schon Verhaltensweisen, die Eltern an ihre Grenzen bringen.

Kein süßes Baby – das Kind schläft wenig und schreit viel

Ein Baby ist noch nicht in der Lage, mitteilen zu können, was sein Wohlbefinden stört. Dies kann zu einer großen Herausforderung für Eltern werden.

Denkanstoß

Es ist völlig normal, dass die Mutter ihr »neues« Kind noch nicht gut kennt, es ist normal, dass sie nicht auf Anhieb alle Signale korrekt lesen kann – siehe Mismatch (siehe S. 50). Das Wichtigste ist, dass die Mutter sich darum bemüht und dass das Kind das Bemühen spürt – auch wenn es zunächst nicht nach Erfolg aussieht und das Baby weiterhin wenig schläft und viel schreit.

Denkanstoß

Ursachenforschung ist geboten. Hat das Kind körperliche Beschwerden, zum Beispiel Bauch- oder Ohrenschmerzen? Ist es zu vielen Reizen ausgesetzt?

Denkanstoß

Achtung, auch Babys sind Individuen! Nur weil das Nachbarsbaby den Umtrieb liebt, muss das eigene Kind die Unruhe noch lange nicht mögen!

Handlungsempfehlung !

Wenn die Ursachenforschung nicht zum Ziel führt: Gibt es die Möglichkeit, Unterstützer ins Boot zu holen? Wenn kein Partner und kein soziales Netz aus Familie und Nachbarschaft zur Verfügung stehen, wäre es dann vielleicht lohnenswert, gegen Entlohnung immer wieder ein paar Stunden Ruhe und Schlaf zu ergattern: mithilfe zuverlässiger Babysitter, die das Kind stundenweise übernehmen und auf das Schreien viel gelassener reagieren können?

Handlungsempfehlung !

Hilfe von Schreiambulanzen/Schreibaby-Beratung anzunehmen, die auf diese Problematik spezialisiert sind, ist keine Schwäche! Kein Mensch muss jedes Problem selbst lösen können!

Das Leben mit Kleinkindern

Entwicklungspsychologisch als erste Phase des Autonomiestrebens eingeordnet, im Volksmund »Trotzphase« genannt, konfrontiert diese Zeit die Eltern vehement mit dem Eigenwillen des Kindes. Eigentlich sollten sie froh darüber sein, dass der eigene Wille da ist, tatsächlich aber lässt sich dies oft alles andere als friedlich an. Viele Eltern gestehen, noch nie so sehr an ihre Grenzen getrieben worden zu sein wie in dieser Lebensphase.

»Selba alleine!« – Das Kind will sich nicht helfen lassen

Kinder, die alles selber machen wollen, sind dabei, langsam, aber sicher autonom zu werden.

Denkanstoß
Autonom wird man nun mal nicht auf Knopfdruck als junger Erwachsener!

Denkanstoß
Dass die Dinge länger dauern, wenn Kinder sie erledigen, ist klar. Dass sie oft nicht perfekt ausgeführt sind, ebenfalls. Kleine Kinder aber erfüllt es mit einem so guten Gefühl, es lässt ihr Selbstwertgefühl so sehr wachsen, es lässt sie Selbstwirksamkeit so deutlich spüren, wenn sie möglichst viel alleine machen und ausprobieren dürfen!

Denkanstoß
Jegliche Häme angesichts nicht perfekten Gelingens ist hier fehl am Platze!

Denkanstoß
Auch wenn Eltern bereit sind, die Selbstständigkeitsbestrebungen ihres Kindes zu akzeptieren und zu unterstützen, sind da Grenzen:

- Wenn das Kind Dinge tun will, für die es noch zu jung ist, müssen Eltern einschreiten, weil sonst Gefahr droht.
- Wenn es eilt, weil irgendwelche Sachzwänge schwerer wiegen als die kindliche Zufriedenheit, dann muss das Kind eben mal aufs Selbermachen verzichten.

Handlungsempfehlung !

Eltern können bereits einem so jungen Kind ihre Gründe in Worten verständlich zu machen versuchen – auch wenn dieses null Verständnis äußert, sondern tobt und schreit. Diese Erklärungsmühen der Eltern wirken womöglich nach, da das Kind langfristig spürt, dass es ernst genommen wird. Letzteres kann vor allem dann erfolgreich sein, wenn die Eltern in einer ruhigen Minute – nach Haim Omer: wenn das Eisen kalt ist – auf die Sache zurückkommen und noch einmal erklären, warum die Mama manchmal einfach sehr pünktlich in der Arbeit sein muss oder warum sie nicht zulassen konnte, dass ein vierjähriges Kind, obwohl es wunderbar Rad fahren kann, auf der Hauptverkehrsstraße unterwegs ist.

Handlungsempfehlung !

Eltern können immer wieder bewusst für Gelegenheiten sorgen, bei denen das Kind selbst tätig werden kann – und zwar dann, wenn es zeitlich passt und wenn keine Gefahr droht.

Hilfe, mein Kind ist ein Rumpelstilzchen! – Das Kind hat Wutanfälle

Gerade in einem Alter, in dem das Kind so vieles will und so vieles noch nicht kann oder darf, kann es sich enorm in Trotz und Wut steigern. Für Eltern ist dies schwer auszuhalten. Ja, es wirkt geradezu bedrohlich, wenn das geliebte Kind plötzlich zum Wüterich mutiert, sich schreiend und tobend auf den Boden wirft.

Denkanstoß

Baut das Kind vielleicht einfach Spannungen ab? Bringt es seine Bedürfnisse zum Ausdruck? Testet es Grenzen aus? Nichts davon ist verwerflich. Kein Grund für die Eltern, ebenfalls zu wüten!

Denkanstoß

Ist vielleicht manches wutauslösende Eingreifen oder gar Verbot gar nicht nötig? Natürlich muss dem Kind nicht alles erlaubt werden, nur um den Wutanfall zu verhindern. Aber Unnötiges zu verbieten, ist kontraproduktiv.

Handlungsempfehlung !

Durch vorausschauendes Verhalten können Eltern manche Wutsituationen verhindern, zum Beispiel indem sie genügend Zeit einplanen, dass das Kind bestimmte Dinge selbst erledigen kann.

Handlungsempfehlung !

Im Vorfeld – oder wenn das Eisen kalt ist, falls der Wutanfall überraschend kam – können Eltern die Wut als verständlichen Affekt erklären und über Wege, mit der Wut umzugehen, sprechen. Vielleicht können sie mit dem Kind sogar konkret etwas »planen«.

Handlungsempfehlung !

Damit ein Wutanfall möglichst keine bleibenden Schäden verursacht, kann Verletzungsträchtiges im Vorfeld entschärft oder entfernt werden.

Handlungsempfehlung !

Steckt das Kind bereits im Wutanfall, hilft elterliches Reden kaum mehr, Schreien erst recht nicht. Manchen Kindern hilft es, in den Arm genommen zu werden. Andere wollen lieber eine Weile alleine in ihrem Zimmer sein. Achtung: Das Alleinsein nicht als Strafe »verkaufen«!

Handlungsempfehlung !

Wer eingesehen hat, dass die Wut des Kindes nichts mit Böse-Sein zu tun hat, versteht theoretisch, dass elterliche Wut, Schimpfen, Drohen, Schreien und Strafen keine zielführenden Reaktionen auf kindliche Autonomiebestrebungen sind. In der Praxis ertappen sich viele Eltern dann doch bei diesen Verhaltensweisen. Bekommen sie es aber vielleicht hin, das wütende Kind die sichere Liebe der Eltern spüren zu lassen? Sie können – wenn das Eisen kalt ist – ein Gespräch mit dem Kind führen: Wie kam es zur großen Wut? Wie fühlte sich das für das Kind selbst an? Wie fühlte es sich vermutlich für die anderen an? Kann so vielleicht eine Anbahnung zur Einschätzung eigener Emotionen und zu Empathie geleistet werden? Können sie Verständnis äußern, zum Beispiel so: »Ich verstehe, dass du jetzt sauer bist, weil du dich so aufs Eis gefreut hast. Jetzt geht es gerade nicht, weil wir keine Zeit haben, aber wir verschieben es auf xy. Versprochen!«

Denkanstoß

Auch eine ehrliche Antwort auf folgende Fragen ist lohnenswert: Haben wir Eltern vielleicht durch unser Verhalten dazu beigetragen, dass das Kind Wutanfälle als Mittel zum Zweck einsetzt? Haben wir immer wieder nachgegeben, nur um den Wutanfall zu beenden? Falls ein Ja die Antwort ist, muss ein Änderungsprozess angestoßen werden.

Handlungsempfehlung !

Wer sich eingestehen muss, dass er selbst durch zu nachgiebiges Verhalten zu so manchem Wutanfall beigetragen hat, kann sagen: »Ich habe erkannt, dass ich manchmal nicht klar dir gegenüber war. In Zukunft will ich versuchen, es besser zu machen, weil ich spüre, dass mein Verhalten für dich nicht gut war. Das wird manchmal hart werden, aber ich bin sicher, wir schaffen es gemeinsam.«

Theater im Supermarkt! – Das Kind will etwas unbedingt haben

Auf familylab.de war von einer Mutter zu lesen, deren dreijähriger Sohn ihr zu Beginn des Supermarktbesuches eine Frage gestellt habe: »Mama, darf ich heute etwas Schönes bekommen?« Die Mutter habe ihn belehrt, er müsse doch inzwischen wissen, dass es nicht jedes Mal beim Einkaufen etwas Schönes geben könne. Den ganzen Einkauf hindurch habe sich zwischen Sohn und Mutter ein immer unerfreulicher geratendes Frage-und-Antwort-Spiel abgespielt.

Denkanstoß

Das Ja oder Nein der Mutter sei nicht das Wesentliche, kommentiert Jesper Juul diesen Fall, entscheidend sei es, dass diese nicht konfliktscheu reagiere. Ein ernst gemeintes Ja von Anfang an ermögliche es Mutter und Kind, gemeinsam Freude zu erleben, ein ernst gemeintes, aber freundliches Nein von Anfang an erspare beiden das unerfreuliche Hin und Her. Nach diesem Muster »Entscheidungen treffen, um Konflikte zu verhindern!« lassen sich viele Situationen bewältigen.

Handlungsempfehlung !

Eltern sollten aufrichtig zu dem stehen, was sie selbst in einer Situation gut finden. »Nein, heute möchte ich dir nichts kaufen!« ist kein schrecklicher Satz. Die Aussage muss auch nicht wortreich immer wieder begründet werden.

Handlungsempfehlung !

Auch die Aussage »Ich muss erst nachdenken« ist legitim, wenn Eltern nicht auf Anhieb wissen, wie sie auf eine Bitte oder Forderung ihres Kindes reagieren sollen.

Handlungsempfehlung !

Wenn das Kind keine Einsicht zeigt, führt kein Weg daran vorbei, dass alles, was sich nun zwischen Eltern und Kind abspielt, vor Publikum geschieht. Kein Wunder, dass dies Eltern unangenehm ist! Wer wird schon gerne von anderen dabei beobachtet, wie ihm etwas schlecht gelingt? Dennoch können Eltern sich trotz der Scham, der Hilflosigkeit und des Drucks, den das Handeln vor Publikum auslöst, bewusst darum bemühen, dem Kind Zuwendung zu schenken – auch wenn das Kind dies zunächst nicht honoriert. Das Kind kann dann spüren: *Ich bin an deiner Seite, ich habe dich lieb, auch wenn ich deinen Wunsch jetzt nicht erfülle.* Selbst wenn andere Menschen angesichts des fordernden oder tobenden Kindes glotzen und besserwisserisch kommentieren, können Eltern freundlich und zugewandt beim Nein bleiben, ohne rechtfertigend oder tadelnd auf das Kind einzureden – solange keine Gefahr oder bleibender Schaden droht.

»Zum hundertsten Male!« – Das Kind wiederholt Fehlverhalten

»Ich hab dir das schon hundertmal erklärt und du machst es immer wieder!« – ein häufiger Stoßseufzer genervter Eltern!

Denkanstoß

Wie groß ist der Schaden, der durch das wiederholte Nichtbefolgen eines elterlichen Wunsches ausgelöst wird?

Handlungsempfehlung !

Erkennen Eltern, dass es – bei genauem Hinsehen – eine Lappalie ist, um die sie kämpfen, wäre es denkbar, sich von dem Wunsch zeitweise zu verabschieden. Kann zum Beispiel die Tischdecke, an der das Kind immer wieder zieht, für eine Weile verschwinden, auch wenn Eltern das stillos finden?

Handlungsempfehlung !

Wenn es um Schwerwiegenderes geht, sollten sich die Eltern wohl mit dem Verhalten ihres Kindes beschäftigen: *Was will es mir damit sagen? Welches Bedürfnis kommt womöglich derzeit zu kurz?*

Handlungsempfehlung !

Auch wenn das Kind noch klein ist, können Eltern ihm in einer klaren Ich-Botschaft mitteilen, wie sich die Wiederholung des unerwünschten Verhaltens für sie anfühlt.

Handlungsempfehlung !

Wenn das unerwünschte Verhalten immer wieder in Zusammenhang mit einem bestimmten Gegenstand oder in einer bestimmten Situation geschieht, ist es als Lösung denkbar, den Gegenstand im Vorfeld zu entfernen oder das Kind aus der Situation zu nehmen. Manchmal sind Fakten klarer als eine Dauerschleife aus Reden, Mahnen, Schimpfen.

»Kannst du nicht ein bisschen nett sein?!« – Das Kind zeigt unsoziale Verhaltensweisen

Der Klassiker am Spielplatz: Kind 1 will die Schaufel von Kind 2 haben. Kind 2 will sie nicht hergeben. Kind 1 nimmt sie sich einfach. Geschrei!

Wir Eltern würden uns halt wünschen, dass unser Kind ein von Grund auf soziales Wesen ist oder zumindest – dank unserer Bemühungen um eine wunderbare Beziehung und dank unseres guten Vorbildes – recht schnell eines wird. Aber leider geht es nicht immer so idyllisch zu auf dieser Welt. Auch unsere eigenen Sprösslinge entpuppen sich manchmal als Wesen, die etwas partout nicht ausleihen wollen, die etwas partout haben wollen. Und das ist absolut nichts Schlimmes. Die Frage ist nur, wie wir damit umgehen.

Denkanstoß

Geht es uns – wenn wir ehrlich sind – um unsere eigene Scham? Ist es uns peinlich vor den anderen, dass unser Kind nicht mit Sozialkompetenz brilliert? Oder geht es uns wirklich darum, unser Kind dabei zu unterstützen, Sozialkompetenz zu entwickeln?

Denkanstoß

Wem es an Verständnis für das eigene Kind hier mangelt, dem sei wieder eine Portion Perspektivenwechsel empfohlen: *Würde ich selbst jederzeit mein neues Auto herleihen oder den tollen Pulli, den ich mir endlich geleistet habe?*

Denkanstoß

Wenn das Kind einem anderen Kind wehtut, ohne von diesem etwas haben zu wollen, quasi »einfach so« beißt, tritt oder kratzt, ist wieder einmal Ursachenforschung angesagt: Ist das Kind mit irgendetwas in dieser Situation überfordert? Ist es das, was man »durch den Wind« nennt? Entlädt sich etwas, das Mama oder Papa nicht wissen, weil sie es nicht mitbekommen haben? Auf jeden Fall gilt: Es ist nicht plötzlich böse, sondern sein, im wahrsten Sinne des Wortes, verletzendes Verhalten hat Gründe.

Handlungsempfehlung !

Natürlich kann man das Kind, das nichts hergeben will, in der kritischen Situation ermuntern, sich das geliebte Ding vom Herzen zu reißen. Wenn es dies aber nicht akzeptiert, müssen Eltern nicht unbedingt korrigierend eingreifen. Vielleicht können sie stattdessen dem anderen Kind ein freundliches Wort schenken, zum Beispiel so: »Du siehst, Maxi will das gerade einfach nicht hergeben. Aber bestimmt hast du auch etwas, was du nicht hergeben magst.« Ob das andere Kind die Botschaft versteht, ist nicht das Wichtigste. Es sieht auf jeden Fall, dass die fremde Mama oder der fremde Papa sich für sein Bedürfnis interessiert. Aber vor allem auch sieht das eigene Kind, dass Mama oder Papa seinen Wunsch respektiert, dabei aber auch gegenüber dem anderen Kind und dessen Wunsch zugewandt bleibt. Manchmal überreicht das Kind plötzlich das geliebte Spielzeug doch, wenn es selbst die Entscheidung treffen darf.

Handlungsempfehlung !

Wenn das eigene Kind dem anderen etwas wegreißt oder dem anderen Kind wehtut, ist es unangebracht, wenn Eltern einfach zuschauen. Als Verantwortliche müssen sie Farbe bekennen, eingreifen und das fremde Kind schützen. Auch im Sinne des kleinen Aggressors ist es klarer, in diesem Fall das Kind zur Not auch »aus der Situation zu tragen«, als die Situation zwischen so kleinen Kindern eskalieren zu lassen.

»Ich komm um vor Angst!« – Das Kind gefährdet sich selbst

Für Eltern ist es ganz besonders schwer auszuhalten – das Gefühl, dass sich ihr Kind in Gefahr bringt.

Denkanstoß

Wieder einmal empfiehlt es sich, genau hinzusehen: Wie groß ist der Schaden, der droht?

Handlungsempfehlung !

Wenn nicht mehr als ein aufgeschlagenes Knie oder ein blauer Fleck drohen, reicht es vielleicht, als Eltern eine warnende Information auszusprechen. Eltern müssen bei Nichtbefolgen nicht zwingend eingreifen und das Kind durch Schimpfen oder Drohen von der Selbstgefährdung abhalten. Ist es nicht eindrucksvoller und nachhaltiger, wenn ein Kind spürt, dass manche Dinge tatsächlich wehtun, als wenn es immer nur gesagt bekommt, wie gefährlich alles ist?

Handlungsempfehlung !

Tut sich das Kind tatsächlich weh, ist es überflüssig und kontraproduktiv, besserwisserische oder gar hämische Bemerkungen loszulassen à la: »Siehst du, das kommt davon!«, oder: »Hättest du auf mich gehört ...!« Das Kind hat den Schreck doch gespürt, es muss den Schmerz selbst aushalten! Kann man statt der Häme nicht etwas Nettes sagen wie: »Es tut mir leid, dass das jetzt passiert ist. Aber ich denke, du weißt jetzt, dass es gefährlich ist, wenn …«?

Handlungsempfehlung !

Wenn eine größere Gefahr droht, ist es vorbei mit Zuschauen und Reden. Hier hilft nur beherztes Eingreifen, soweit möglich: also Kind weg von der Straße, Kind runter vom Baum, Kind weg vom Herd …! Ob das Kind tobt oder nicht, spielt keine Rolle. Wenn die Gefahr gebannt ist und die Gemüter von Kind und Eltern sich beruhigt haben, kann ein (er)klärendes Gespräch folgen, das dem Kind sehr wohl vermitteln darf, wie schlimm eine solche Situation ausgehen kann.

Handlungsempfehlung !

Wenn das Kind sich bereits in die Gefahr begeben hat und die Eltern nur noch ohnmächtig zuschauen und hoffen können, ist eine außergewöhnliche Emotion seitens der Eltern vollkommen logisch. Aus der übergroßen Angst wird schnell Wut, wenn alles gerade noch mal gut gegangen ist. Verständlich, dass Eltern diese Wut im ersten Moment nicht kontrollieren können! Bei nicht wenigen Eltern passiert hier eine Kurzschlussreaktion. Sie sind auf dieses geliebte Wesen so unendlich wütend, weil es sich, dieses geliebte Wesen, so sehr gefährdet hat! »Nach dem Erkalten des Eisens« ein zugewandtes Gespräch zu führen, bei dem die Eltern ihre eigenen Gefühle erklären, ist dringend geboten. Es geht nicht darum, das Kind mit Schuldgefühlen zu belasten, aber es muss wissen oder zumindest spüren, dass die Situation, um die es geht, etwas Extremes war – für seine Eltern und für es selbst.

Denkanstoß

Häufen sich Situationen, in denen das Kind sich selbst gefährdet, sollten Eltern wohl in sich gehen: Was könnte der Grund sein? Geht es um Aufmerksamkeit, um Zuwendung? Geht es darum, dass das Kind von allen Herausforderungen ferngehalten wird – in bester Absicht?

Ist das Kind ein Mensch, der Herausforderungen grundsätzlich besonders liebt?

Handlungsempfehlung !

Je nachdem, wie die ehrliche Antwort ausfällt, kann vorgebeugt werden: vielleicht mehr Zuwendung, ohne dass das Kind zu extremen Maßnahmen greifen muss, vielleicht mehr Möglichkeiten, angemessene Herausforderungen zu bestehen, oder gar vielleicht mehr herausfordernde Situationen bieten, die einigermaßen gefährdungsfrei zu bewältigen sind.

»Grober Unfug!« – Das Kind baut Mist

Manche Menschen sind davon überzeugt, dass Kinder nie Unfug machen, sondern durch ihr Verhalten legitime Bedürfnisse stillen. Warum aber sollte sie nicht hin und wieder der Teufel reiten? Erwachsene machen doch auch immer wieder Dinge, von denen sie wissen, dass sie sie besser unterlassen sollten. Menschen handeln nun mal nicht grundsätzlich vernunftgesteuert.

Allerdings ist das, was Erwachsene als Unfug betrachten, mit Vorsicht zu genießen, denn es ist eine Betrachtung durch die Erwachsenenbrille – gespeist von vielen Erfahrungen, die Kinder noch nicht haben können, von der Unlust auf Reinigungs- und Aufräumungsarbeiten und von Scham, wenn der Schaden auch Personen aus anderen Familien betrifft.

Denkanstoß

Achtung, Perspektivenwechsel! Was könnte für das Kind so verlockend am Unfug gewesen sein? Konnte es überhaupt absehen, dass der Unfug unangenehme Folgen haben würde? War die Sache nicht einfach herrlich unterhaltend und das Gegenteil von langweilig?

Denkanstoß

Achtung, Perspektivenwechsel! Wollte das Kind vielleicht vor Gleichaltrigen oder Älteren Eindruck schinden? Wollte es sich einen bestimmten Status »erarbeiten«?

Handlungsempfehlung

Kann der Schaden irgendwie wiedergutgemacht werden? Vom Kind alleine? Oder vom Kind mit Unterstützung Erwachsener? Bei einer derartigen Aktion kann dem Kind a) ein klares Gefühl für den verursachten Schaden und b) das gute Gefühl der WiederGUTmachung vermittelt werden. Jegliche Beschämung und Abwertung sind hier fehl am Platze, auch wenn die Haltung der Eltern klar ist.

Denkanstoß

Lernt das Kind bei einer solchen Aktion, die ja eine natürliche Konsequenz des Unfugs ist, nicht mehr als durch eine Strafe?

Kindergeburtstag – die Hauptperson dreht durch

Eltern geben sich heutzutage jede Menge Mühe, aus dem Geburtstag ihres Kindes ein besonderes Ereignis werden zu lassen. Und genau dann benimmt sich das Kind oft alles andere als dankbar. Manchmal scheint sogar das Geburtstagskind das unvernünftigste Wesen des ganzen Events zu sein. Es gibt den Pascha, die Mimose oder den Tyrannen.

Denkanstoß

Was könnte das Verhalten des Kindes verursacht haben? Haben die Eltern etwas an seinem Kopf vorbei organisiert? Hatte es sich im Grunde seines Herzens eine ganz andere Art der Feier gewünscht? Kann es sein, dass die Eltern ihre persönliche Vorstellung einer schönen Feier durchgedrückt haben, nach dem Motto »Ich weiß, was für dich gut ist!«?

Denkanstoß

Kann das Kind sich so sehr auf die Feier gefreut haben, dass es jetzt in irgendeiner Weise enttäuscht ist und mit dieser Enttäuschung nicht anders als durch unangenehmes Verhalten umgehen kann?

Denkanstoß

Können andere Kinder sich vielleicht – geschickt und für die Erwachsenen nicht wahrnehmbar – über die Bedürfnisse des Geburtstagskindes, das so hohe Erwartungen an die Feier hatte, hinweggesetzt haben? Es – in seinen Augen – geärgert oder missachtet haben?

Denkanstoß

Kann das Kind einfach überfordert sein – von den vielen Eindrücken, Besuchskindern, Geschenken, Spielen ...?

Handlungsempfehlung !

Egal, was die Ursache ist, irgendwie sieht es ja aus der Distanz sehr nach Überforderung aus. Wenn das Verhalten während der Feier gar zu verrückt ist, können vielleicht ein paar ruhige Minuten mit einer erwachsenen Bezugsperson guttun, falls diese zur Verfügung steht. Falls nicht, lohnt es sich, wenn Eltern ihrem Impuls, das Kind bei der eigenen Feier auszuschimpfen, widerstehen und ihm stattdessen eine Sonderportion Zuwendung schenken.

Handlungsempfehlung !

Vielleicht wäre es auch schlichtweg eine gute Lösung, auf große Geburtstagsfeiern bis auf Weiteres zu verzichten. Nicht als Strafe, sondern in Reaktion auf die Überforderungssituation. Keiner muss zehn Kinder einladen, nur weil er bei zehn Kindern eingeladen war! Eltern befinden sich nicht im Wettbewerb! Eine kleine Feier ist für manche Kinder schöner und stressfreier als eine große!

Das Theater mit dem Essen – das Kind ist heikel

Das Essensthema kam im Zuge des Rundblicks zu Beginn dieses Buches bereits zur Sprache. In Frankreich, hieß es da, gilt häufig: »Was auf den Tisch kommt, wird gegessen!«

Denkanstoß
Achtung, Perspektivenwechsel! Wer sich dem französischen Modell am liebsten anschließen möchte, dem seien folgende Gedanken empfohlen. *Möchte ich selbst etwas essen, weil andere beschlossen haben, dass mir dies schmeckt?*

Denkanstoß
Ist irgendjemandem damit gedient, wenn dem Kind ständig Extrawürste gebraten werden oder wenn eine ganze Familie nur noch das zu essen bekommt, was dem König »Kind« schmeckt?

Denkanstoß
Sind Machtkämpfe rund ums Thema »Essen« sinnvoll?

Ich selbst wurde aus einem extrem heiklen Kind zu einer Frau, die inzwischen fast alles dankbar isst. Als junge Mutter wiederum hatte ich das extrem heikle Verhalten eines meiner Kinder eine Weile hingenommen, weil ich mich sehr gut daran erinnern konnte, wie sehr mir selbst vor manchem Essen gegraust hatte. Nun aber war es mir zu viel geworden. Ich wusste: Das Kind liebte sämige Suppen, aber es verweigerte Gemüse. Die rettende Lösung schien nahe, indem ich eine – meinen eigenen Geschmacksknospen nach – delikate Zucchinicremesuppe zubereitete und dabei alles, was nach Gemüse aussah, fein pürierte. Ich schwor mir: *Diesmal werde ich nicht weich werden! Diese Suppe wird der Junge essen!* Um es kurz zu machen: Der Machtkampf gestaltete sich extrem unerfreulich. Das Kind siegte. Es fand die Suppe ungenießbar und verweigerte auf der ganzen Linie. Nachdem ich mich von der verlorenen Schlacht erholt hatte, schwor ich mir: So weit wird es nie wieder kommen! Ich werde mich auch in Zukunft darum bemühen, das Kind gesund zu ernähren. Ich werde auch in Zukunft versuchen, sein Repertoire zu erweitern. Aber ich werde Machtkämpfe nicht zulassen. Als Kompromiss wurde in der nächsten Zeit und mit allen drei Kindern ein Deal geschlossen: Wer Ungesundes isst, muss im Gegenzug auch wieder Gesundes essen, zum Beispiel: Frühstückszerealien gibt es nicht ohne Obst! Übrigens ist der heikle Junge von ehedem inzwischen ein erwachsener Mann, der vielerlei isst, unter anderem jede Menge Gemüse, da er sich längst vegetarisch ernährt.

Warum ich dies so ausführlich erzählt habe: Ich kenne kein Kind, das – sicher gebunden und bei liebevoller Führung – nichts isst. Ich kenne nur Kinder, die manches nicht essen. Und ich kenne nicht wenige Familien, in denen das mit dem Heiklen zu Machtkämpfen führt, die nichts bringen.

Handlungsempfehlung !

Ist es wirklich nötig, dass das Kind alles lecker findet, was für uns Erwachsene lecker ist? Umgekehrt: Ist dem Kind damit gedient, dass man ihm ständig »nach dem Mund« kocht und somit sein Repertoire nicht erweitert? Insofern: Machtkämpfe, ade! Nur Lieblingsgerichte kochen – ebenfalls ade! Stattdessen: immer wieder etwas Neues anbieten und probieren lassen! Gemeinsame Nenner finden! Repertoire erweitern! Und zuversichtlich in die Zukunft blicken!

Das Leben mit größeren Kindern

So langsam kommen die lieben Kleinen in die Schule. Das sogenannte Trotzalter haben sie hinter sich gelassen, was noch lange nicht heißt, dass stets eitel Sonnenschein herrscht. Das Autonomiebestreben geht ebenso weiter wie der Versuch, die eigenen Bedürfnisse durchzusetzen.

»Wenn der Tag schon so losgeht!« – Die Situation eskaliert in der Früh

Die Eltern müssen in die Arbeit, das Kind muss in Krippe, Kindergarten oder Schule. Es gelten verbindliche Zeiten. Und schon ist das Ende der Erklärungsmühen und der elterlichen Gelassenheit gekommen.

Denkanstoß

Ironie des Schicksals: Je nervöser die Eltern werden, umso weniger kooperativ verhält sich in der Regel das Kind. Bis alles eben in Geschrei und aufgewühlter Stimmung endet und der Beginn des Tages sich so richtig mies anfühlt.

Denkanstoß

Achtung, Perspektivenwechsel! Es ist außerordentlich erhellend, sich in die Lage des kleinen Kindes zu versetzen: Es ist müde und möchte noch schlafen. Es möchte noch kuscheln oder spielen. Es möchte die Dinge in Ruhe tun. All das, was für uns Erwachsene selbstverständlich ist – dass man sich an Zwänge anpassen muss, dass man vorausschauend handeln muss, dass es Dinge gibt, die wichtig sind, obwohl nichts von ihnen zu sehen ist –, ist für das Kind kaum zu verstehen. Spüren Sie, liebe Eltern, wie der Perspektivenwechsel Sie milder werden lässt?

Handlungsempfehlung

Vielleicht lässt sich der morgendliche Schrecken dadurch mindern, dass Eltern sich auf Krisenherde einstellen, zum Beispiel indem ...

- die Kleidungsstücke für den Tag bereits am Vortag – gemeinsam mit dem Kind – bereitgelegt werden,
- die Frühstücksfrage bereits am Vorabend geklärt wird,
- der Wecker etwas früher klingelt, damit mehr Zeit zur Verfügung steht,
- das Kind mit einer kleinen Vorfreude gelockt wird.

Um den Stress in der Früh zu entschärfen, hängen wir die Anziehsachen für den Tag über die Heizung. Die Kinder freuen sich sehr, wenn sie in warme Klamotten schlüpfen können.

Handlungsempfehlung !

Wenn das Theater am Morgen auch damit zusammenhängt, dass mehrere Kinder aufeinandertreffen, die sich gegenseitig und den Eltern den Tagesanfang mit Saulaune versüßen, dann wird die Frustrationstoleranz der Eltern auf eine ernsthafte Probe gestellt. Vielleicht lässt sich hier vorbeugen: Müssen die Kinder einfach früher ins Bett, um morgens ausgeschlafen zu sein? Gibt es Auslöser für Reibereien? Lässt sich irgendetwas entzerren, zum Beispiel durch einen Badbenutzungsplan, der durchwechselt und sicherstellt, dass jeder mal Erster und Letzter ist? Wenn am Frühstückstisch die Zähne gar zu feindselig gefletscht werden – ließe sich ein solcher Plan auch für die Frühstückszeiten aufstellen, sodass Kind X in der Früh nicht dem missgelaunten Gesicht von Kind Y gegenübersitzen muss?

»Und jetzt will ich das haben!« – Das Kind fordert und fordert

Ja, das gibt es: Ein Kind will immer nur haben! Gerade eben haben die Eltern einen Wunsch erfüllt, und schon ist der nächste da, wird präsentiert, lautstark verkündet.

Denkanstoß

Wurden dem Kind womöglich – um Konflikte zu vermeiden und Liebe zu gewinnen – in der Vergangenheit zu viele Wünsche erfüllt? Geht es ihm womöglich wie Ilsebill, der maßlosen Frau des Fischers aus dem Märchen, die durch die Erfüllung von Wünschen immer gieriger wurde?

Denkanstoß

Achtung, Perspektivenwechsel! Hat das Kind vielleicht das Gefühl, es käme zu kurz gegenüber Geschwistern oder Freunden? Wohlgemerkt: Hat das Kind dieses Gefühl? Dessen subjektive Wahrnehmung kann sich stark von der der Eltern unterscheiden.

Denkanstoß

Fehlt es der kindlichen Seele an irgendetwas? Will das Kind dieses Manko kompensieren, indem es sich vehement immer wieder neue materielle Dinge wünscht?

Denkanstoß

Ist das Kind überfordert von der andauernden Bombardierung mit Werbung durch die Medien?

Handlungsempfehlung !

Egal, welches der Grund fürs Dauer-Fordern ist: Eltern tun sich und ihrem Kind keinen Gefallen, wenn sie immer wieder auf die Wünsche eingehen. Auf die Gefahr hin, dass erst mal die Hölle los ist, müssen sie wohl irgendwann in den sauren Apfel der Klarheit beißen und sagen: »Mein Kind, ich liebe dich. Aber genau deshalb kann ich dir nicht jeden Wunsch erfüllen. Ich weiß, dass dich dies auf Dauer nicht glücklich machen würde, auch wenn du es im Moment nicht glaubst. Ich bin aber gerne bereit, dir Zeit zu schenken, zum Beispiel dafür, dass wir aus alten Dingen etwas Neues bauen.«

»Hilfe, mein Kind lügt!« – Das Kind sagt nicht die Wahrheit

Für viele Eltern ist es schrecklich, wenn sie bemerken, dass ihr Kind sie angelogen hat. Auch in diesem Fall ist Ursachenforschung geboten.

Denkanstoß

Ist das Kind von seiner Entwicklung und seinem Alter her überhaupt schon in der Lage zu »lügen«? Tut man ihm also vielleicht Unrecht, wenn man es der Lüge bezichtigt? Erst ab vier/fünf Jahren, so sagt die Entwicklungspsychologie, sind Kinder in der Lage, so zu lügen, wie wir es moralisch verwerflich finden.

Denkanstoß

Hat das Kind die besagte Situation vielleicht einfach anders wahrgenommen?

Denkanstoß

Was bezweckt das Kind mit dem Lügen? Hat es Angst vor Strafe? Will es den Erwachsenen Kummer ersparen? Schämt es sich? Will es anderen imponieren?

Handlungsempfehlung !

Egal, wie die Antwort ausfällt – wieso sollten Strafen ein geeignetes Mittel sein, auf kindliches Lügen zu reagieren? Wird die Angst vor Strafe nicht eher neue Lügen provozieren? Also lieber zugewandt bleiben und die Fühler stellen, wo anzusetzen ist!

Das Theater um die Bettgehzeiten – das Kind will nicht ins Bett

Auch dieses Thema wurde bereits berührt. In Spanien zum Beispiel, hieß es, dürfen Kinder lange aufbleiben. Hierzulande gerät die Sache mit den Bettgehzeiten oft genug zum Krisenherd.

Denkanstoß

Vielleicht können Eltern sich immer mal wieder bewusst machen, wie schnell die Zeit vorbei ist, in der Kinder ihre Eltern noch gerne am Bett sitzen haben. Womöglich führt dies dazu, dass sie nicht nur lauern, wann die Kinder endlich schlafen, sondern die Minuten auch genießen.

Rückblickend betrachtet, bedauere ich selbst, dass ich diese letzten gemeinsamen Momente des Tages nicht bewusster genossen habe. Oft war ich einfach getrieben von dem Gedanken, endlich Zeit für mich selbst haben zu wollen. Vor einiger Zeit sagte einer meiner erwachsenen Söhne zu mir: »Weißt du, was für mich immer das Schönste war? Wenn du an meinem Bett sitzen geblieben bist, bis ich eingeschlafen bin. Das war so ein Gefühl von Geborgenheit, da denke ich heute noch gerne dran.«

Handlungsempfehlung !

Wenn Eltern ein gemeinsamer Abend ohne Kinder wichtig ist, müssen sie die Grenze »Um x Uhr ist Bettgehzeit!« klar vermitteln und einhalten. Wenn sie die Kinder gerne auch am Abend um sich haben, zum Beispiel weil sie am Tag wenig Zeit für sie hatten, kann es ganz anders gehen. Vielleicht hat es sich so eingespielt, dass die Kleinen von selbst irgendwann den Rückzug antreten. Vielleicht auch gehen alle gemeinsam irgendwann zu Bett.

Handlungsempfehlung !

Achtung, Schlafmangel! Ausgeschlafen zu sein gehört zu den körperlichen Grundbedürfnissen. Und für die sind die Eltern verantwortlich. Wenn Eltern ihre Kinder abends also gerne um sich hätten, aber feststellen müssen, dass die Kinder am nächsten Tag völlig übermüdet sind, dann müssen sie die Reißleine ziehen, klar und deutlich vermitteln, warum es hier plötzlich eine Vorschrift gibt – und sich auf Gezeter einstellen. Wer gibt schon gerne ein Privileg her, das er schon mal hatte?

Handlungsempfehlung !

Warum sollten nicht auch Eltern, die es plötzlich doch nicht mehr so verlockend finden, jeden Abend gemeinsam mit den Kindern zu verbringen, umswitchen und ihrem Nachwuchs freundlich, aber klar vermitteln können, dass und warum es eine Änderung geben wird?

Handlungsempfehlung !

Man kann Kinder nicht auf Biegen und Brechen ins Bett zwingen. Kein Tag ist wie der andere, Erlebnisse des Tages müssen unterschiedlich verarbeitet werden, und auch das, was das Kind zu versäumen glaubt, ist unterschiedlich. Ist es da ein Wunder, dass Kinder sich oft nicht vom Tag und den noch Aufbleibenden trennen wollen? Und sollte man ausgerechnet die Abschlussphase eines Tages zum Kampfschauplatz werden lassen? Vielleicht hilft es schon, wenn Eltern sich möglichst oft ein wenig Gutenachtzeit fürs Kind nehmen und wenn das Kind weiß, dass noch vorgelesen wird oder dass man den Tag gemeinsam Revue passieren lässt?

Was bei uns eine Zeit lang ganz hoch im Kurs stand, um die Kinder auf den Weg ins Bett zu bringen: Unterwegs durften sie selbst noch eine Laterne anzünden, was für sie etwas sehr Besonderes war. Außerdem haben wir sie immer wieder mal mit Schlafanzügen gelockt, die wir rechtzeitig über die Heizung gehängt hatten und die deshalb kuschelig warm waren.

Handlungsempfehlung !

Kindliche Angst muss ernst genommen werden. Wenn sie die Triebfeder des Nicht-Einschlafen-Könnens ist, hilft der gereizte Satz »Du brauchst doch keine Angst zu haben!« gar nichts. Es hilft nur, das Kind dabei zu unterstützen, mit der Angst besser umzugehen, zum Beispiel durch ein geeignetes Bilderbuch, durch eine schöne Nachtlampe, aber vielleicht auch durch die Erlaubnis, wieder gemeinsam mit den Eltern im Zimmer zu schlafen. Dies kann auch auf einem »Lager« neben dem Bett stattfinden.

»Bleib doch endlich mal liegen!« – Das Kind dreht beim Zubettgehen auf

Nun kann alles längst klar vermittelt sein, die Kinder wissen, wann ihre Zeit fürs Bett gekommen ist, und halten diese auch weitgehend ein. Aber dann dreht das Kind noch einmal so richtig auf, so, als bäume es sich in einer letzten großen Anstrengung auf – gegen den Abschied vom Tag und von den Eltern. Und wieder empfiehlt sich Ursachenforschung.

Denkanstoß

Ist das Kind vom Tag überreizt? War insgesamt zu viel los, als dass es jetzt zur Ruhe kommen könnte? War gerade jetzt zu viel los?

Handlungsempfehlung !

Vielleicht können Eltern versuchen, irgendetwas am Tagesablauf in Zukunft anders zu gestalten. Vielleicht können sie am Ende des Tages bewusst noch eine Phase einbauen, in der das Kind leichter zur Ruhe kommt. Kinder lieben ja Rituale, denn sie geben ihnen Sicherheit und lassen sie dadurch zur Ruhe kommen.

Denkanstoß

Hat das Kind jetzt – wo es ernst wird – Angst vor der Nacht beziehungsweise vor dem Zustand des Schlafens bekommen? Nicht umsonst gilt der Schlaf als der kleine Bruder des Todes. Lechzt es nach Schutz, nach Zuwendung, nach Geborgenheit? (Siehe oben!)

Denkanstoß

Will das Kind eine kleine Machtdemonstration liefern und austesten, wie weit der eigene Einfluss reicht?

Handlungsempfehlung !

Selbst wenn Eltern zu diesem Schluss kommen, ist es nicht zielführend, zu schimpfen und zu drohen. Klarheit allerdings tut not:

»Ich erwarte von dir, dass du jetzt liegen bleibst!« Vielleicht kann hier durch körperliche Präsenz Beharrlichkeit demonstriert werden: Einfach nicht von der Stelle weichen, zur Not im Türrahmen niedersinken und ein gutes Buch lesen.

Das Theater mit den Medien – das Kind will öfter an die Medien, als den Eltern lieb ist

Medien sind ein Thema, das heutige Eltern härter trifft als jede Generation zuvor. Längst ist nicht mehr der Fernseher Schreckgespenst und Zeitfresser Nummer eins, sondern PC, Konsole, Tablet und Handy fahren ihre scharfen Krallen aus. Dies bringt Eltern in die Bredouille.

Denkanstoß
Eltern kommen um Fragen wie die folgenden nicht herum: Wie sehr sollen wir Einfluss nehmen? Wollen wir unseren Kindern den Spaß möglichst lange komplett vorenthalten – und das Risiko eingehen, dass diese digital »zurückbleiben« und das Gefühl haben, nicht mitreden zu können? Wollen wir uns wirklich selbst um Ruhezeiten bringen, die uns die Medienzeiten unserer Kinder bescheren würden? Müssten wir nicht Suchtgefahren vorbeugen? Werden die Games den Kindern in der Seele schaden? Werden sie auf Kosten schulischer Leistungen gehen?

Denkanstoß
Egal, wie es andere Eltern handhaben, Eltern müssen sich die Frage stellen: Wie ist *meine persönliche* Sicht auf »die Medien«? Finde *ich*, Kinder müssen von klein auf mit ihnen aufwachsen, geht es also nur um einen angemessenen Umgang? Oder bin *ich* selbst der Meinung, vor diesem Teufelszeug muss mein Kind möglichst lange geschützt werden?

Denkanstoß
Treibe ich durch eine rigorose Haltung mein Kind womöglich aus dem Haus und zu genau dem Freund, der die beste Konsole hat? Kann ich

nicht besser informiert sein und Einfluss nehmen, wenn mein Kind die Medien quasi vor meinen Augen nutzt?

Handlungsempfehlung !

Familien können zum Beispiel ein Modell entwickeln, das das Theater um die Zeiten entschärft.

In den Ferien dürfen meine Kinder jeden zweiten Tag ihre Medienzeit an der Konsole verspielen. Wenn die Medienzeit – pro Kind eine halbe Stunde, zusammen sind sie also eine ganze Stunde zugange – zu Ende ist, ist das immer unangenehm.

Folgende Varianten haben wir schon erprobt:

- Ich kündige an, dass die Zeit zu Ende ist, und werde immer wieder vertröstet, warum man jetzt gerade AUF GAR KEINEN FALL Schluss machen könne und dass nur noch diese eine Aktion durchgeführt werden müsse. In den seltensten Fällen führt das wirklich zum Ende, sondern eher entwickeln sich folgende Szenarien:
  - Ich werde (nach 5, 10 oder erst 15 Minuten) ungeduldig und habe schon den Finger auf dem Aus-Knopf, den ich tatsächlich auch schon mal gedrückt habe, als es mir zu bunt wurde. Der Druck erhöht sich und die Konsole wird im Stress für alle heruntergefahren. Es kommt in regelmäßigen Abständen vor, dass dann auch mal Tränen vergossen werden, weil der Abschied von der Spielzeit so schwerfällt oder ich an der gemeinsten Stelle überhaupt das Ende eingefordert habe.
  - Meine neueste Errungenschaft: Ich kündige an, dass die Spielzeit zu Ende ist und dass ab jetzt die Zeit, die noch weitergespielt wird, vom Folgetag abgezogen wird. Das Ergebnis: Noch während ich spreche – da habe ich WIRKLICH noch nicht einmal zu Ende geredet –, wird das Spielen ohne Widerrede beendet.

Das Leben mit Jugendlichen

Eine neue Zeitrechnung hat begonnen, das Kind ist auf dem Weg zum Erwachsenen. Die Pubertät beschert ihm großen Stress, körperliche und seelische Umstellungen machen ihm zu schaffen. Es beginnt, sich von den Eltern zu lösen und diese immer kritischer zu sehen.

»Kein Bock!« – Das Kind hat keine Lust auf gemeinsame Unternehmungen

Das ist das Traurige und für Eltern oft Unfassbare: Da hat das Kind jahrelang um Zuwendung und gemeinsame Zeit gebuhlt, da ging ein Strahlen übers Gesicht, wenn Familienaktivitäten in Aussicht gestellt wurden – und plötzlich findet das Kind all das doof, was vor Kurzem noch toll war. Es möchte so wenig wie möglich mit den Eltern/der Familie gemeinsam unternehmen.

Denkanstoß
Ist das Kind schlichtweg in der (Vor-)Pubertät? Beginnt der Abnabelungsprozess? Sieht das Kind seine Eltern und deren Vorschläge durch eine (überaus) kritische Brille, weil es sich eben lösen muss?

Denkanstoß
Passen die geplanten Unternehmungen zum Alter des Kindes? Passen sie genau zu diesem Kind und seinen Interessen? Könnte man hier vielleicht attraktivere Vorschläge machen?

Denkanstoß
Was hat das Kind statt der gemeinsamen Unternehmungen vor? Ist es die Anziehungskraft von PC oder Konsole, die es zu Hause hält? Will es sich mit Freunden treffen?

Handlungsempfehlung !

Könnte man bei gutem Willen Lösungen finden, die zumindest einige gemeinsame Unternehmungen möglich machen? Gibt es einen gemeinsamen Nenner zwischen den Interessen des Kindes und denen der Eltern? Kann ein Freund mitkommen? Kann wechselweise der Wunsch des Kindes und dann wieder der Wunsch der Eltern erfüllt werden?

Wir haben von Anfang an die Kinder dem Alter entsprechend mitbestimmen lassen, welche Art Urlaub und welche Unternehmungen gemacht werden. So mieteten wir einmal ein Wohnmobil, weil die Kids das cool fanden. Ein paarmal machten wir sehr preisgünstige, aber kindgemäße Urlaube auf irgendwelchen Zeltplätzen. Einmal fuhren wir an den Atlantik, weil dort die größeren Kinder ihrer Leidenschaft, dem Wellenreiten, frönen konnten und das kleinere Kind die gemeinsame Zeit am Meer genoss. Gegen all diese Arten von Urlaub hatten auch wir selbst nichts, auch wenn wir von uns aus kein Wohnmobil gemietet hätten und nicht ins Surfer-Eldorado gefahren wären. Einmal flogen wir nach London, weil dies vom »übrig gebliebenen« Jüngsten so sehr gewünscht wurde. Der Urlaub geriet zum Fiasko, wir konnten dem jungen Mann nichts recht machen, obwohl wir in fast allem auf seine Wünsche eingingen. Ich hätte den Urlaub am liebsten abgebrochen. Heute sagt der besagte junge Mann: »Wie blöd ich war! Die Tage waren eigentlich so toll! Aber ich konnte nicht anders als ekelhaft zu euch sein.«

Handlungsempfehlung !

Kann es sein, dass jetzt erst mal weitgehend Schluss ist mit innigen Familienunternehmungen? Kann man den Wunsch des Kindes vielleicht akzeptieren, auch wenn es noch so schmerzt? Kann es die Zeit, in der die Eltern in Urlaub fahren, in einem Jugendcamp oder bei einem Freund verbringen, wo es beaufsichtigt, aber nicht unter elterlicher Kontrolle ist? Wenn wenig Druck ausgeübt wird, könnte irgendwann gemeinsam verbrachte Zeit vielleicht sogar vom Kind wieder gewünscht werden.

> Seit einiger Zeit wurden von unseren erwachsenen Kindern immer wieder Stimmen laut: Wie schön wäre es, wenn wir alle zusammen mal wieder Urlaub machen würden! Vor Kurzem haben wir es tatsächlich getan und – wie es scheint – haben alle die gemeinsame Woche genossen. Dass die Rollen zum Teil vertauscht waren – eines der Kinder plante und organisierte den Urlaub, alle drei stellten sich immer wieder als Fahrer zur Verfügung –, berührte mich tief. Wir hatten allerdings auch fast nie Druck ausgeübt, dass die Kinder gegen ihren Willen irgendwohin mit uns fahren mussten.

Getrübte Beziehung – das Kind verhält sich den Eltern gegenüber abweisend

Tja, das tut weh: Die Eltern sind sich keiner Schuld bewusst, aber das Kind ist mit einem Mal nicht mehr so herzlich wie gewohnt. Es zieht sich zurück, ist mürrisch, gereizt, grüßt nicht, antwortet nicht. Manchmal beglückt es die Eltern dann wie aus heiterem Himmel wieder mit fast schon kindlicher Anhänglichkeit, bald aber wendet sich alles erneut.

Denkanstoß

Hat das Kind vielleicht selbst Probleme mit dem aktuellen Entwicklungsschritt? Kommt es mit sich, den körperlichen und seelischen Änderungen nicht zurecht? Hat es das Gefühl, von Gleichaltrigen nicht akzeptiert zu werden, und leidet darunter? Weiß es nicht, wohin mit sich und seiner miesen Laune? Eigentlich verständlich, dass all dies an den Menschen ausgelassen wird, deren Liebe es sich sicher sein kann – den Eltern!

Denkanstoß

Sieht das Kind seine Eltern vielleicht auf einmal mit einer extrem kritischen Brille, weil ihm erst jetzt so richtig bewusst wird, welche Fehler diese – wie alle anderen Menschen – haben und machen? Ist es da ein Wunder, dass es noch nicht nachsichtig, wie es dies später mit großer Wahrscheinlichkeit tun wird, mit diesen Fehlern umgehen kann, genau jetzt, wo es selbst mit so vielem zu kämpfen hat?

Handlungsempfehlung !

Die Frage ist, ob gereizte oder todunglückliche Reaktionen der Eltern in diesem Fall etwas zum Guten bewirken werden. Vermutlich nicht! Wäre es vielleicht eine Möglichkeit, klar, aber ohne Abwertung zu sagen: »Es tut mir weh, wenn du so mit mir umgehst«, gleichzeitig aber ebenso klar zu zeigen, dass das abweisende Verhalten des Kindes der elterlichen Liebe keinen Abbruch tut? Könnten Eltern es sich vielleicht selbst als ein besonders großes Zeugnis elterlicher Liebe anrechnen, dass sie die schlechte Stimmung einfach aushalten?

Handlungsempfehlung !

Können Eltern trotz aller Gereiztheit immer wieder mal Gelegenheiten schaffen, um mit dem Kind ins Gespräch zu kommen und zum Beispiel. eine heiße Schokolade oder einen Eistee zusammen trinken gehen? Selbst wenn das Kind ablehnt, hat es zumindest gespürt, dass die Eltern seine Stimmung wahrnehmen und dass sie sich für diese interessieren. Und auch wenn es erst einmal oder öfter abgelehnt wird, kann das Gesprächsangebot sehr wohl aufrechterhalten werden. Wieder einmal gilt: Eltern sind erwachsen, reif, stehen in der Verantwortung! Vielleicht klappt es in einer bestimmten Phase auch besser mit alternativen Vertrauenspersonen, zum Beispiel Tante, Onkel, Opa, Oma, Nachbarin …

»Alle anderen dürfen auch so lang …« – das Kind hält Abmachungen nicht ein

Das Autonomiebestreben geht seinem Höhepunkt entgegen. Das Kind würde sich am liebsten gar nichts mehr vorschreiben lassen. Manche

Eltern geben diesem Wunsch nach, viele aber denken an Gefahren und Jugendschutz und fordern zumindest das Einhalten von verabredeten Ausgehzeiten. Was aber tun, wenn sich das Kind darüber hinwegsetzt?

Denkanstoß

Immer wieder daran denken: Das Kind verstößt in der Regel nicht gegen die Regel, um die Eltern zu verärgern, sondern um eigene Bedürfnisse durchzusetzen!

Denkanstoß

Kritische Selbstreflexion: Waren wir als Eltern vielleicht zu streng mit unseren Vorschriften?

Denkanstoß

Waren wir als Eltern vielleicht zu wenig klar, haben wir nicht deutlich gemacht, wie wichtig uns zum Beispiel die Heimkehr zum verabredeten Zeitpunkt ist?

Handlungsempfehlung !

Ist es vielleicht möglich, ab und zu Zugeständnisse zu machen, indem ältere Vertrauenspersonen, zum Beispiel Geschwister, mit der Aufsicht betraut werden? Kann dadurch ein gewisser Vertrauensbeweis erbracht werden, der das Kind milde stimmt und ihm die Chance gibt, zu zeigen, dass es dieses Vertrauen nicht missbraucht?

! Handlungsempfehlung

Wenn sich das Kind trotz aller elterlichen Bemühungen an keine Abmachungen hält, hat dies vermutlich etwas mit der Beziehung zwischen ihm und den Eltern zu tun. Hier sollte wohl nachgeforscht werden. Vielleicht reichen intensive Gespräche, vielleicht sollte die Hilfe von Fachleuten angenommen werden. Selten ist es zu spät für die wichtigen Dinge des Lebens! Ausgerechnet jetzt auf Schimpfen, Drohen, Strafen zu setzen, ist nicht empfehlenswert.

Der elterliche Albtraum – das Kind trinkt Alkohol oder nimmt Drogen

Nahe am Durchdrehen sind viele Eltern, wenn sie nicht mehr anders können, als der Tatsache ins Auge zu sehen: Mein Kind nimmt Substanzen, die ihm nicht guttun.

Denkanstoß

Hat sich das Kind vielleicht bis jetzt eher angepasst verhalten? Könnte es einfach große Lust verspürt haben, endlich mal Grenzen zu überschreiten?

Denkanstoß

Ist das Kind zurzeit nicht stark genug, um dem Einfluss der Peergroup standzuhalten, tut es also Dinge, um dazuzugehören?

Handlungsempfehlung !

Eltern müssen einsehen, dass die Sache mit der Erziehung so langsam zu Ende geht. Vielleicht können sie mit konsequent freundlicher Begleitung verhindern, dass aus den Grenzüberschreitungen echte Probleme – Sucht, körperliche und seelische Schäden – werden. Auf jeden Fall müssen sie versuchen, trotz aller Enttäuschung und aller Sorgen mit ihrem Kind in Kontakt zu bleiben, und nach Kräften Gelegenheiten finden, in denen wieder Nähe gespürt werden kann.

Handlungsempfehlung !

Sollte all dies nichts helfen, wieso sollte Schimpfen, Drohen, Strafen helfen? Vermutlich kann hier professionelle Beratung und Hilfe Unterstützung bringen – rechtzeitig, bevor die Beziehung und das Kind Schaden nehmen.

Rund um Geschwister

Ja, da hat man sich das alles so schön vorgestellt: eine Familie gründen, ein Kind kriegen, kein Einzelkind großziehen, noch eins kriegen, Spielkameraden im eigenen Haus haben, alles dafür tun, dass es der Familie gut geht … Und dann ist plötzlich alles ganz anders. Eine Untersuchung hat gezeigt, dass Geschwister zwischen zwei und vier Jahren alle zehn Minuten aneinandergeraten.

»Toll, du hast jetzt ein Geschwisterchen!« – das Kind ist nicht lieb zum neuen Familienmitglied

Wenn ein zweites Kind erwartet wird, ist dies in der Regel für Eltern mit Vorfreude verbunden. Diese Vorfreude mit dem ersten Kind zu teilen, finden die meisten Eltern wichtig. Und meist gibt es brav an, sich ebenfalls zu freuen. Es horcht am Bauch der Mutter, streichelt diesen und stellt sich im besten Fall vor, wie toll das wird mit dem neuen Baby. Dann ist das kleine Wesen da, und oft macht sich Ernüchterung breit. Das erste Kind ist alles andere als erfreut über den Familienzuwachs! Der schwedische Filmemacher Ingmar Bergman brachte es auf den Punkt, als er vom Dämon der Eifersucht berichtete, der seine Krallen in sein Herz geschlagen hatte.[47]

Denkanstoß

Dies kann gar nicht stark genug betont werden: Wieso sollte sich das Kind über den Einzug des nagelneuen Geschwisterchens freuen? Wieso sollte es zu ihm lieb sein? »Das Neue« tritt an als Konkurrent um Aufmerksamkeit und Liebe. Es ist zwar klein wie eine Puppe, aber man darf nicht mit ihm wie mit einer Puppe spielen. Immer heißt es gleich: »Du tust ihm weh!« Man kann auch nicht gemeinsam mit ihm spielen, es kann ja noch nichts. Und es ist – nach kindlicher Wahrnehmung – schuld daran, dass plötzlich die Beziehung zu den Eltern, vor allem zur Mutter, getrübt ist. Dies alles kann als regelrechtes Entthronungstrauma erlebt werden! Plötzlich wird es getadelt, unwirsch angeredet. Wie soll das Kind verstehen, dass diese Phase für die Mutter höchst anstrengend ist? Was weiß ein Kind vom Schlafmangel der Erwachsenen? Was von den Schuldgefühlen einer Mutter, die ständig unter dem Gefühl leidet, keinem ihrer Kinder gerecht zu werden? Da kann es schon mal sein, dass Kind 1 »das Neue« piesackt, dass es dieses nicht schlafen lässt ...

Denkanstoß

Vielleicht kann man dem älteren Kind also die Erwartung ersparen, es müsste entzückt über den Familienzuwachs sein. Natürlich können Eltern sich nach Kräften bemühen, geschwisterliche Liebe anzubahnen, aber erwarten oder gar einfordern lässt sich diese auf Anhieb eben nicht. Je ehrlicher sich ein Kind in seinen Gefühlen zu sein traut, umso weniger muss es zu heimlichen Gehässigkeiten greifen.

Denkanstoß

Es ist nicht zielführend, zu anderen Familien zu schielen, bei denen alles besser klappt und Kind 1 so lieb mit dem Baby umgeht. Menschen sind unterschiedlich. Jedes Kind reagiert anders, jedes Baby ist anders. Das Aufeinandertreffen zweier Geschwisterkinder ist also nicht mit dem anderer zu vergleichen. Genau genommen ist ja alles von Familie zu Familie unterschiedlich: Vater und Mutter, Kind 1, Kind 2 und die Art, wie Kind 1 bisher die Beziehung zu den Eltern erlebt hat.

Denkanstoß

Dass es kontraproduktiv ist, ein Kind zu schimpfen, das sich ohnehin schon – aus seiner Sicht – zurückgesetzt fühlt, leuchtet rein theoretisch ein. In der Praxis fällt es schwer, nett zu Kind 1 zu sein, wenn es gerade das hilf- und wehrlose Kind 2 gebissen, gewürgt oder ihm das Kissen aufs Gesicht gedrückt hat. Deshalb: Perspektivenwechsel! Es lohnt sich, das Ganze immer wieder aus Sicht von Kind 1 zu betrachten. Und zu denken: Das ist ja gerade das Wesen der Liebe, dass man sie nicht entzieht, wenn der geliebte Mensch sich nicht konform verhält!

Denkanstoß

Wenn Eltern es schaffen, dass sich langsam (!), aber sicher ein zartes Band zwischen den Geschwistern bilden kann, dann können sie sich auf die Belohnung in Form späterer gemeinsamer Spielstunden freuen.

Handlungsempfehlung !

Vielleicht können Eltern trotz allen Stresses immer wieder Gelegenheiten schaffen, die ganz besonders schön für Kind 1 sind und bei dem es das beruhigende Gefühl spürt, nichts an Liebe eingebüßt zu haben. Vielleicht kann Papa das neue Baby übernehmen und Mama unternimmt mit Kind 1 alleine etwas Schönes. Vielleicht auch umgekehrt.

»Der/die ist so blöd!« – die Geschwister streiten sich

Wenn die Kinder größer sind, geht es meist nicht mehr darum, das eine Kind vor dem anderen zu schützen, sondern Streit zu ertragen.

Denkanstoß

Ist es ein Wunder, dass nicht immer eitel Sonnenschein zwischen Geschwistern herrscht? Immerhin treffen zwei oder mehr zum Teil höchst unterschiedliche Persönlichkeiten aufeinander, noch dazu auf dem ziemlich engen und intimen Raum des Familienlebens. Vielleicht sollten sich Eltern von der Erwartung verabschieden, es müsse immer friedlich zugehen, und sich lieber immer dann freuen, wenn die Kinder friedlich miteinander auskommen oder sich langsam, aber sicher »zusammenraufen«. Vielleicht sollten Eltern auch daran denken: Geht es zwischen Mama und Papa immer friedlich zu? Oder ist es nicht einfach normal, dass man auch mal unterschiedlicher Meinung ist?

Denkanstoß

Wenn Geschwister streiten, ist das zwar für Eltern schwer auszuhalten, immerhin zoffen sich hier Menschen, die sie – jeden für sich – lieben. Aber vielleicht hilft der Gedanke, dass Geschwisterstreit nicht nur normal ist, sondern auch sinnvoll und geradezu lehrreich: ein Training in Konfliktbewältigung.

Denkanstoß

Vielleicht hilft auch dieser Gedanke: Wenn Erwachsene nicht in jeden Geschwisterstreit eingreifen, kann das eine Kind miterleben, wie das andere reagiert, wenn ihm zum Beispiel etwas weggenommen oder wenn es geärgert wird. Dieses Miterleben ermöglicht die Entwicklung von Empathie, moralischem Gewissen und eigenverantwortlichem Handeln.

Denkanstoß

Geht es beim Streit um Neid, um Eifersucht, um vermeintliche Ungerechtigkeit? Sind Besitzkonflikte die Ursache? Geht es darum, wer bestimmen darf, wer sich durchsetzen kann? Geht es um vermeintliche Bevorzugung durch die Eltern?

Denkanstoß

Wenn sich zwischen Geschwistern gewisse Muster einschleifen, sich ein Kind zum Beispiel immer als unterlegen erlebt, besteht die Gefahr, dass dies die Erwartungen und Verhaltensweisen nachhaltig beeinflusst und auch das Selbstwertgefühl schädigt.

Handlungsempfehlung !

Wenn Eltern die Kinder beim Streiten sich grundsätzlich selbst überlassen, ist dies genauso wenig zielführend, wie wenn sie ununterbrochen eingreifen. Sinnvoll ist stattdessen eine Hinführung zu positivem Streiten, indem Eltern ...

- den Streithähnen vermitteln, dass alle Gefühle erlaubt sind, aber dass manche Verhaltensweisen nicht akzeptabel sind,

- Verständnis für negative Gefühle ihrer Kinder äußern, zum Beispiel so: »Du hattest dich so auf das gemeinsame Spielen gefreut und jetzt hat er plötzlich keine Lust. Ich kann gut verstehen, wie enttäuscht und wütend du bist«,
- mit den Streithähnen »erforschen«, was jeder in dem Streit wollte, und dabei auch einräumen, dass die Bewältigung nicht einfach ist,
- mit den Streithähnen Möglichkeiten erarbeiten, wie sie in Zukunft mit ähnlichen Situationen umgehen könnten.

Gerade bei der Bewältigung der Gefühle sind die Eltern oft nötig, weil die Kinder damit noch überfordert sind.

Tatsächlich Friede?! – Dem Streiten vorbeugen

Zu so manchem Geschwisterstreit muss es gar nicht kommen, wenn Eltern vorbeugen.

Handlungsempfehlung !

Das mit dem Modelllernen klappt auch hier. Wenn Eltern ein gutes Vorbild in der Konfliktbewältigung sind, lernen die Kinder ganz nebenbei, wie gutes Streiten geht.

Handlungsempfehlung !

Wir Menschen neigen zum Vergleichen und zum Bewerten – auch anderer Menschen. Eltern neigen dazu auch bei ihren Kindern. Wer Geschwister immer wieder miteinander vergleicht und so den einen schlechter als den anderen aussehen lässt, schafft den Nährboden für schlechte Stimmung und Missgunst unter Geschwistern. Und wer tatsächlich Bevorzugung spüren lässt, tut dies vehement! Also Vergleiche und Bewertungen nach Möglichkeit unterlassen!

Handlungsempfehlung !

Eltern müssen jedes Kind in seiner Individualität wahrnehmen und annehmen, wie es ist. Wenn sie das tun, wird ihnen auch klar, dass das, was Kind 1 braucht, sich von dem unterscheidet, was Kind 2 braucht. Wenn Eltern sich immer mal wieder jedem Kind einzeln widmen, gibt dies dem Kind ein gutes, sicheres Gefühl und die Eltern lernen es von einer anderen Seite kennen.

Handlungsempfehlung !

Eltern können sich bei ihren Kindern von klein auf als Coach betätigen, indem sie ihnen »flüstern«: »Frag doch mal, ob er dir seinen Bagger gibt!«, »Sag ihr, dass du den Roller zurückhaben möchtest!«, »Willst du nicht mit ihm tauschen?! Worüber würde er sich wohl freuen?«, »Wenn ihr beide unbedingt den Kasperle spielen wollt, was könnten wir da tun?«, »Wollt ihr euch nicht abwechseln?!«, »Sag ihm doch, was dich so geärgert hat!«.

Handlungsempfehlung !

Eltern können auch ihren Kindern die Grundlagen der Kommunikationstechniken nahebringen.

Nicht: »Der ist so blöd! Der isst mir immer alles weg.«
Sondern ...

- Ich-Botschaft Nummer 1: »Max, du nimmst dir schon die dritte Portion Pudding.«
- Ich-Botschaft Nummer 2: »Ich habe Angst, dass nichts mehr für mich übrig bleibt.«
- Ich-Botschaft Nummer 3: »Ich hätte auch gerne noch eine Portion.«
- Du-Botschaft: »Bitte lass mir noch was übrig!«

Natürlich geht das auch kürzer, zum Beispiel so: »Bitte lass mir noch was übrig! Ich mag das auch so gerne.«

Handlungsempfehlung !

Ab und zu können Eltern auch Gutes »petzen«, sprich: Kind 2 sagen, dass Kind 1 sich schon so auf das Spielen mit ihm gefreut hat, oder Kind 1 wissen lassen, dass Kind 2 es so sehr bewundert, weil es so toll klettern kann.

Handlungsempfehlung !

Oft geht es um vermeintliche Ungerechtigkeit. Absolute Gerechtigkeit gibt es in diesem Leben nicht, aber manchmal kann hier Vorbeugen helfen, auch spielerisch.

Als Entscheidungshilfe, wer zuerst irgendetwas tun darf, kommt bei unseren Kindern Schnick, Schnack, Schnuck, auch bekannt unter dem Namen »Schere, Stein, Papier«, immer gut an, wenn es um gerechte Lösungen geht. Das Wunderbare: Es klappt auch noch mit größeren Kindern, wie ich durch meine beruflichen Erfahrungen weiß, und es funktioniert schnell und ohne Zusatzmaterial. Das hilft sogar beim Ins-Bett-Gehen: »So, wir gehen jetzt rauf, es ist Zeit fürs Bett!« – »Nö!« Lange Gesichter bei den Jungs. Wenn ich dann sage »Kommt, wir machen Schnick, Schnack, Schnuck die Treppe hoch!«, springen sie auf und sind sofort dabei.

»Ich kann nicht mehr!« – Eltern geraten durch mehrere Kinder in eine Überforderungssituation

Als ich mein drittes Kind erwartete, prophezeiten mir die Leute: »Du wirst sehen, der Nachzügler läuft einfach mit. Der macht kaum Arbeit.« Es stimmte nicht, er lief nicht einfach mit, er war süß, aber anstrengend. Und als dann zwei Kinder in der Pubertät waren und eines ein herausforderndes Kleinkind, war ich manchmal einfach fertig. Ich fühlte mich ausgelaugt, untüchtig und überfordert.

Dies ist ein Thema mit Variationen, aber es trifft viele Eltern.

Denkanstoß

Könnte man sich vielleicht von manchen Idealvorstellungen hinsichtlich eines gepflegten Haushalts und häuslicher Harmonie verabschieden? Könnte man sich nicht einfach zugestehen, in dieser herausfordernden Phase nicht in allen Bereichen Perfektion anzustreben?

Handlungsempfehlung !

Dann ist es halt mal unaufgeräumt! Dann gibt es eben ein schlichtes Essen! Hat doch alles keine schlimmen Folgen. Viel weniger schlimm sind sie auf jeden Fall, als wenn die Kinder dauerhaft unter der elterlichen Überforderung leiden, sich anschnauzen und ausschimpfen lassen müssen! »Gute Mütter haben staubige Regale, volle Wäschekörbe, schmutzige Fenster und glückliche Kinder.« – Diesen Satz kann man sich nicht oft genug auf der Zunge zergehen lassen.

Handlungsempfehlung !

Wer merkt, dass ihm tatsächlich alles zu viel wird und auch ein Herunterschrauben der eigenen Ansprüche keine Besserung bringt, kann ins Auge fassen, sich helfen zu lassen. Entweder durch ein privates Netzwerk aus Familie, Freunden, Nachbarn, das zeitweise ein oder zwei Kinder übernimmt, oder durch professionelle Unterstützung in Form von Erziehungsberatung, Coaching oder Therapie. Auch eine Mutter-Kind-Kur kann Wunder wirken. Und noch mal sehr klar: Nein, es ist keine Schwäche, einzugestehen, dass man seine höchstpersönlichen Grenzen erreicht hat! Nein, es ist eine Stärke, sich helfen zu lassen, anstatt mit den eigenen Kindern nicht mehr wertschätzend umgehen zu können.

Rund um die Schule

Einer der größten Krisenherde in Familien: die Schule! Der stolze Freudenschrei »Ich bin jetzt schon ein Schulkind!« weicht bei vielen Kindern schnell einem »Ich hab keine Lust auf Schule/Hausaufgaben!« Für Eltern kann dies ganz schön belastend sein, denn die Schulzeit dauert – der Schulpflicht sei Dank – hierzulande mindestens neun lange Jahre.

»Ich mag nicht!« – das Theater mit den Hausaufgaben

Denkanstoß

Wieso sollte das eigene Kind die Hausaufgaben lieber und besser erledigen, wenn Eltern schimpfen, drohen, schreien? Klar, den Eltern ist nach Schimpfen, Drohen, Schreien, weil das Theater zermürbend ist. Aber mal ehrlich: Was bringt es, außer dass die Stimmung noch mehr in den Graben geht? Hat man je ein Kind für Hausaufgaben begeistert, indem man ihm Wertschätzung entzogen hat? Mir ist keines bekannt.

Denkanstoß

Was hier hilft, kann je nach Kind so unterschiedlich sein, dass es den Rahmen dieses Buches sprengen würde. Dennoch ein paar Gedanken über die Ursachen der Unlust: Ist das Kind überfordert mit den Hausaufgaben? Hat es in der Schule nicht aufgepasst? Möchte es nach einem anstrengenden Schultag jetzt einfach Dinge tun, die ihm Spaß machen? Ist es todmüde?

Handlungsempfehlung !

Je nach Ursache können Eltern versuchen, ihrem Kind zu helfen. Elterliche Schimpf- und Drohgebärden sind meiner Erfahrung nach kontraproduktiv und führen zu sinnlosen Machtkämpfen.

Handlungsempfehlung !

Mit kleinen Lockmitteln geht manches besser, zum Beispiel Hausaufgabenkaugummi, eine schöne Stillekerze, um die Stimmung angenehm zu gestalten, oder ein »Zaubertrank«.

Meine Jungs stehen seit den Sommerferien auf *Asterix und Obelix.* Ich selbst braue mir seit einigen Monaten mittags immer einen grünen Tee, den ich mit Granatapfelsirup mische, um meinen Biorhythmus über die harte Mittagsphase zu unterstützen. Ich trinke ihn als »Eistee« und lasse die Jungs eigentlich nicht mitttrinken wegen des grünen Tees. Aber für die Hausaufgaben bekommt jeder von mir eine Mini-Tasse mit Zaubertrank, was sie voll genial finden und sich auf ihre Motivation positiv auswirkt.

Handlungsempfehlung !

Eltern bleibt nichts anderes übrig, als zu akzeptieren, dass die Hausaufgaben Zeit in Anspruch nehmen. Es empfiehlt sich also, dass sie dies einplanen und sich selbst die Zeit nehmen, indem sie Termine, die Druck machen, nach Möglichkeit verschieben. So können sie sich selbst »entspannt« dazusetzen beziehungsweise schlichtweg da sein, wie es ja auch bei Barbara Vorsamer (siehe S. 108) so schön anklang: Nicht das Tempo hat sich verbessert, aber die Stimmung!

»Mir ist so langweilig!« – Wochenende und Ferien

Eigentlich ist es ja paradox: Alle freuen sich auf Wochenende und Ferien, und dann herrscht genau zu diesen Zeiten Missstimmung!

Denkanstoß

Die große Freiheit bedeutet eben auch, dass das Kind viel Zeit mit eigenen Ideen füllen muss – außer es ist in einem Verein eingebunden und auch am Wochenende aktiv.

Handlungsempfehlung !

Kinder können mit einzelnen Aufgaben ins Familienleben eingebunden werden, sodass sie einen sinnvollen Beitrag einbringen, der sie dann auch zufrieden macht.

> Auch wenn es komisch klingt: Unser Sohn hat sich als Aufgabe bei uns daheim das Putzen der Toiletten ausgesucht. Und das befriedigt ihn so sehr, dass er es sogar seiner Lehrerin am Montag in der Wochenendrunde erzählt. Dabei unternehmen wir durchaus auch andere tolle Sachen mit den Kindern …

»Wenn du so weitermachst, fällst du durch!« – das Kind ist schlecht in der Schule

Denkanstoß

Wenn ein Kind schlecht in der Schule ist, gibt es im Grunde zwei Möglichkeiten: Entweder es leidet darunter und würde gerne bessere Leistungen erzielen, schafft es aber nicht. Wird es dann wohl erfolgreicher, weil Mama oder Papa auch noch schimpfen, ihm Dinge zur Strafe verbieten? Wird es dadurch nicht noch mehr geschwächt, als es ohnehin schon ist? Oder es leidet nicht, weil es gerade auf dem Null-Bock-Trip ist, siehe Pubertät. Wird ein Jugendlicher in dieser Phase durch elterliches Gemaule und Gedrohe motivierter werden? Wohl kaum!

Denkanstoß

Ist es wirklich sinnvoll, ein junges Wesen, das nicht gerne zur Schule geht und schlechte Leistungen erzielt, mit Dauer-Katastrophenstimmung zu Hause zu konfrontieren? Auch wenn den Eltern noch so sehr danach ist: Bringt es etwas, wenn sie dem schlechten Schüler auch noch schlechte Laune, schlechte Gedanken und schlechte Zukunftsprognosen entgegenschleudern? Wirkt all dies nicht als zusätzliche Schwächung von einem, dem es gerade ohnehin nicht so gut geht?

Denkanstoß

Selbst wenn durch Verbot von geliebten Freizeitbeschäftigungen und enormen elterlichen Druck die Leistungen besser werden – wer sagt, dass dies nachhaltig ist? Gewöhnt man das Kind auf diese Weise nicht daran, nur unter Druck zu arbeiten?

Denkanstoß

Manchmal hilft hier auch die Frage »Was ist das Schlimmste, das durch die schulische Krise passieren kann?«. Antworten: Das Kind bekommt eine schlechte Note. Es bekommt ein schlechtes Zeugnis. Es besteht die Klasse nicht und muss wiederholen. Es muss die Schulart wechseln und bekommt den gewünschten Schulabschluss nicht. Wer ehrlich ist, muss zugeben, dass nichts davon schrecklich ist: Unzählige Menschen haben nach schulischer Krise später nachgeholt, was im Moment einfach nicht möglich war. Aber nur dann, wenn man sie nicht so geschwächt hat, dass sie nicht mehr an sich selbst glauben konnten!

Handlungsempfehlung !

Wenn sich herauskristallisiert, dass das Kind gewissen Verlockungen nicht widerstehen kann, als da sind »das Handy«, »die Konsole«, »das Fernsehgerät«, »die Freunde« …, dass es alleine schlichtweg zu schwach ist, sind Eltern geneigt, Verbote auszusprechen: »Du darfst nicht an die Konsole, solange du keine besseren Noten schreibst!«, »Ich ziehe das Handy ein, wenn du keine Hausaufgaben machst!«, »Du darfst nicht zu deinen Freunden raus, weil du eine schlechte Note hattest!« Dies mag funktionieren, gerät aber leicht zum Machtkampf. Wäre es nicht erfolgversprechender, in solchen Fällen mit dem Kind zu reden, selbstverständlich nur »wenn das Eisen kalt ist«, in einem guten Moment also? Gemeinsam könnte ein Testlauf vereinbart werden: »Wir versuchen es mal für ein paar Wochen: »Du gibst das Handy vor den Hausaufgaben ab. Wenn du es nicht von selbst tust, hole ich es.« Allerdings muss selbst bei noch so großer Einig- oder gar Innigkeit während des Treffens der Abmachung mit

Widerstand gerechnet werden, wenn es ernst wird. Aber den müssen Eltern dann halt aushalten. All dies setzt aber voraus, dass das Kind selbst den Wunsch nach Verbesserung der Situation hat.

Handlungsempfehlung !

Wäre es vielleicht eine Möglichkeit, auf Dinge zu setzen, die dem Kind Freude bereiten, und darauf zu hoffen, dass über die Begeisterung für genau diese Sache langsam auch wieder Bereitschaft zu schulischer Leistung entsteht, anstatt dem Kind genau das zu streichen, was ihm besonders lieb ist?

»Ich hab den Scheiß satt!« – das Kind will die Schule abbrechen

Eine fürchterliche Herausforderung für Eltern, die es mit ihrem Kind gut meinen: wenn es alles hinschmeißt, den Abschluss verweigert. Verständlich, wissen Erwachsene doch, wie wichtig Zeugnisse und Schulabschlüsse für das weitere Fortkommen sind. Aber wenn alles gesagt ist, jedes Argument hundertmal gebracht, jede Ermutigung hundertmal ausgesprochen ist, was soll man dann tun?

Denkanstoß

Wie sehr kann man das schulunwillige Kind zwingen? Wie sehr will man es tun? Was könnte dabei herausspringen? Besteht wirklich eine Chance, dass es sich zwingen lässt und dass es irgendwann wieder freiwillig zur Schule geht?

Denkanstoß

Ist es – bei einer so großen Abneigung und einem so heftigen Entschluss – nicht wahrscheinlicher, dass die Lust auf Schule irgendwann wiederkommt, aber nur dann, wenn der Druck nachgelassen hat?

Denkanstoß

Was ist das Schlimmste, das passieren kann? – Dieser Gedanke hilft auch hier. Was ist im Fall des Schulabbruchs das Schlimmste? Dass das Kind den beruflichen Weg nicht einschlagen kann, den die Eltern sich erwünscht hätten? Ist das fürs Kind wirklich wichtig? Dass das Kind den beruflichen Weg nicht einschlagen kann, den es selbst sich erwünscht hätte? Schon wichtiger! Wenn das Kind aber irgendwann, vielleicht in ein paar Monaten, vielleicht in ein paar Jahren, selbst zu der Erkenntnis gelangt, dass es etwas Wertvolles geopfert hat, wird es selbst aus eigener Kraft, aus eigenem Willen, wenn auch mit erheblichem Mehraufwand genau das anpeilen, was es im Moment so vehement verweigert. Das ist schon unzählige Male auf dieser Welt passiert!

Handlungsempfehlung !

In einer solchen Extremsituation kann es vielleicht helfen, wenn der Jugendliche ermuntert wird, das Gespräch mit einer »unbelasteten« erwachsenen Vertrauensperson zu suchen, zum Beispiel Patenonkel, Patentante, Oma, Opa, Freund der Familie, und sich die Entscheidung gut zu überlegen.

Handlungsempfehlung !

Eltern können auch an die Vorbildfunktion gegenüber jüngeren Geschwistern appellieren, sofern es welche gibt und die Jugendlichen so mehr erreichen, als wenn immer nur deren eigenes Wohl angesprochen wird.

In vielen Phasen und bei vielen Gelegenheiten anwendbar

Mit Babys funktioniert es noch nicht, mit Kindern jedoch zunehmend: der Rollenwechsel zwischen Eltern und Kind.

Denkanstoß

Wenn dem Kind ab und zu die Möglichkeit geboten wird, in die Rolle eines Erwachsenen zu schlüpfen, führt dies möglicherweise dazu, dass dieses ...

- es witzig findet, Papa oder Mama spielen zu dürfen.
- sich wichtig und ernst genommen fühlt.
- am eigenen Leib einen Perspektivenwechsel erlebt.

Gerade Letzteres kann beim Kind langfristig zu mehr Verständnis für das immer wieder auftretende Verhalten der Erwachsenen führen, gerade auch dann, wenn diese das immer wieder auftretende Verhalten des Kindes spiegeln und zum Beispiel auf freundlich vorgetragene Bitten nicht sofort oder gar nicht reagieren, sich Zeit lassen, nicht zuhören ... Achtung, das Kind darf sich nicht lächerlich gemacht fühlen! Gemeinsames Lachen ist gut, Auslachen ist schlecht!

KAPITEL 8

Das Wichtigste in Kürze

1. Das Wichtigste im Eltern-Kind-Verhältnis ist Wertschätzung, Bindung, emotionale Nähe und Vertrauen.
2. Nur Wertschätzung reicht nicht, auch klare Führung ist nötig, damit Kinder gut gedeihen können.
3. Ist diese Basis vorhanden, geschieht Kindern kein Leid, wenn die Eltern – in möglichst seltenen Fällen – nicht so nett zu ihnen sind, wie sie das gerne wären.
4. Wenn Eltern nicht mehr nett zu ihren Kindern sein können, sollten sie zumindest versuchen, nicht abzuwerten und nicht zu kränken.
5. Wenn Eltern das Gefühl haben, ihren Kindern Unrecht getan zu haben, ist eine ernst gemeinte Entschuldigung eine gute Reaktion.
6. Wenn Eltern sich dauernd und inflationär bei ihren Kindern entschuldigen, können sie von diesen nicht mehr ernst genommen werden.
7. Wenn Eltern ihren Kindern in allem nachgeben, bieten sie ihnen keinen Halt.
8. Es gibt eine Fülle von Impulsen, die dabei helfen, das mit der Wertschätzung UND klaren Führung besser hinzubekommen.

9. Wenn Eltern das Gefühl haben, sie bekommen das mit der Wertschätzung UND der klaren Führung alleine nicht hin, ist es eine besondere Stärke, sich Hilfe von außen zu holen.
10. Und: Nach dem Problem ist vor dem Problem. Es ist nie zu spät, etwas zu ändern! Wir Eltern können jede herausfordernde Situation aufs Neue gestalten.

KAPITEL 9

Hilfreiche Glaubenssätze

Was Eltern tun MÜSSEN, NICHT tun DÜRFEN und tun SOLLTEN

Eltern MÜSSEN gar nicht so vieles – sie müssen nicht mit Wohlstand überhäufen, sie müssen nicht fördern auf Teufel komm raus, sie müssen auch nicht immer um ihr Kind sein und sie müssen ihm schon gar nicht alle Hindernisse aus dem Weg räumen.

Aber ein paar Dinge MÜSSEN sie tatsächlich und DÜRFEN sie tatsächlich NICHT, wenn sie es mit ihrem Kind gut meinen:

> Wer ein Kind hat, MUSS Verantwortung übernehmen.

> Wer ein Kind hat, MUSS eine gute, sichere BINDUNG herstellen.

> Wer ein Kind hat, MUSS dieses wissen und spüren lassen, dass es geliebt wird, auch wenn es Fehler macht.

Wer ein Kind hat, MUSS ihm das sichere Gefühl geben, dass es nicht deshalb geliebt wird, weil es hübsch und pflegeleicht ist und weil es Wünsche und Anforderungen erfüllt, sondern dass die Liebe nicht an diesen Bedingungen hängt.

Es ist ganz normal, dass ein Kind »kämpft«, um die Erfüllung seiner Wünsche durchzusetzen.
Aber wer sein Kind liebt, DARF ihm NICHT jeden Wunsch erfüllen, denn …

- Kinder, denen jeder Wunsch erfüllt wird, werden nicht glücklich, sondern unzufrieden und schwach.
- Kinder werden stark, wenn sie auch mal auf etwas verzichten müssen.

Eltern SOLLTEN ihr eigenes Verhalten immer wieder kritisch betrachten.

Was Kinder BRAUCHEN

Ein Kind BRAUCHT gar nicht so vieles von seinen Eltern – es braucht keinen Reichtum, es braucht keine Rundumbespaßung und es braucht keinen Dauer-Begleitschutz.

Aber ein paar Dinge BRAUCHT es tatsächlich, wenn es gut gedeihen soll:

Ein Kind BRAUCHT Eltern, zu denen es eine gute, sichere Bindung hat und auf die es sich verlassen kann.

Ein Kind BRAUCHT Eltern, die in ihrem Verhalten klar sind. Es muss wissen, was diese erwarten.

Ein Kind BRAUCHT Eltern, die stark bleiben und sich nicht wie ein Fähnchen im Wind seinem Willen beugen. Es erlebt seine Eltern dann als verlässlich.
Stark bleiben heißt nicht, zu schlagen, zu schreien, zu beleidigen!

Ein Kind BRAUCHT Eltern, die erklären, warum sie Verbote aussprechen und Wünsche ablehnen, aber sie müssen nicht jedes Verbot und jede Ablehnung begründen.

Ein Kind BRAUCHT mindestens einen Erwachsenen, auf den es sich verlassen kann.

Eltern sind VORBILDER

Kinder ahmen ihre Eltern nach, ohne darüber nachzudenken.

Wenn Eltern sich um gutes Verhalten gegenüber ihren Kindern bemühen, lernen die Kinder gutes Verhalten – zumindest im Laufe der Zeit.

Wenn Eltern sich gegenüber ihren Kindern schlecht verhalten, lernen die Kinder schlechtes Verhalten.

Eltern und FEHLER

Es ist völlig normal, dass auch Eltern Fehler machen. Wir Menschen sind nicht perfekt.

Es ist gut, wenn Eltern sich entschuldigen, nachdem sie ihren Fehler erkannt haben.

Kinder verstehen, dass auch Eltern Fehler machen, und nehmen das nicht übel – vor allem, wenn Eltern sich auch mal entschuldigen und wenn ein gutes, wertschätzendes Verhältnis herrscht.

Dank

Ein überaus herzlicher Dank geht an

... die Mütter und Väter, die bereit waren, über ihr eigenes Elternverhalten ehrlich zu berichten und dabei auch Grenzen preiszugeben, an die sie immer wieder stoßen. Diese Offenheit ist nicht selbstverständlich, und ich bin sicher, dass sie für viele Leserinnen und Leser entlastend wirkt. An dieser Stelle auch Dank an all die, denen ich so manch wertvollen Kontakt zu verdanken habe.

... die Eltern, die ihre Einstellung zur Wertschätzung bereits aus der Großelternperspektive reflektierten.

... die Erwachsenen, die mir Einblick in ihre Gedanken rund um Erziehung gaben, obwohl sie (noch) keine Eltern sind.

... die Kinder und Jugendlichen, die ihre Gefühle angesichts elterlichen Schimpfens so ehrlich offenbarten.

... die Interviewten, die mir ihre beruflichen Erfahrungen mit Kindern und Eltern für dieses Buch zur Verfügung stellten.

... die Menschen, die – ohne es zu wissen – wichtig für dieses Buch wurden, indem sie Kinder vor meinen Augen und Ohren »erzogen«.

... Astrid Rösel, meine liebe Freundin und Kollegin, die – wie immer – geduldig las und lauschte und dabei auch wertschätzend blieb, wenn ich mich im Eifer des Gefechts wie eine Nervensäge fühlte.

Auch die Begegnung mit all meinen Schülerinnen und Schülern hat mich vieles in puncto Wertschätzung gelehrt. Ich danke jeder und jedem Einzelnen von Herzen dafür.

Tja, und natürlich sind da noch meine eigenen Kinder, die längst keine Kinder mehr sind. Dank euch weiß ich, welch unglaubliches Gefühl die Mutterliebe ist. Leider aber auch, wie schnell ein liebender Mensch an seine Grenzen stößt. Danke, dass ihr mich trotzdem lieb habt!

Das mit dem Trotzdem-Liebhaben gilt auch für meinen Mann, der es immer wieder aushalten muss, dass ich im Schreibrausch das Hier und Jetzt und manchmal auch die Wertschätzung vergesse. Danke auch dir!

Auf keinen Fall vergessen möchte ich meine verstorbenen Eltern, deren bedingungslose Liebe den Keim dafür gelegt hat, dass mir Wertschätzung bis heute so wichtig ist. Was ihr damals gesät habt, hat nie aufgehört zu wachsen. Und dafür werde ich euch immer dankbar sein.

Literaturverzeichnis

Ariès, Philippe: *Geschichte der Kindheit*. dtv 2000.

Bauer, Joachim: *Wie wir werden, wer wir sind. Die Entstehung des menschlichen Selbst durch Resonanz*. Blessing 2019.

Bauer, Joachim: *Prinzip Menschlichkeit. Warum wir von Natur aus kooperieren*. Heyne 2014.

Biddulph, Steve: *Das Geheimnis glücklicher Kinder*. Heyne 2001.

Biddulph, Steve: *Weitere Geheimnisse glücklicher Kinder*. Heyne 2001.

Birkenbihl, Vera F.: *Kommunikationstraining*. mvg Verlag 2004.

Böhm, Annette; von Braunmühl, Ekkehard: *Liebe ohne Hiebe*. Patmos 1993.

Brisch, Karl Heinz (Hrsg.): *Bindungen – Paare, Sexualität und Kinder*. Klett-Cotta 2012.

Brisch, Karl Heinz; Hellbrügge, Theodor (Hrsg.): *Bindung, Angst und Aggression. Theorie, Therapie und Prävention*. Klett-Cotta 2010.

Brooks, Robert; Goldstein, Sam: *Das Resilienz-Buch. Wie Eltern ihre Kinder fürs Leben stärken*. Klett-Cotta 2015.

Brosche, Heidemarie: *Nervenprobe Pubertät*. Atlantis 2003.

Brosche, Heidemarie, Maar, Nele: *Wie meine Eltern?* Atlantis 2004.

Brosche, Heidemarie: *Warum es nicht so schlimm ist, in der Schule schlecht zu sein. Schulschwierigkeiten gelassen meistern*. Kösel 2008.

Brosche, Heidemarie: *Mein Kind ist genau richtig, wie es ist. Das Ermutigungsbuch für Eltern*. Kösel 2017.

Brosche, Heidemarie: *Jungs-Mamas. Jede Menge Anregungen für ein schönes Leben mit Söhnen.* Kösel 2019.

Dreikurs, Rudolf: *Kinder fordern uns heraus. Wie erziehen wir sie zeitgemäß?* Klett-Cotta 2011.

Fitzek, Sebastian: *Fische, die auf Bäume klettern. Ein Kompass für das große Abenteuer namens Leben.* Droemer HC 2019.

Forward, Susan: *Vergiftete Kindheit. Elterliche Macht und ihre Folgen.* Goldmann 1996.

Gordon, Thomas: *Die neue Familienkonferenz.* Heyne 1999.

Graf, Danielle; Seide, Katja: *Das gewünschteste Wunschkind aller Zeiten treibt mich in den Wahnsinn: Der entspannte Weg durch Trotzphasen.* Beltz 2019.

Graf, Danielle; Seide, Katja: *Das gewünschteste Wunschkind aller Zeiten treibt mich in den Wahnsinn: Gelassen durch die Jahre 5 bis 10.* Beltz 2019.

Hellbrügge, Theodor: *Das sollten Eltern heute wissen. Über den Umgang mit unseren Kindern.* Fischer 1984.

Hüther, Gerald: *Jedes Kind ist hoch begabt: Die angeborenen Talente unserer Kinder und was wir aus ihnen machen.* Knaus 2012.

Juul, Jesper: *Nein aus Liebe. Klare Eltern – starke Kinder.* Kösel 2011.

Juul, Jesper: *Aggression. Warum sie für uns und unsere Kinder notwendig ist.* Fischer Taschenbuch 2014.

Juul, Jesper: *Leitwölfe sein. Liebevolle Führung in der Familie.* Beltz 2019.

Krantz-Lindgren, Petra: *Wenn du mit mir schimpfst, kann ich mich nicht leiden, Mama. Wie Sie das Selbstwertgefühl Ihres Kindes stärken.* Trias 2019.

Largo, Remo H.: *Kinderjahre. Die Individualität des Kindes als erzieherische Herausforderung.* Piper 2011.

Lehnert, Volker A.; Lehnert, Felicitas A.: *Ehe und Elternhaus. Mit familiären Prägungen umgehen lernen.* Aussaat 2005.

Mary, Michael: *Frieden schließen mit dem Kind in uns. Wie wir uns von Einflüssen der Vergangenheit befreien.* Piper 2019.

Mik, Jeannine; Teml-Jetter, Sandra: *Mama, nicht schreien! Liebevoll bleiben bei Stress, Wut und starken Gefühlen.* Kösel 2019.

Montessori, Maria: *Kinder sind anders.* dtv 1988.

Omer, Haim; von Schlippe, Arist: *Autorität durch Beziehung. Die Praxis des gewaltlosen Widerstands in der Erziehung.* Vandenhoeck & Ruprecht 2016.

Omer, Haim; Streit, Philip: *Neue Autorität. Das Geheimnis starker Eltern.* Vandenhoeck & Ruprecht 2016.

Paris, Thomas; Paris, Eileen: *Nicht wie meine Eltern. Wie wir bei den eigenen Kindern die Fehler vermeiden, die unsere Eltern bei uns gemacht haben.* Scherz 1999.

Posth, Rüdiger: *Vom Urvertrauen zum Selbstvertrauen. Das Bindungskonzept in der emotionalen und psychosozialen Entwicklung des Kindes.* Waxmann 2014.

Renz-Polster, Herbert: *Kinder verstehen. Born to be wild: Wie die Evolution unsere Kinder prägt.* Kösel 2009.

Rosenberg, Marshall B.: *Gewaltfreie Kommunikation. Eine Sprache des Lebens.* Junfermann 2009.

Rutschky, Katharina: *Deutsche Kinder-Chronik. 400 Jahre Kindheitsgeschichte.* Kiepenheuer & Witsch 1983.

Schmidt, Nicola: *Erziehen ohne Schimpfen. Alltagsstrategien für eine artgerechte Erziehung.* GU 2019.

Schonhöft, Michaela: *Kindheiten. Wie kleine Menschen in anderen Ländern groß werden.* Pattloch 2013.

Schulz von Thun, Friedemann: *Miteinander reden, Störungen und Klärungen.* Rowohlt Taschenbuch Verlag 2008.

Stewart, Ian; Joines, Vann: *Die Transaktionsanalyse. Eine Einführung.* Herder 2000.

Thomashoff, Hans-Otto: *Damit aus kleinen Ärschen keine großen werden. Warum Eltern die besten Vorbilder sind.* Kösel 2018.

Valentin, Stephan: *Ichlinge. Warum unsere Kinder keine Teamplayer sind.* Goldmann 2012.

Voelchert, Mathias: *Liebevolle elterliche Führung: Das Praxisbuch.* Beltz 2017.

De Waal, Frans: *Der Affe in uns. Warum wir sind, wie wir sind.* dtv 2013.

Winterhoff, Michael: *Warum unsere Kinder Tyrannen werden. Oder: Die Abschaffung der Kindheit.* Mosaik bei Goldmann 2010.

Beiträge in Zeitungen und Zeitschriften

- Baumann Marc; Mai, Meike: »Ich habe Papa schon gesagt, dass ich sein Handy nicht mag«, SZ-Magazin vom 31. Oktober 2019, S. 24–26.
- Blawat Katrin: »Sind halt Teenager«, SZ vom 5. September 2019, S. 14.
- Buhrfeind, Anne: »Riskiere den Streit!«, Chrismon 03/2020, S. 26–29.
- Schmitz, Tobias: »Dürfen die denn alles?«, Stern Nr. 44 vom 24. Oktober 2019, S. 28–38.
- Seitz, Georg: »Meinen Sohn erziehe ich ohne Strafen«, BUNTE 38/2019, S. 102.
- Tegtmeier, Sascha: »Der Drang nach Freiheit überwindet alles«, Mein Bahnhof vom Herbst 2019, S. 12–16.
- Vorsamer, Barbara: »Schluss mit dem Zirkus!«, SZ vom 28./29. September 2019, S. 56.
- Wohlfarth, Isabell: »Elternsein früher und heute – Mama, war das bei dir auch so? Nee, ganz anders«, Berliner Zeitung vom 25. Januar 2017.

Links

- Habegger, Hans: https://heartleaders.de/fileadmin/dokumente/PDFs/Wertschaetzung_Hans_Habegger.pdf (abgerufen am 03.03.2020).

- Kaiser, Mareice: https://editionf.com/Das-Unwohlsein-der-modernen-Mutter/ (abgerufen am 03.03.2020).
- Schaaf, Julia: https://www.faz.net/aktuell/gesellschaft/familie/remo-largo-das-kind-weiss-genau-was-es-werden-will-11757126.html (abgerufen am 03.03.2020).
- Voelchert, Mathias: http://www.bimw.de (abgerufen am 03.03.2020).
- Voelchert, Mathias: https://familylab.de/files/Artikel_PDFs/familylab-Artikel/Was_kann_ich_tun_02.pdf (abgerufen am 03.03.2020).
- Warkentin, Nils: Geschwister: Wie sie Ihre Karriere beeinflussen. https://karrierebibel.de/geschwister/#Geschwister-Eine-komplizierte-Beziehung-fuers-Leben (abgerufen am 03.03.2020).
- https://www.planet-wissen.de/gesellschaft/lernen/geschichte_der_erziehung/index.html (abgerufen am 03.03.2020).
- https://www.tutoria.de/schule-ratgeber/wissenswertes/kindererziehung-im-ausland (abgerufen am 03.03.2020).
- https://www.schweizer-illustrierte.ch/family/familien-geschichten/15-revolutionare-aussagen-von-jesper-juul (abgerufen am 03.03.2020)
- https://www.sueddeutsche.de/wissen/geschwisterforschung-die-laengste-liebe-des-lebens-1.6717 (abgerufen am 03.03.2020).
- https://sz-magazin.sueddeutsche.de/schule/heute-haben-viele-kinder-zu-viel-macht-80211 (abgerufen am 03.03.2020).
- https://de.wikipedia.org/wiki/Emmy_Werner_(Psychologin) (abgerufen am 03.03.2020).
- https://de.wikipedia.org/wiki/Aktives_Zuh%C3%B6ren#Modell_nach_Carl_R._Rogers (abgerufen am 03.03.2020).
- https://www.thebestsocial.media/de/14-erheiternde-erziehungstipps-von-schwesterfd/ (abgerufen am 03.03.2020).
- https://www.stern.de/panorama/gesellschaft/rat-vom-experten-was-eltern-und-kinder-stark-macht-3218176.html (abgerufen am 03.03.2020).

- https://familienblog.nuernberg.de/schoener-streiten/ (abgerufen am 03.03.2020).
- https://efraimstochter.de/181-Astrid-Lindgren-Die-gute-Frau-von-Bullerbue.htm#content (abgerufen am 03.03.2020).
- https://www.khbrisch.de/presse-news-archiv/presse-kh-brisch/eine-sichere-bindung-von-anfang-an/ (abgerufen am 29.03.2020)

Quellenverzeichnis

1 Schonhöft, Michaela: Kindheiten. *Wie kleine Menschen in anderen Ländern groß werden.* 2013.

2 https://www.tutoria.de/schule-ratgeber/wissenswertes/kindererziehung-im-ausland

3 Renz-Polster, Herbert: Kinder verstehen. *Born to be wild: Wie die Evolution unsere Kinder prägt.* 2009. S. 451–463.

4 Renz-Polster, Herbert: Kinder verstehen. *Born to be wild: Wie die Evolution unsere Kinder prägt.* 2009. S. 460.

5 Thomashoff, Hans-Otto: *Damit aus kleinen Ärschen keine großen werden. Warum Eltern die besten Vorbilder sind.* 2018. S. 8 f.

6 Schmitz, Tobias: »Dürfen die denn alles?«, Stern Nr. 44 vom 24. Oktober 2019, S. 28–38.

7 Bauer, Joachim: *Prinzip Menschlichkeit. Warum wir von Natur aus kooperieren.* 2014. S. 23 ff.

8 https://de.wikipedia.org/wiki/Emmy Werner_(Psychologin)

9 Thomashoff, Hans-Otto: *Damit aus kleinen Ärschen keine großen werden. Warum Eltern die besten Vorbilder sind.* 2018. S. 7.

10 Fitzek, Sebastian: *Fische, die auf Bäume klettern: Ein Kompass für das große Abenteuer namens Leben.* 2019. S.25.

11 Aus einem Vortrag von Mathias Voelchert zum Buch *Liebevolle, elterliche Führung*, Zitat vom Autor autorisiert.

12 Tegtmeier, Sascha: »Der Drang nach Freiheit überwindet alles«, Mein Bahnhof vom Herbst 2019, S. 16.

13 https://sz-magazin.sueddeutsche.de/schule/heute-haben-viele-kinder-zu-viel-macht-80211.

14 Persönliches Interview mit Peter Rusch am 22.10.2019.

15 Stewart, Ian; Joines, Vann: *Die Transaktionsanalyse. Eine Einführung.* 2000.

16 Persönliches Interview mit Lee Fischer am 22.10.2019.

17 www.hirsekorn.net

18 Persönliches Interview mit Marion Hirsekorn am 13.09.2019.

19 https://www.khbrisch.de/presse-news-archiv/presse-kh-brisch/eine-sichere-bindung-von-anfang-an/ (abgerufen am 29.03.2020)

20 Persönliches Interview mit Marion Hirsekorn am 13.09.2019.

21 https://www.schweizer-illustrierte.ch/family/familien-geschichten/15-revolutionare-aussagen-von-jesper-juul

22 Kaiser, Mareice: https://editionf.com/Das-Unwohlsein-der-modernen-Mutter/

23 Brisch, Karl Heinz (Hrsg.): *Bindungen – Paare, Sexualität und Kinder.* 2012. S.16 f.

24 Besser, Lutz-Ulrich, in: Karl Heinz; Hellbrügge, Theodor (Hrsg.): *Bindung, Angst und Aggression. Theorie, Therapie und Prävention.* 2010. S. 84.

25 Schaaf, Julia: https://www.faz.net/aktuell/gesellschaft/familie/remo-largo-das-kind-weiss-genau-was-es-werden-will-11757126.html

26 Mitschrift eines Vortrages von Haim Omer am 04./05.02.2019 in Augsburg.

27 https://heartleaders.de/fileadmin/dokumente/PDFs/Wertschaetzung_

28 https://www.thebestsocial.media/de/14-erheiternde-erziehungstipps-von-schwesterfd/

29 Seitz, Georg: »Meinen Sohn erziehe ich ohne Strafen«, BUNTE 38/2019, S. 102.

30 Thomashoff, Hans-Otto: *Damit aus kleinen Ärschen keine großen werden. Warum Eltern die besten Vorbilder sind.* 2018. S. 14.

31 Persönliches Interview mit Marion Hirsekorn am 13.09.2019.

32 https://www.stern.de/panorama/gesellschaft/rat-vom-experten-was-eltern-und-kinder-stark-macht-3218176.html

33 https://familienblog.nuernberg.de/schoener-streiten/

34 Mitschrift eines Vortrages von Haim Omer am 04./05.02.2019 in Augsburg.

35 Thomashoff, Hans-Otto: *Damit aus kleinen Ärschen keine großen werden. Warum Eltern die besten Vorbilder sind.* 2018. S. 81.

36 Posth, Rüdiger: *Vom Urvertrauen zum Selbstvertrauen. Das Bindungskonzept in der emotionalen und psychosozialen Entwicklung des Kindes.* 2014. S.153ff.

37 Blawat Katrin: »Sind halt Teenager«, SZ vom 05.09.2019, S. 14.

38 Buhrfeind, Anne: Riskiere den Streit!, *Chrismon* 03/2020, S. 26–29.

39 Rosenberg, Marshall B.: *Gewaltfreie Kommunikation. Eine Sprache des Lebens.* 2009.

40 https://de.wikipedia.org/wiki/Aktives_Zuh%C3%B6ren#Modell_nach_Carl_R._Rogers.

41 https://science.orf.at/stories/2950563?fbclid=IwAR0zeNeDhG9Yevu31H7GgbcsNiTOfV-Q2aH4j9tZ6sVlBdIfkBqcRNZ5HbOE

42 https://karin-guemmer-coaching.de/ (Auch Frauen, die nicht vor Ort leben, können sich dank Onlinebetreuung bei Karin Gümmer Unterstützung und Anregungen holen.)

43 Thomashoff, Hans-Otto: *Damit aus kleinen Ärschen keine großen werden. Warum Eltern die besten Vorbilder sind.* 2018. S. 122.

44 https://familylab.de/files/Artikel_PDFs/familylab-Artikel/Was_kann_ich_tun_02.pdf

45 https://efraimstochter.de/181-Astrid-Lindgren-Die-gute-Frau-von-Bullerbue.htm#content

46 https://www.stimme.de/heilbronn/nachrichten/region/Was-Raben-bei-der-Erziehung-besser-als-Menschen-machen;art140897,4152409

47 https://karrierebibel.de/geschwister/#Geschwister-Eine-komplizierte-Beziehung-fuers-Leben

Über die Autorin

Heidemarie Brosche ist Mittelschullehrerin und erfolgreiche Autorin von Kinder-, Jugend- und Sachbüchern. Sie ist Mutter von drei inzwischen erwachsenen Söhnen und lebt mit ihrem Mann in Friedberg bei Augsburg. Wichtig ist ihr – auch in der Schule – ein Zusammenleben, das von gegenseitiger Wertschätzung getragen ist. In ihren Büchern versucht sie, Gelassenheit und Zuversicht zu vermitteln.

Über die Redakteurin

Sabine Thum ist Mutter zweier Söhne im Grundschulalter und arbeitet als Sonderschullehrerin an einem Förderzentrum mit dem Förderschwerpunkt emotionale und soziale Entwicklung. Sowohl beruflich als auch im Umgang mit ihren eigenen Kindern helfen ihr in herausfordernden Situationen die Erkenntnisse der Bindungs- und Resilienzforschung, eine wertschätzende Grundhaltung zu bewahren. Sie lebt mit ihrer Familie in Augsburg.